DIREITO PENAL
EM TEMPOS DE CRISE

D598 Direito Penal em tempos de crise / org. Lenio Luiz Strek; André Luís Callegari ... [*et al.*] – Porto Alegre: Livraria do Advogado Editora, 2007.
   175 p.; 23 cm.

   ISBN 85-7348-460-8

   1. Direito Penal. I. Streck, Lenio Luiz, org. II. Callegari, André Luís.

          CDU - 343.2

   Índice para o catálogo sistemático:

   Direito Penal

(Bibliotecária responsável: Marta Roberto, CRB-10/652)

DIREITO PENAL EM TEMPOS DE CRISE

André Luís Callegari

Julio Díaz-Maroto y Villarejo

Lenio Luiz Streck (org.)

Luiz Luisi

Manuel Cancio Meliá

Nereu José Giacomolli

Porto Alegre, 2007

©
André Luís Callegari
Julio Díaz-Maroto y Villarejo
Lenio Luiz Streck
Luiz Luisi
Manuel Cancio Meliá
Nereu José Giacomolli
2007

Capa, projeto gráfico e diagramação de
Livraria do Advogado Editora

Revisão de
Rosane Marques Borba

Direitos desta edição reservados por
Livraria do Advogado Editora Ltda.
Rua Riachuelo, 1338
90010-273 Porto Alegre RS
Fone/fax: 0800-51-7522
editora@livrariadoadvogado.com.br
www.doadvogado.com.br

Impresso no Brasil / Printed in Brazil

Sumário

Apresentação – Lenio Luiz Streck 7

1. De nuevo: ¿"derecho penal" del enemigo?
   Manuel Cancio Meliá 15

2. Derechos del detenido a la luz de la jurisprudencia del Tribunal Constitucional Español
   Julio Díaz-Maroto y Villarejo 47

3. Entre Hobbes e Rousseau – a dupla face do princípio da proporcionalidade e o cabimento de mandado de segurança em matéria criminal
   Lenio Luiz Streck 75

4. Um direito penal do inimigo: o direito penal soviético
   Luiz Luisi 111

5. A concretização dos direitos constitucionais: uma leitura dos princípios da ofensividade e da proporcionalidade nos delitos sexuais
   André Luís Callegari 133

6. O princípio da legalidade como limite do *ius puniendi* e proteção dos direitos fundamentais
   Nereu José Giacomolli 151

Apresentação

DAS *PROCLAMATIONS* ÀS SUMULAS *CONTRA-LEGEM*: APRESENTAÇÃO A UM DIREITO (PENAL E PROCESSUAL PENAL) EM TEMPOS DE CRISE

§§§

Bem recentemente, o Superior Tribunal de Justiça editou a Súmula 330, estabelecendo ser "dispensável a resposta preliminar de que trata o art. 514 do Código de Processo Penal, na ação penal instruída por inquérito policial." Para quem não sabe, o artigo 514 do Código de Processo Penal determina exatamente o contrário, isto é, que "estando a denúncia ou queixa em devida forma, o juiz mandará autuá-la e ordenará a notificação do acusado, para responder por escrito, dentro do prazo de quinze dias".

A edição dessa súmula coloca à lume a crise de paradigmas que atravessa o direito em *terrae brasilis*. Em pleno Estado Democrático de Direito – em que se faz uma ode cotidiana à Constituição – um tribunal da República edita súmula que restringe direitos fundamentais. Mais do que isso, um tribunal edita um precedente que contraria frontalmente os limites semânticos do texto legal.

Decisão desse jaez nada mais faz do que reforçar a resistência positivista ao novo constitucionalismo. Aliás, esse é o ponto em que positivismo e (neo)constitucionalismo se confrontam. O discricionarismo positivista – que redunda em arbitrariedades interpretativas e decisionismos – resiste ao novo paradigma. E os efeitos colaterais são difíceis de mensurar. Veja-se o discricionarismo de Hart e o decisionismo de Kelsen, que, em seu oitavo capítulo da Teoria Pura do Direito, admite até mesmo a produção de norma (interpretação autêntica feita pelo juiz) que se situe complemente (sic) fora da moldura que a norma a aplicar representa. No campo jurídico brasileiro, os exemplos decisionistas se multiplicam, desde simples súmulas *contra-legem* até súmulas inconstitucionais, passando por "jurisprudências dominantes" utilizadas como fatores impeditivos de recursos. Com isso, enfraquece-se o papel da doutrina, que fica a reboque de decisões tribunalícias; do mesmo modo, fragiliza-se a Constituição, porque, ao fim e ao cabo, o direito acaba sendo o que o Poder Judiciário diz que é.

O episódio envolvendo a edição da súmula 330 dá mostras do poder de resistência do positivismo de nítido viés pragmatista nestes difíceis tempos de pós-positivismo, em que ainda necessitamos travar uma batalha por dia para assegurar o território conquistado junto ao velho modelo positivista (em suas mais variadas concepções). Parece, pois, que o confronto entre paradigmas ocorre sob duas faces: de um lado, no plano do discurso jurídico, é possível vislumbrar um expressivo avanço do (neo)constitucionalismo; de outro, no plano da operacionalidade do direito *stricto sensu*, a existência de um imenso território a conquistar.

No mais das vezes, nem sequer ocorre um confronto, e, sim, apenas trajetórias paralelas. De um lado, um discurso sofisticado sobre o papel da Constituição e da Jurisdição Constitucional; de outro, práticas jurídicas calcadas em um direito penal que parece não ter atravessado o umbral dos anos 40 e 50 do século passado. Esse é o estado da arte de disciplinas como o direito penal e o processo penal, que mais diretamente sofrem os influxos de uma sociedade cada vez mais complexa, circunstância que assume foros de dramaticidade em países de modernidade tardia como o Brasil.

Com efeito, em pleno século XXI, ainda não tivemos coragem de abandonar as velhas – e inconstitucionais – contravenções penais, que não resistem a um exame, mesmo que superficial, à luz da principiologia constitucional; continuamos com um Código Penal da década de 40 do século XX, preocupado em proteger a propriedade em detrimento dos direitos fundamentais, o que faz com que não nos surpreendemos com o fato de que o furto de um botijão de gás acarrete uma pena maior do que a sonegação de tributos; em plena vigência da Constituição de 1988, tivemos que esperar a edição de uma lei, que só veio quinze anos depois, para garantir a presença obrigatória do advogado no interrogatório (durante quinze anos não cumprimos a Constituição; bastou a edição de uma lei para que o direito à ampla defesa, previsto na Constituição, passasse a ser respeitado); enfim, ainda não fizemos uma filtragem hermenêutico-constitucional da legislação, que continua a fazer vítimas, porque, forte em concepções normativistas, os juristas ainda não perceberam a diferença entre os âmbitos da vigência e da validade de qualquer dispositivo legal.

Veja-se, pois, a dimensão da crise. Se Sir Edward Coke, de forma corajosa, em pleno regime absolutista dos Stuart, na Inglaterra do início do século XVII, fazia "controle de constitucionalidade", anulando os atos da prerrogativa real, por que ainda hoje não é fácil convencer juízes e tribunais a fazer controle difuso ou aplicar os princípios constitucionais em detrimento das regras? Se examinarmos as sentenças sobre os *writs of prohibition*, as *Proclamations* (ordenanças administrativas) e do processo envolvendo a licença para clinicar do Doutor Bonham, veremos que ali já estava presente um esboço de aplicação principiológica. Lamentavelmente, passados quatrocentos anos, o princípio da proporcionalidade vem servindo muito mais para enfeitar dissertações e teses de doutorado do que para fundamentar sentenças judiciais, que deveriam ser o *locus* privilegiado de um princípio desse jaez. Isso para dizer o mínimo, não se olvidando, também aqui, o problema representado pela prevalência de um senso comum teórico que sustenta uma cultura *standard* e *prêt-à-portêr*, no interior do qual o direito penal possui lugar cativo, alimentando uma indústria cultural que procura simplificar aquilo que é eminentemente complexo: a inserção do direito em uma sociedade como a brasileira.

§§§

Trata-se, pois, de uma resistência dogmático-positivista, que impede o acontecer (*Ereignen*) do (neo)constitucionalismo a partir de três barreiras. Com efeito, passados tantos anos – e essa questão é aplicável, em menor ou maior grau aos diversos sistemas jurídicos – ainda nos ressentimos da falta de uma nova teoria das fontes, da superação de um direito entendido como um mundo de regras e de um novo modelo de interpretação, que supere o modelo subsuntivo-dedutivo, calcado no esquema sujeito-objeto.

Dito de outro modo, é inegável que a noção de constitucionalismo compromissório e dirigente teve a função de trazer para o âmbito da Constituição temáticas que antes eram reservadas à esfera privada, além de alterar substancialmente o papel do Estado, problemática que se estende às políticas públicas ligadas ao combate à criminalidade supraindividual.

No fundo, é possível afirmar que o novo constitucionalismo resgata "a sangria do cotidiano", "atirando" para dentro do texto constitucional os conflitos sociais que antes não faziam parte das "preocupações" do direito. Esse choque de realidade ainda não foi bem compreendido pelos juristas. E essa invasão territorial somente pode ocorrer a partir da assunção de uma materialidade, espaço que vem a ser ocupado pelos princípios.

Com efeito, se a própria Constituição altera (substancialmente) a teoria das fontes que sustentava o positivismo e os princípios vêm a propiciar uma nova teoria da norma (atrás de cada regra há, agora, um princípio que não a deixa se "desvencilhar" do mundo prático), é porque também o modelo de conhecimento subsuntivo, próprio do esquema sujeito-objeto, tinha que ceder lugar a um novo paradigma interpretativo.

Mais do que isso, é preciso compreender que o direito – neste momento histórico – não é mais ordenador, como na fase liberal; tampouco é (apenas) promovedor, como era na fase do *welfare state* (que nem sequer ocorreu no Brasil); na verdade, o direito, na era do Estado Democrático de Direito, é um *plus* normativo em relação às fases anteriores, porque agora é transformador da realidade. E é exatamente por isso que aumenta sensivelmente o pólo de tensão em direção da grande invenção contramajoritária: a jurisdição constitucional que, no Estado Democrático de Direito, vai se transformar na garantidora dos direitos fundamentais-sociais e da própria democracia.

§§§

Mas, se o constitucionalismo do Estado Democrático de Direito resgatou a "realidade perdida", de que modo a teoria jurídica reage diante desse fenômeno? É nesse contexto que *Direito Penal em Tempos de Crise* deve ser lido. Sob os mais diversos aspectos, a obra pretende abordar temas que, se de um lado procuram enfrentar questões mais ligadas ao direito brasileiro, de outro assumem – com o reforço dos textos estrangeiros – um caráter mais universal. Afinal, direitos e garantias são conquistas da civilização.

Daí a necessidade de um encontro de contas das trajetórias paralelas da dogmática jurídica de cariz exegético-positivista e do discurso constitucionalizador. Deve haver uma encruzilhada nesses caminhos que não se cruzam. Esse encontro quer, antes de tudo, mostrar a importância da dogmática jurídica. Sua estandardização e sua transformação em uma mera racionalidade instrumental no decorrer dos tempos não pode significar o seu abandono.

Ou seja, nem de longe se trata de substituir a dogmática pela crítica. Não há direito sem dogmática, porque é esta que explicita a compreensão do direito. É, mais do que isso, a entificação minimamente necessária que leva os fenômenos a representação. É exatamente a partir de uma dogmática jurídica consistente e crítica que se pode construir as condições para evitar – ou minimizar – os decisionismos e as discricionariedades. Nesse sentido a arguta observação de Jacinto Coutinho (Dogmática crítica e limites lingüísticos da lei. *Revista do Instituto de Hermenêutica Jurídica – Crítica à dogmática, nº 3*. Porto Alegre, IHJ, 2005, p.37), ao dizer que "não há direito sem uma dogmática onde as palavras tenham um sentido aceito pela maioria, ainda que elas escorreguem e, de tanto em tanto, mereçam – e tenham – uma alteração de curso. Metáforas e metonímias (ou condensações e deslocamentos, como queria Freud), a partir da demonstração de Lacan, esvaziam de sentido (ou conteúdo) preestabelecido qualquer palavra que ganhe um giro marcado pela força pulsional e, portanto, determinada pelo inconsciente. Falar de dogmática – enquanto descrição das regras jurídicas em vigor (Haesaert) –, contudo, não é falar de dogmatismo; e isto é despiciendo discutir. Sem embargo, não são poucos os que confundem – e seguem confundindo – os dois conceitos, com efeitos desastrosos para o direito. Quando se fala de dogmática e o interlocutor pensa em dogmatismo, a primeira reação, invariavelmente, é de desprezo; e por que não de medo, mormente se se quer algo que possa suportar uma postura avançada, de rompimento com o *status quo*. Sem embargo do erro grosseiro, a situação cria embaraços e constrangimentos, exigindo uma faina dissuasiva elaborada e complexa, com efeitos duvidosos porque se não tem presente os reais resultados.(...) A dogmática, então, precisa ser crítica (do grego *kritiké*, na mesma linha de *kritérion e krisis*) para não se aceitar a regra, transformada em objeto, como uma realidade. Isso só é possível, por evidente, porque se tem presente que o real é impossível quando em jogo a sua apreensão e, com muito custo, que a parcialidade a que se chega depende, no seu grau (embora difícil mensurar o *quantum*), de muitos saberes que não aquele jurídico. Trata-se, portanto, de uma linha média, que não abdica, de forma alguma, da dogmática (dado ser imprescindível o seu conhecimento, sob pena de se não ter juristas, mas verdadeiros gigolôs), a qual deve estar sempre atenta ás arapucas ideológicas do positivismo e, assim, abre-se, por necessidade, por ser imperioso, a outros saberes, a serem dominados na medida do possível".

Esse pode ser o ponto de estofo de um discurso crítico que tenha a Constituição como *locus* privilegiado, em que a dogmática jurídica, longe de sua "autonomização" e liberta do "modelo de regras", possa ser o braço concretizador dos direitos fundamentais. Parametricidade constitucional significa que o âmbito da validade é superior ao da vigência. No mesmo diapasão, texto e norma não são equiparados – o que impediria o exame da parametricidade – e nem cindidos, o que seria uma autorização para decisionismos e arbitrariedades. Dito de outro modo, se é a dogmática que institucionaliza toda sorte de pragmatismos e subjetivismos – e quiçá, realismos tardios – é nela também que pode estar a futura blindagem contra posições enfraquecedoras da força normativa da Constituição.

No fundo, os textos que fazem parte de *Direito Penal em Tempos de Crise* buscam alcançar esse desiderato. A partir dos diferentes enfoques, têm em comum a pretensão de encontrar guarida nesse *locus* em que se dá esse ponto de estofo. Assim, Manuel Cancio Meliá desmi(s)tifica o conceito de direito penal do inimigo, ao mesmo tempo que em que coloca em xeque a própria concepção de bem jurídico em tempos de (neo)constitucionalismo. O direito penal do inimigo constitui não uma regressão a meros mecanismos defensivistas, mas, sim, a um desenvolvimento degenerativo no plano simbólico-social do significado da pena e do sistema penal. Cabe, finalmente, a pergunta: é necessário um direito penal de exceção, independente do nome que a ele se dê? Sua resposta é negativa, não sem antes perguntar: por que chegamos a esse ponto?

No seguimento, calcando sua análise na concretização dos direitos fundamentais do cidadão frente ao Estado – na especificidade "direitos do preso" –, Julio Díaz-Marotto y Villarejo apresenta importantíssimo apanhado da jurisprudência espanhola acerca da matéria, que, à toda evidência, pode servir de parâmetro para as discussões sobre o direito à liberdade e os limites do poder do Estado em *terrae brasilis*. Trata-se, pois, de discutir a liberdade sob a ótica da proteção contra o arbítrio do Estado, apresentando detalhadamente o modo como os Tribunais de Espanha, em especial o Tribunal Constitucional, cuidam da matéria.

Se a perspectiva de Díaz-Marotto y Villarejo se inclina, fundamentalmente, pela perspectiva da proteção dos direitos sob a ótica de uma *Übermassverbot*, o texto *Entre Hobbes e Rousseau – a dupla face do princípio da proporcionalidade,* com o qual tenho a honra de participar desta obra coletiva – procura apontar para um olhar que busque o outro lado da proteção constitucional dos direitos fundamentais: a proteção positiva, isto é, a *Untermassverbot*, pela qual o Estado – em suas variadas faces – pode incorrer em inconstitucionalidade toda vez que proteger insuficientemente os direitos fundamentais. Trata-se, pois, da superação do modelo clássico de garantismo negativo, que nada mais é do que uma leitura unilateral do princípio da proporcionalidade.

Por outro lado, se Cancio Meliá desmi(s)tifica o direito penal do inimigo, o saudoso Luiz Luisi denuncia claramente um direito penal tipicamente enquadrável no conceito: o direito penal soviético. Nesse sentido, faz uma crítica à formulação de Jakobs do "direito penal do inimigo", demonstrando que desde há muito esse direito já existia. Jakobs apenas o "nominou". Direito penal do inimigo, na assertiva – sempre libertária de Luisi – é um direito incompatível com qualquer perspectiva democrática de Estado. É mister eliminá-lo por manifestamente conflitante com os princípios fundamentais que embasam os Estados Democráticos de Direito, conclui Luisi.

Imbricando a teoria penal-constitucional com a operacionalidade do direito – preocupação primordial na busca de uma dogmática jurídica emancipatória – André Callegari discute um caso concreto que traz a lume o problema da proteção de bens jurídicos fundamentais. Trata-se dos crimes previstos nos artigos 213 e 214 do Código Penal, que estabelecem, respectivamente, os crimes de estupro e atentado violento ao pudor. Embora protejam bens jurídicos idênticos e estabeleçam o mesmo apenamento, não podem receber o mesmo tratamento em todas as hipóteses. Cuida-se, pois, de aplicar à espécie a devida proporcionalidade, circunstância, entretanto – e Callegari faz contundente denúncia nesse sentido – que está longe de ser compreendida pela comunidade jurídica brasileira, especialmente se verificarmos a posição do Superior Tribunal de Justiça que, à revelia de qualquer principiologia constitucional, em recente julgamento (Resp 751.036-RS), "transformou" a conduta de "beijos lascivos e alisamento de seios" em conduta apta a ser "subsumida" no crime "hediondo" de atentado violento ao pudor (e, consequentemente, pelo volume da pena, equiparou "os beijos lascivos e alisamento de seios" à conduta prevista no art. 213 – estupro).

Por último, Nereu Giacomolli centra sua análise no princípio da legalidade sob a ótica da Constituição, apostando na garantia (blindagem) de proteção do cidadão frente ao *ius puniendi* do Estado. Trata-se, assim, de firmar as condições pelas quais a tradição do Estado Democrático de Direito consegue fazer transcender essa proteção para além de uma perspectiva formal. Para Giacomolli – que assim faz uma profissão de fé nas perspectivas substancialistas das garantias penais-constitucionais –, o princípio da legalidade serve como limite para as regras incriminadoras, mas não das permissivas. Por isso, a admissibilidade das diversas causas supralegais de exclusão de tipicidade, de ilicitude e de culpabilidade. Por isso, a *ratio* do direito penal, comandado pelo princípio da legalidade, é apontar para a liberdade.

Em síntese, sob distintos olhares, o conjunto de textos tem um ponto em comum: para além de uma acoplagem entre Constituição e Direito Penal, procura apostar em uma, por assim dizer, *existencialidade do discurso constitucional*, isto é, queiramos ou não, a Constituição faz parte de nosso modo prático de ser-no-mundo. As condições para tal dependem de uma adequada pré-compreensão (*Vorverständnis*). E essa, ou se tem, ou não tem. Afinal, nem para todas as pessoas o direito está em crise. Daí porque – e nada melhor que a poesia fenomenológica de Fernando Pessoa – que aqui vai parafraseada –, *a crise do direito não é uma idéia nossa; a nossa idéia de crise é que é uma idéia nossa!*

Porto Alegre, outono de 2006.

Prof. Dr. Lenio Luiz Streck

— 1 —

De nuevo:
¿"derecho penal" del enemigo?[1]

MANUEL CANCIO MELIÁ

Sumario: I. Introducción; II. Sobre el estado actual de la política criminal. Diagnóstico: la expansión del Derecho penal; A. Introducción; B. Los fenómenos expansivos; 1. El Derecho penal simbólico; 2. El resurgir del punitivismo; 3. Punitivismo y derecho penal simbólico; III. ¿Derecho penal del enemigo?; A. Determinación conceptual; 1. Derecho penal del enemigo (Jakobs) como tercera velocidad (Silva Sánchez) del ordenamiento jurídico-penal; 2. Precisiones; a) Planteamiento; b) Carencias; B. El Derecho penal del enemigo como contradicción en los términos; 1. Planteamiento; 2. El derecho penal del enemigo como reacción internamente disfuncional: divergencias en la función de la pena; 3. El derecho penal del enemigo como derecho penal de autor; 4. Algunas conclusiones; a) Diagnóstico; b) Perspectivas.

I. Introducción

Simplificando mucho para intentar esbozar los trazos básicos del cuadro, puede afirmarse que en los últimos años los ordenamientos penales del

---

[1] La redacción inicial de este texto fue hecha durante una estancia de investigación, llevada a cabo con ayuda de una beca otorgada por la *Fundación Alexander von Humboldt*, en las Universidades de Bonn y Múnich. Ha sido publicada en *Jakobs/Cancio Meliá*, Derecho penal del enemigo, 1ª edición, Civitas, Madrid, 2003, pp. 57 a 102; ulteriores versiones – con algunas modificaciones – han aparecido en: *Jakobs/Cancio Meliá*, Derecho penal del enemigo, Hammurabi, Buenos Aires, 2005; traducción al portugués (a cargo de André *Callegari*): *Jakobs/Cancio Meliá*, Direito penal do inimigo. Noçôes e críticas, Livraria do Advogado, Porto Alegre/Río Grande do Sul-Brasil, 2005; versión en lengua alemana (*Feindstrafrecht*?), en: Zeitschrift für die gesamte Strafrechtswissenschaft 117 (2005), pp. 267 a 289; traducción al italiano (a cargo de Federica *Resta*) en prensa para: *Donini* (ed.), Diritto penale dello nemico, Giuffrè. El trabajo forma parte de los proyectos de investigación "El nuevo sistema de sanciones penales" (MEC, SEJ 2004-7025/JURI; investigador principal: A. Jorge Barreiro) y "Democracia y Seguridad: transformaciones de la poltica criminal" (Comunidad de Madrid-UAM/2006; investigador responsable: M. Cancio Meliá). Agradezco a los profesores *Jakobs* y *Schünemann*, así como al Dr. *Müssig*, su amable disposición al diálogo.

"mundo occidental" han comenzado a experimentar una deriva que los conduce de una posición relativamente estática dentro del núcleo duro del ordenamiento jurídico – en términos de tipo ideal: un núcleo duro en el que iban haciéndose con todo cuidado adaptaciones sectoriales y en el que cualquier cambio de dirección era sometido a una intensa discusión política y técnica previa – hacia un expuesto lugar en la vanguardia del día a día jurídico-político, introduciéndose nuevos contenidos y reformándose sectores de regulación ya existentes con gran rapidez, de modo que los asuntos de la confrontación política cotidiana llegan en plazos cada vez más breves también al Código penal.

Los cambios frente a la *praxis* político-criminal que ha sido la habitual hasta el momento no sólo se refieren a los tiempos y las formas, sino que van alcanzando también en los contenidos paulatinamente tal grado de intensidad que se impone formular la sospecha – con permiso de *Hegel* y del búho de Atenea – de que asistimos a lo que puede acabar siendo un cambio estructural de orientación. Este cambio cristaliza de modo especialmente llamativo – como aquí intentará mostrarse – en el concepto del "Derecho penal del enemigo", que fue (re-)introducido – de modo un tanto macabro *avant la lettre* (de las consecuencias) del 11 de septiembre de 2001 – recientemente por *Jakobs*[2] en la discusión de la ciencia del Derecho penal.

En el presente texto se pretende examinar con toda brevedad este concepto de Derecho penal del enemigo para averiguar su significado para la teoría del Derecho penal y evaluar sus posibles aplicaciones e implicaciones político-criminales. Para ello, en un primer paso se intentará esbozar la situación global de la política criminal de la actualidad (*infra* II.). A continuación, se podrá abordar el contenido y la relevancia del concepto de Derecho penal del enemigo, sobre todo, desde la perspectiva de la teoría de la prevención general positiva (*infra* III.). La tesis a la que se arribará es que el concepto de Derecho penal del enemigo supone un instrumento idó-

---

[2] Cfr. *Jakobs*, en: Consejo General del Poder Judicial/Xunta de Galicia (ed.), Estudios de Derecho judicial nº 20, 1999, pp. 137 y ss. (= La ciencia del Derecho penal ante las exigencias del presente, 2000); *idem*, en: *Eser/Hassemer/Burkhardt* (ed.), Die Deutsche Strafrechtswissenschaft vor der Jahrtausendwende. Rückbesinnung und Ausblick, 2000, pp. 47 y ss., 51 y ss. (= en *Muñoz Conde* [ed.], La ciencia del Derecho penal ante el nuevo milenio, 2004, pp. 53 y ss.); vid. también *idem*, Sobre la normativización de la dogmática jurídico-penal, 2003, pp. 57 y ss.; *idem*, en: *Hsu/Yu-hsiu* (ed.), Foundations and Limits of Criminal Law and Criminal Procedure (Libro homenaje Hung), Taipei, 2003 (= "Derecho penal del ciudadano y Derecho penal del enemigo", en: *Jakobs/Cancio Meliá*, Derecho penal del enemigo, 1ª edición, 2003), pp. 41 y ss. (coincidiendo en lo esencial: *idem*, HRRS 3/2004 – http://www.hrr-strafrecht.de/hrr/archiv/04-03/index.php3?seite=6#1_ftn1); *idem*, Staatliche Strafe: Bedeutung und Zweck, 2004 (= La pena estatal: significado y finalidad, en prensa para ed. Civitas), pp. 40 y ss.; *idem*, "Terroristen als Personen im Recht?" (manuscrito en prensa para ZStW 117 [2005], fasc. 4); el concepto fue introducido por primera vez por *Jakobs* en el debate en su escrito publicado en ZStW 97 (1985), pp. 753 y ss. (= Estudios de Derecho penal, 1997, pp. 293 y ss.); cfr. también *idem*, Strafrecht Allgemeiner Teil. Die Grundlagen und die Zurechnungslehre, 2ª edición, 1991 (= Derecho penal, Parte General. Los fundamentos y la teoría de la imputación, 1995), 2/25c.

neo para describir un determinado ámbito, de gran relevancia política, del actual desarrollo de los ordenamientos jurídico-penales. Sin embargo, en cuanto Derecho positivo, el Derecho penal del enemigo sólo forma parte nominalmente del sistema jurídico-penal real: "Derecho penal del ciudadano" es un pleonasmo, "Derecho penal del enemigo" una contradicción en los términos.

II. Sobre el estado actual de la política criminal diagnóstico: la expansión del derecho penal

A. Introducción

Las características principales de la política criminal practicada en los últimos años pueden resumirse en el denominador mínimo común del concepto de la "expansión" del Derecho penal.[3] En efecto, en el momento actual puede convenirse que el fenómeno más destacado y visible en la evolución actual de las legislaciones penales del "mundo occidental" está en la aparición de múltiples nuevas figuras, a veces incluso de enteros nuevos sectores de regulación, acompañada de una actividad de reforma de

---

[3] Un término que ha utilizado *Silva Sánchez* en una monografía, de gran repercusión en la discusión, dedicada a caracterizar en su conjunto la política criminal de las sociedades "postindustriales" (La expansión del Derecho penal. Aspectos de la política criminal en las sociedades postindustriales, 1ª edición, 1999, 2ª edición, 2001, *passim*; traducción alemana de la primera edición: Die Expansion des Strafrechts. Kriminalpolitik in postindustriellen Gesellschaften, 2003; sobre el libro de *Silva Sánchez*, vid. sólo *Laurenzo Copello*, RDPCr 12 [2003], pp. 441 y ss.); acerca de la evolución general de la política criminal en los últimos años, cfr. también las exposiciones críticas de los autores de la escuela de Frankfurt recogidas en: Institut für Kriminalwissenschaften Frankfurt a. M. (ed.), Vom unmöglichen Zustand des Strafrechts, 1995 (= *La insostenible situación del Derecho penal*, 2000); cfr. también las contribuciones reunidas en *Lüderssen* (ed.), Aufgeklärte Kriminalpolitik oder Kampf gegen das Böse?, cinco tomos, 1998. Desde luego, son los estudios planteados desde esa perspectiva teórica los que en muchos casos han contribuido a poner en marcha la discusión; cfr. también la crítica de *Schünemann*, GA 1995, pp. 201 y ss. (= ADPCP 1995, pp. 187 y ss.); al respecto, vid. también, por todos, el análisis crítico del potencial de la aproximación "personal" a la teoría del bien jurídico – esencial en las construcciones de los autores de Frankfurt – desarrollado por *Müssig*, RDPCr 9 (2002), pp. 169 y ss. (= Desmaterialización del bien jurídico y de la política criminal. Sobre las perspectivas y los fundamentos de una teoría del bien jurídico crítica hacia el sistema, 2001, *passim*). En la bibliografía española más reciente, cfr. sólo los trabajos de *Sánchez García de Paz*, El moderno Derecho penal y la anticipación de la tutela penal, 1999, *passim*; *Mendoza Buergo*, El Derecho penal en la sociedad de riesgo, 2001, *passim*; *Zúñiga Rodríguez*, Política criminal, 2001, pp. 252 y ss.; *Soto Navarro*, La protección penal de los bienes colectivos en la sociedad moderna, 2003. Desde otra perspectiva, más amplia en el tiempo, vid. el análisis de orientación sociológica acerca de la expansión como ley de evolución de los sistemas penales hecho por *Müller-Tuckfeld*, Integrationsprävention. Studien zu einer Theorie der gesellschaftlichen Funktion des Strafrechts, 1998, pp. 178 y ss., 345. Adopta una posición político-criminal de orientación completamente divergente de la de las voces críticas antes citadas – como ya muestra de modo elocuente el título – ahora *Gracia Martín*, Prolegómenos para la lucha por la modernización y expansión del Derecho penal y para la crítica del discurso de resistencia. A la vez, una hipótesis de trabajo sobre el concepto de Derecho penal moderno en el materialismo histórico del orden del discurso de la criminalidad, 2003; vid. también, relativizando la justificación del discurso globalmente crítico, *Pozuelo Pérez*, RDPP 9 (2003), pp. 13 y ss.

tipos penales ya existentes realizada a un ritmo muy superior al de épocas anteriores.

El punto de partida de cualquier análisis del fenómeno que puede denominarse la "expansión" del ordenamiento penal ha de estar, en efecto, en una sencilla constatación: la actividad legislativa en materia penal desarrollada a lo largo de las dos últimas décadas en los países de nuestro entorno ha colocado alrededor del elenco nuclear de normas penales un conjunto de tipos penales que, vistos desde la perspectiva de los bienes jurídicos clásicos, constituyen supuestos de "criminalización en el estadio previo" a lesiones de bienes jurídicos,[4] cuyos marcos penales, además, establecen sanciones desproporcionadamente altas. Resumiendo: en la evolución actual tanto del Derecho penal material como del Derecho penal procesal, cabe constatar tendencias que en su conjunto hacen aparecer en el horizonte político-criminal los rasgos de un "Derecho penal de la puesta en riesgo"[5] de características antiliberales.[6] Simplificando mucho, probablemente en exceso, éste es un primer punto de partida de la situación político-criminal[7] que cabría ubicar temporalmente en los años ochenta del siglo XX y que plantea lo que podría denominarse la crisis propia del Estado social en materia criminal. Como se intentará exponer a continuación, sin embargo, esta problemática expansiva que podría resumirse en la idea del "Derecho penal del riesgo" no es la única: en la evolución más reciente, hay otros fenómenos de expansión que añaden características distintas a ese cuadro político-criminal de partida.

B. Los fenómenos expansivos

En primer lugar se trata, entonces, de esbozar una imagen más concreta y más actual de esta evolución político-criminal. Desde la perspectiva aquí adoptada, este desarrollo puede resumirse en lo esencial en dos fenómenos: el llamado "Derecho penal simbólico" (*infra* 1.) y lo que puede denominarse "resurgir del punitivismo" (*infra* 2.). En todo caso, debe subrayarse desde el principio que estos dos conceptos sólo identifican aspectos fenotípico-sectoriales de la evolución global y no aparecen de modo clínicamente "limpio" en la realidad legislativa (*infra* 3.). Ambas líneas de evolución, la

---

[4] Cfr. *Jakobs*, ZStW 97 (1985), p. 751.

[5] Sobre este concepto exhaustivamente *Herzog*, Gesellschaftliche Unsicherheit und strafrechtliche Daseinsfürsorge, 1991, pp. 50 y ss.

[6] Vid., por ejemplo, *Hassemer*, en: Philipps et al. (ed.), Jenseits des Funktionalismus. Arthur Kaufmann zum 65. Geburtstag, 1989, pp. 85 y ss. (p. 88); *idem*, en: Jung/Müller-Dietz/Neumann (ed.), Recht und Moral. Beiträge zu einer Standortbestimmung, 1991, pp. 329 y ss.; *Herzog*, Unsicherheit (nota 4), pp. 65 y ss.; *Albrecht*, en: Institut für Kriminalwissenschaften Frankfurt a. M. (ed.), Zustand des Strafrechts (nota 2), pp. 429 y ss.

[7] Cfr. recientemente el cuadro trazado por *Díez Ripollés*, en: *Bacigalupo/Cancio Meliá* (ed.), Derecho penal y política transnacional, 2005, pp. 243 y ss.

"simbólica" y la "punitivista" – ésta será la tesis a exponer aquí – constituyen el linaje del Derecho penal del enemigo. Sólo teniendo en cuenta esta filiación en la política criminal moderna podrá aprehenderse el fenómeno que aquí interesa (en el que se entrará *infra* III.).

1. El derecho penal simbólico

Particular relevancia corresponde, en primer lugar, a aquellos fenómenos de neo-criminalización respecto de los cuales se afirma críticamente que tan sólo cumplen efectos meramente "simbólicos".[8] Como ha señalado *Hassemer* desde el principio de esta discusión, quien pone en relación al ordenamiento penal con elementos "simbólicos" puede crear la sospecha de que no toma en cuenta la dureza muy real y nada simbólica de las vivencias de quien se ve sometido a persecución penal, detenido, procesado, acusado, condenado, encerrado,[9] es decir, la idea de que se inflige un daño concreto con la pena para obtener efectos algo más que simbólicos. Por lo tanto, para siquiera poder abordar el concepto, hay que recordar primero hasta qué punto el moderno principio político-criminal de que sólo una pena socialmente útil puede ser justa ha sido interiorizado (en diversas variantes) por los participantes en el discurso político-criminal. Sin embargo, a pesar de ese postulado (de que se satisface con la existencia del sistema penal un fin, que se obtiene un resultado concreto y mensurable, aunque sólo sea – en el caso de las teorías retributivas – la realización de la justicia), los fenómenos de carácter simbólico forman parte de modo necesario del entramado del Derecho penal, de manera que en realidad es incorrecto el discurso del "Derecho penal simbólico" como fenómeno extraño al Derecho penal. En efecto: desde perspectivas muy distintas, desde la "criminología crítica" – y, en particular, desde el así llamado enfoque del *labeling approach*[10] –, que pone el acento sobre las condiciones de la atribución social de la categoría "delito", hasta la teoría de la prevención general positiva, que entiende delito y pena como secuencia de tomas de posición comunicativa respecto de la norma:[11] los elementos de interacción simbólica son

---

[8] Vid. sobre esta noción, por todos, las amplias referencias y clasificaciones contenidas en *Voß*, Symbolische Gesetzgebung. Fragen zur Rationalität von Strafgesetzgebungsakten, 1989, *passim*; cfr. también, más sucintamente, *Silva Sánchez*, Aproximación al Derecho penal contemporáneo, 1992, pp. 304 y ss.; *Prittwitz*, Strafrecht und Risiko. Untersuchungen zur Krise von Strafrecht und Kriminalpolitik in der Risikogesellschaft, 1993, pp. 253 y ss.; *Sánchez García de Paz*, Anticipación (nota 2), pp. 56 y ss.; *Díez Ripollés*, AP 2001, pp. 1 y ss. (= ZStW 113 [2001], pp. 516 y ss.), todos con ulteriores referencias.

[9] NStZ 1989, pp. 553 y s. (= PyE 1 [1991], pp. 23 y ss.).

[10] Vid. por todos las referencias en *Voß*, Symbolische Gesetzgebung (nota 7), pp. 79 y ss.

[11] *Jakobs*, AT[2], 1/4 y ss.; vid. también *Baratta*, PyE 1 (1991), p. 52, y la exposición de *Sánchez García de Paz*, Anticipación (nota 2), pp. 90 y ss. en torno a las relaciones entre Derecho penal preventivo y Derecho penal simbólico.

la misma esencia del Derecho penal.[12] Entonces, ¿qué es lo que quiere decirse con la crítica al carácter simbólico, si toda la legislación penal necesariamente muestra características que cabe denominar "simbólicas"? Cuando se usa en sentido crítico del concepto de Derecho penal simbólico, se quiere, entonces, hacer específica referencia a que determinados agentes políticos tan sólo persiguen el objetivo de dar la "impresión tranquilizadora de un legislador atento y decidido",[13] es decir, que en estos ámbitos predomina una función latente sobre la manifiesta, o, dicho en una nueva formulación, que hay una discrepancia entre los objetivos invocados por el legislador – y los agentes políticos que conforman las mayorías de éste – y la "agenda real" oculta bajo aquellas declaraciones expresas.[14]

En la "Parte Especial" de este Derecho penal simbólico corresponde especial relevancia –por mencionar sólo este ejemplo –, en diversos sectores de regulación, a ciertos tipos penales en los que se criminalizan meros actos de comunicación, como, por ejemplo, los delitos de instigación al odio racial o los de exaltación o justificación de autores de determinados delitos.[15] Un examen de esta "Parte Especial" indica con toda claridad que el Derecho penal simbólico no sólo implica una puesta en escena por parte de determinados agentes políticos, sino que, además, en cierto modo es también la sociedad en su conjunto la que lleva a cabo una (auto-)representación: "¡nosotros no somos así!". Un exorcismo: "¡el racismo no forma parte de esta sociedad!" (esto queda "probado", de hecho, por una determinada criminalización; con independencia de que ésta quizás sea completa-

---

[12] Cfr., por todos, *Díez Ripollés*, AP 2001, pp. 4 y ss.

[13] *Silva Sánchez*, Aproximación (nota 7), p. 305.

[14] Aunque este factor – lo que podría llamarse mendacidad política – no es el elemento decisivo para la valoración del fenómeno. En cierto sentido, puede afirmarse que en el sector de regulación del Derecho penal del enemigo, está "resuelta" la discusión, mantenida hasta ahora en torno al concepto de Derecho penal simbólico, respecto de si el criterio decisivo para valorarlo es la mendacidad (desajuste entre fines proclamados y "agenda oculta") o, por el contrario, la ilegitimidad de los efectos de la pena producidos (cfr. sólo *Díez Ripollés*, AP 2001, pp. 1 y ss., 14 y ss., con ulteriores referencias; otro punto de vista en *Díaz Pita/Faraldo Cabana*, RDPP 7 [2002], pp. 119 y ss., 125 y ss.): pues aquí, como se intentará mostrar, se dan *ambas* características al mismo tiempo.

[15] Cfr., por ejemplo, respecto de los delitos de lucha contra la discriminación, últimamente *Landa Gorostiza*, IRPL/RIDP 73, pp. 167 y ss., con ulteriores referencias. Vid. también acerca de este tipo de infracciones *Cancio Meliá*, en: *Jakobs/Cancio Meliá*, Conferencias sobre temas penales, 2000, pp. 139 y ss.; *idem*, JpD 44 (2002), p. 26. En el Derecho comparado, en contra de la legitimidad de los preceptos análogos del Código penal alemán, cfr. sólo la contundente crítica de *Jakobs*, ZStW 97 (1985), pp. 751 y ss.; téngase en cuenta, de todos modos, que en el caso del ordenamiento alemán – a diferencia de la tipificación española – la cláusula que refiere estas conductas a la perturbación del orden público permitiría una selección de los hechos en función de la gravedad social de los mismos. Aún así, han surgido también en ese país voces que – más allá de las consideraciones de *Jakobs* acabadas de citar – ponen en duda la adecuación del ordenamiento penal en este contexto: vid., por ejemplo, *Schumann*, StV 1993, pp. 324 y ss.; *Amelung*, ZStW 92 (1980), pp. 55 y ss. Ante el consenso político que concitan estas normas en el caso alemán resulta signficativo que el antecedente de la infracción está en el delito de "provocación a la lucha de clases"; vid. LK -*von Bubnoff*, comentario previo a los §§ 125 y ss.

mente inadecuada para llegar a un nivel de aplicación razonable). Pero, en todo caso, puesto que lo cierto y evidente es que las cosas son justo al revés, en tales casos no se confirma una determinada identidad social, sino que ésta se pretende *construir* mediante el Derecho penal.[16] Más adelante podrá hacerse alguna consideración acerca de otras funciones latentes del Derecho penal simbólico, manifestadas en su descendiente, el Derecho penal del enemigo.[17]

2. El resurgir del punitivismo

Sin embargo, reconducir los fenómenos de "expansión" que aquí interesan de modo global sólo a estos supuestos de promulgación de normas penales meramente simbólicas no atendería al verdadero alcance de la evolución. Pues el recurso al Derecho penal no sólo aparece como instrumento para producir tranquilidad mediante el mero acto de promulgación de normas evidentemente destinadas a no ser aplicadas, sino que, en segundo lugar, también existen procesos de criminalización "a la antigua usanza", es decir, la introducción de normas penales nuevas con la intención de promover su efectiva aplicación con toda decisión,[18] es decir, procesos que conducen a normas penales nuevas que sí son aplicadas[19] o al endurecimiento de las penas para normas ya existentes. De este modo, se invierte el proceso habido en los movimientos de reforma de las últimas décadas, en

---

[16] Con gran claridad, *Jakobs* (AT^2 [nota 1], 2/25c) expone que tal Derecho penal simbólico (en concreto, en referencia a los "delitos de protección de un clima") es tanto más necesario cuanto más débil sea la legitimidad de la Ley penal. Esto como descripción, en un primer momento, con independencia de si estas normas (la criminalización como creación parcial de identidad en lugar de confirmación de ésta) pueden ser legítimas (o en qué medida éste es el caso). En sentido paralelo, *Jakobs* afirma respecto del actual Derecho penal internacional en ciernes que la diferencia entre el establecimiento de un orden y su estabilización precisa de su aprehensión y elaboración teórica (Staatliche Strafe [nota 1], pp. 47 y s.). Recuérdese, por otro lado, que *Jakobs* ha sido uno de los pocos autores alemanes (vid. sólo GA 1994, pp. 1 y ss.) que ha afirmado con decisión que los procesos dirigidos contra antiguos funcionarios de seguridad o militares de la República Democrática Alemana (en el contexto de los homicidios cometidos en la frontera sobre quienes querían abandonar la RDA) no son la aplicación del Derecho penal ordinario (se pretende que a estos sujetos, condecorados algunos de ellos por el "cumplimiento del deber socialista", se les aplica ¡el Código penal de la RDA entonces vigente!). En este sentido, no parece que la cuestión del tiranicidio o del derecho de resistencia en general deba incluirse en el orden del día del Derecho penal ordinario; por definición, la violencia que se aplica en un proceso revolucionario o de resistencia – con independencia de su legitimidad – no es la coacción de la pena (vid. *Jakobs*, "Terroristen als Personen" [nota 1], nota 17).

[17] *Infra* III.B.2.

[18] En este sentido, puede hablarse de una expansión por intensificación; vid. *Silva Sánchez/Felip i Saborit/Robles Planas/Pastor Muñoz*, en: *Da Agra/Domínguez/García Amado/Hebberecht/Recasens*, La seguridad en la sociedad del riesgo. Un debate abierto, 2003, pp. 113 y ss.; subraya que esta vertiente de la evolución político-criminal no ha sido abordada con suficiente profundidad (al centrarse la atención en lo que podría llamarse "Derecho penal del riesgo") en la discusión teórica *Díez Ripollés*, JpD 49 (2004), p. 28; cfr. también *idem*, en: *Bacigalupo/Cancio Meliá* (ed.), Derecho penal y política transnacional (nota 6), pp. 252 y ss., 256 y ss.

[19] Si bien puede observarse que en muchos casos se produce una aplicación selectiva.

el que fueron desapareciendo diversas infracciones – recuérdese sólo la situación del Derecho penal en materia de conductas de significado sexual – que ya no se consideraban legítimas. En este sentido, se advierte la existencia en el debate político de un verdadero *"clima punitivista"*:[20] el recurso a un incremento cualitativo y cuantitativo en el alcance de la criminalización como único criterio político-criminal; un ambiente político-criminal que, desde luego, no carece de antecedentes. Pero estos procesos de criminalización – y esto es nuevo – en muchas ocasiones se producen con coordenadas políticas distintas al reparto de roles tradicional que podría resumirse en la siguiente fórmula: izquierda política-demandas de descriminalización/derecha política-demandas de criminalización.[21] En este sentido, parece que se trata de un fenómeno que supera, con mucho, el tradicional "populismo" en la legislación penal: la historia no se repite.

Respecto de la izquierda política resulta especialmente llamativo el cambio de actitud: de una línea – simplificando, claro está – que identificaba la criminalización de determinadas conductas como mecanismos de represión para el mantenimiento del sistema económico-político de dominación[22] a una línea que descubre las pretensiones de neo-criminalización específicamente de izquierdas:[23] delitos de discriminación, delitos en la que las víctimas son mujeres maltratadas, etc.[24] Sin embargo, evidentemente, el cuadro estaría incompleto sin hacer referencia a un cambio de actitud también en la derecha política: en el contexto de la evolución de las posiciones de estas fuerzas, también en materia de política criminal, nadie quiere ser "conservador", sino igual de "progresista" (o más) que todos los demás grupos (= en este contexto: defensista). En este sentido, la derecha política – en particular, me refiero a la situación en España – ha descubierto que la aprobación de normas penales es una vía para adquirir matices políticos "progresistas".[25] Igual que la izquierda política ha aprendido lo rentable que puede resultar el discurso de *law and order*, antes

---

[20] Cfr. *Cancio Meliá*, en: *Jakobs/Cancio Meliá*, Conferencias (nota 14), pp. 131 y ss., 135 y ss.

[21] Así, por ejemplo, subraya *Schumann* respecto de las infracciones en la órbita de manifestaciones neonazis que existe un consenso izquierda-derecha a la hora de reclamar la intervención del Derecho penal, StV 1993, p. 324. Vid. en este sentido, por lo demás, las consideraciones sobre las demandas de criminalización de la socialdemocracia europea en *Silva Sánchez*, La expansión (nota 2), pp. 69 y ss.; se trata de una situación en la que cualquier colectivo tiene "sus" pretensiones de criminalización frente al legislador penal: cfr. la exposición sintomática de *Albrecht*, en: Vom unmöglichen Zustand (nota 2), p. 429; respecto de la persecución de fines de llamada moral haciendo uso de la legislación penal sólo *Voß*, Symbolische Gesetzgebung (nota 7), pp. 28 y ss.

[22] Vid. *Silva Sánchez*, La expansión (nota 2), p. 57 y ss. acerca de este cambio de orientación; movimiento paralelo en las ciencias penales: la criminología crítica con pretensiones abolicionistas; vid. sólo la panorámica trazada por *Silva Sánchez*, Aproximación (nota 7), pp. 18 y ss.

[23] "Go and tell a worker robbed of his week's wages or a raped woman that crime doesn't exist", frase significativa del criminólogo *Young* citada por *Silva Sánchez*, Aproximación (nota 7), p. 23 nota 36.

[24] Vid. sobre esto, con particular referencia a la socialdemocracia europea, *Silva Sánchez*, La expansión (nota 2), pp. 69 y ss., con ulteriores referencias.

[25] Sólo así se explica, por ejemplo, que haya sido precisamente la derecha política, en el gobierno en el año 1999, la que haya impulsado y aprobado una modificación/ampliación del delito de acoso sexual, regulado en el art. 184 CP, que supone una vuelta de tuerca sobre la regulación poco afortunada introducida en el CP de 1995..

monopolizado por la derecha política, ésta se suma, cuando puede, al orden del día político-criminal que cabría suponer, en principio, perteneciente a la izquierda – una situación que genera una escalada en la que ya nadie está en disposición de discutir de verdad cuestiones de política criminal en el ámbito parlamentario y en la que la demanda indiscriminada de mayores y "más efectivas" penas ya no es un tabú político para nadie.

Desde el punto de vista aquí adoptado, esta evolución se produce con especial rapidez en España. Después del proceso de descriminalización en diversos sectores de regulación que, por razones políticas bien conocidas, sólo pudo llevarse a cabo a partir del año 1977 (en este caso, se trataba más bien de un desescombramiento de los relictos remanentes de la legislación penal de la dictadura del general Franco, que concluyó más o menos recién en el CP de 1995), la reforma del Derecho penal entró en una fase de ralentización muy notable durante un tiempo prolongado, de modo que se presentaron varios proyectos y anteproyectos de nuevo Código penal –sometidos a un exhaustivo estudio y análisis por parte de la doctrina – hasta que en 1995 – de modo repentino y al fin de la temporada (justo antes de la pérdida de la mayoría parlamentaria de los socialdemócratas al año siguiente), y, por lo tanto, sin discusión científica, en la opinión pública o siquiera apenas debate parlamentario –, se obtuvo el logro del llamado "Código penal de la democracia". Como es natural, existe en la discusión científica un debate en torno a la calidad técnica o teórica de este Código penal; no se pretende aquí poner en duda que el nuevo texto ha eliminado muchos problemas dogmáticos. Sin embargo, lo único acerca de lo que *no* se puede discutir es que este Código es mucho más represivo que el texto refundido (reformado parcialmente a partir de 1977) del año 1973 (¡!). Es un Código que según *Gimbernat Ordeig* "está influenciado por el renacimiento en los últimos años de la ideología de la "ley y el orden", por un incremento descontrolado de nuevas figuras delictivas y por un insoportable rigor punitivo",[26] del que ha dicho *Rodríguez Mourullo* que "no sigue ninguna línea político-criminal coherente".[27] Naturalmente, esta evolución no ha concluido con aquel regalo de despedida jurídico-penal de los socialdemócratas. La mayoría parlamentaria de la derecha política existente en España desde 1996 hasta la primavera de 2004 ha hecho caer una verdadera cascada de reformas penales sobre la imprenta del *Boletín Oficial del Estado* (en muchos sectores diversos) que en el año 2004 (justo para las elecciones generales) desembocó en una especie de revisión general del Código de 1995, adaptando mediante el incremento generalizado de los marcos penales y la creación de nuevos tipos delictivos la legislación penal española al nuevo clima político.[28] Esto ha sucedido – es esencial subrayarlo – con una aprobación muy amplia de casi todas las fuerzas políticas, especialmente en todos aquellos ámbitos que algo podrían tener que ver con el terrorismo;[29] en cuanto se pronuncia esa palabra, casi todos los agentes

---

[26] En su prólogo a la primera edición del Código penal español de 1995 (ed. Tecnos), 1996.

[27] En: *idem/Jorge Barreiro et al.*, Comentarios al Código penal, 1997, p. 18.

[28] Cfr. sobre las últimas reformas en España, por todos, la sinopsis en *Sanz Morán*, RDPen 4 (2004), pp. 11 y ss.

[29] De hecho, éste es el ámbito en el que el peligro de contaminación del Derecho penal "normal" por la nueva normativa de excepción es más intenso; cfr. también *Jakobs*, Staatliche Strafe (nota 1), p. 46. Es significativo el uso inflacionario del término (las siguientes expresiones han sido utilizadas por

políticos inician una carrera para llegar los primeros al frente (mediático) del "decidido combate". Por otra parte, hasta el momento no hay indicio alguno que la nueva mayoría parlamentaria surgida después de los atentados en Madrid de marzo de 2004 pretenda revertir algún elemento de esta última contrarreforma.

El modo más claro de apreciar la dimensión de este fenómeno quizás esté en recordar que incluso conduce a la rehabilitación de nociones – abandonadas hace años en el discurso teórico de los ordenamientos penales continentales – como la de inocuización.[30]

En este sentido, parece evidente, en lo que se refiere a la realidad del Derecho positivo, que la tendencia actual del legislador es la de reaccionar con "decisión" dentro de muchos sectores diversos de regulación en el marco de la "lucha" contra la criminalidad, es decir, con un incremento de las penas previstas. Un ejemplo, tomado del Código penal español, lo constituyen las infracciones relativas al tráfico de drogas tóxicas o estupefacientes y sustancias psicotrópicas:[31] la regulación contenida en el texto de 1995 duplica la pena[32] prevista en la regulación anterior,[33] de modo que la venta de una dosis de cocaína – considerada una sustancia que produce "grave daño a la salud", lo que da lugar a la aplicación de un tipo cualificado – supone una pena de tres a nueve años de privación de libertad (frente a, aproximadamente, uno a cuatro años en el anterior Código), potencialmente superior, por ejemplo, a la correspondiente a un homicidio por imprudencia grave (uno a cuatro años) o a un delito de aborto doloso sin consentimiento de la madre (cuatro a ocho años) en los términos previstos en el mismo "Código penal de la democracia" apoyado parlamentariamente por la izquierda política.

En este mismo contexto, una consideración de la evolución habida en los últimos años en los Estados Unidos – sin tener en cuenta las más recien-

---

diversos responsables públicos en los últimos tiempos en España): desde el terrorismo "normal" (comisión de infracciones penales gravísimas para la consecución de fines políticos), pasando por los "terroristas domésticos" (hombres que maltratan a sus mujeres) o los "terroristas medioambientales", hasta llegar al "terrorismo forestal" (provocar incendios forestales). Sólo hace falta sumar a lo anterior la conocida tesis "todos los terrorismos son iguales" y "un terrorista es un terrorista" (con la intención: y quien advierta alguna diferencia, igual de qué clase, como, por ejemplo, entre quienes atentan contra las tropas de ocupación en Irak y los autores de hechos de las BR, de ETA o de la RAF, evidentemente ¡es comprensivo con los terroristas!), y ya no hace falta un Código penal, sino bastará un Código de lucha contra el terrorismo. Cfr. también *infra* III.B.4.

[30] Vid. sólo *Silva Sánchez*, en: *idem*, Estudios de Derecho penal, 2000, pp. 233 y ss.; *idem*, La expansión (nota 2), pp. 141 y ss.

[31] Sobre esta problemática en el caso español cfr. últimamente por todos, *González Zorrilla*, en: *Larrauri Pijoan* (dir.)/CGPJ (ed.), Política criminal, 1999, pp. 233 y ss.; *de la Cuesta Arzamendi*, en: *Beristain Ipiña* (dir.)/CGPJ (ed.), Política criminal comparada, hoy y mañana, 1999, pp. 87 y ss.; *Muñoz Sánchez/Díez Ripollés/Garrido de los Santos*, Las drogas en la delincuencia, 2004; respectivamente, con ulteriores referencias; en cuanto a la enorme relevancia que corresponde en la realidad del sistema de Administración de Justicia y penitenciario a estas infracciones, cfr. sólo los datos relacionados respecto del caso español en RDPCr 4 (1999), pp. 881, 892 y ss.; vid. las consideraciones globales al respecto, por ejemplo, en *Schünemann*, GA 2003, pp. 306 y ss.

[32] Teniendo en cuenta el cambio en el régimen de cumplimiento de las penas privativas de libertad; en el anterior Código (texto refundido de 1973), como es sabido, el cumplimiento efectivo solía situarse en la mitad de la extensión nominal de la pena.

[33] Cfr. arts. 368 CP 1995 y 344 CP TR 1973.

tes medidas legislativas – puede ser reveladora de cuál es – o mejor dicho: de lo lejos que se puede llegar hasta alcanzar – el punto de llegada de esta escalada: mediante la legislación de "*three strikes*" puede llegar a suceder que un autor que bajo aplicación del Código penal español ni siquiera ingresara en prisión,[34] en algunos Estados de los EE.UU. sufra cadena perpetua, entendida ésta además en sentido estricto (hasta la muerte del condenado).[35]

3. Punitivismo y derecho penal simbólico

Con lo expuesto hasta el momento ya queda claro que ambos fenómenos aquí seleccionados como indicadores del panorama global no son, en realidad, susceptibles de ser separados nítidamente. Así, por ejemplo, si se introduce una legislación radicalmente punitivista en materia de drogas, ello tiene una inmediata incidencia en las estadísticas de persecución criminal (es decir, no se trata de normas meramente simbólicas de acuerdo con el entendimiento habitual), y a pesar de ello es evidente que un elemento esencial de la motivación del legislador a la hora de aprobar esa legislación está en los efectos "simbólicos" obtenidos mediante su mera promulgación. Y a la inversa, también parece que normas que en principio cabría catalogar de "meramente simbólicas" pueden llegar a dar lugar a un proceso penal "real".[36]

Lo que sucede es que en realidad, la denominación "Derecho penal simbólico" no hace referencia a un grupo bien definido de infracciones penales caracterizadas por su inaplicación, por la falta de incidencia real en la "solución" en términos instrumentales, sino que, como antes se indicaba, identifica un especial significado simbólico del proceso mismo de criminalización, es decir, la especial importancia otorgada por el legislador[37] a los aspectos de comunicación política a corto plazo en la aprobación de las correspondientes normas. Y estos efectos incluso pueden llegar a estar integrados en estrategias mercado-técnicas de conservación del poder

---

[34] Por ejemplo: un delito de robo del art. 242.3 junto con uno de lesiones del art. 147.2 y otro de quebrantamiento de condena del art. 468 CP.

[35] Cfr. sólo *Beckett*, Making Crime Pay. Law and Order in Contemporary American Politics, 1997, pp. 89 y ss., 96; respecto del caso del Estado de California vid., por ejemplo, los datos recogidos en //http:www.facts1.com. Cfr. también las referencias en *Silva Sánchez*, La expansión (nota 2), pp. 142 y ss.

[36] En este sentido, respecto del art. 510 del CP español – junto con el art. 607.2 CP, que contiene una infracción que penaliza la conducta de "difusión por cualquier medio de ideas o doctrinas que nieguen o justifiquen" los delitos de genocidio – sigue siendo significativa la condena – en primera instancia –, de un sujeto filonazi, propietario de una librería en la que vendía libros de esa orientación, a cinco años de pena privativa de libertad (concurso real entre ambas infracciones; S. Juzgado de lo Penal nº 3 de Barcelona de 16.11.1998).

[37] Que es lo que ahora interesa; pero, por supuesto, cabría identificar – y muchos – supuestos de "aplicación simbólica" de normas penales.

político,[38] llegando hasta la génesis consciente en la población de determinadas actitudes en relación con los fenómenos penales que después son "satisfechas" por las fuerzas políticas.

Dicho con toda brevedad: el Derecho penal simbólico no sólo identifica un determinado "hecho", sino también (o: sobre todo) a un específico tipo de autor, quien es definido no como igual, sino como otro. Es decir, que la existencia de la norma penal – dejando de lado las estrategias a corto plazo de mercadotecnia de los agentes políticos – persigue la construcción de una determinada imagen de la identidad social mediante la definición de los autores como "otros", como no partícipes de esa identidad. Y parece claro que para ello también son necesarios los trazos vigorosos de un punitivismo[39] exacerbado, en escalada, especialmente, cuando la conducta en cuestión ya se hallaba amenazada de pena. Por lo tanto, el Derecho penal simbólico y el punitivismo mantienen una relación fraternal. A continuación puede examinarse lo que surge de su unión: el Derecho penal del enemigo.

III. ¿*Derecho penal* del enemigo?

A continuación se intentará analizar el concepto de Derecho penal del enemigo para determinar su contenido y su relevancia sistemática. Para ello, en primer lugar se presentarán las definiciones determinantes que han aparecido en la bibliografía y se propondrá alguna precisión a esa definición conceptual. Para ello, es especialmente relevante la imbricación del fenómeno en la evolución político-criminal general, es decir, su genealogía (*infra* A.). Finalmente, se esbozarán las dos razones fundamentales por las que desde la perspectiva del sistema jurídico-penal actualmente practicado el concepto de Derecho penal del enemigo sólo puede ser concebido como instrumento para identificar precisamente al no – Derecho penal[40] presente en las legislaciones positivas: por un lado, la función de la pena en este sector, que difiere de la del Derecho penal "verdadero"; por otro, como

---

[38] Cfr. sólo las referencias de estas prácticas respecto del ámbito anglosajón en *Beckett*, Making Crime Pay (nota 34), *passim*, y *von Hirsch*, en: *Lüderssen* (ed.), Aufgeklärte Kriminalpolitik (nota 2), t. V., pp. 31 y ss.

[39] Por ejemplo, desde la perspectiva de la criminología, *Young* (La sociedad "excluyente". Exclusión social, delito y diferencia en la Modernidad tardía, traducción y presentación de *Bergalli*, 2003) atribuye especial importancia a la cuestión criminal en los mecanismos sociales de exclusión: "...la imputación de criminalidad sobre el otro desviado es parte necesaria de la exclusión" (p. 178); vid. este punto de partida (aplicado a la custodia de seguridad introducida recientemente en el ordenamiento suizo) también en *Kunz*, ZStrR 122 (2004), pp. 234 y ss., 239 y ss.; cfr. aquí *infra* III.B.2.

[40] Es decir: un Derecho penal meramente formal, que difiere estructuralmente de la imputación que es practicada normalmente bajo esa denominación; cfr. *infra* III.B.2. y 4.

consecuencia de lo anterior, la falta de orientación con base en el principio del hecho (*infra* B.).

A. Determinación conceptual

1. Derecho penal del enemigo (Jakobs) como tercera velocidad (Silva Sánchez) del ordenamiento jurídico-penal

Según *Jakobs*,[41] el Derecho penal del enemigo se caracteriza por tres elementos: en primer lugar, se constata un amplio adelantamiento de la punibilidad, es decir, que en este ámbito, la perspectiva del ordenamiento jurídico-penal es prospectiva (punto de referencia: el hecho futuro), en lugar de – como es lo habitual – retrospectivo (punto de referencia: el hecho cometido). En segundo lugar, las penas previstas son desproporcionadamente altas: especialmente, la anticipación de la barrera de punición no es tenida en cuenta para reducir en correspondencia la pena amenazada. En tercer lugar, determinadas garantías procesales son relativizadas o incluso suprimidas.[42] De modo materialmente equivalente, en España *Silva Sánchez*

---

[41] Quien, como se ha señalado, ha introducido – en tres fases, podría decirse, en 1985, 1999/2000 y 2003/2004/2005 – el concepto en la discusión más reciente (*Jakobs*, ZStW 97 [1985], pp. 753 y ss.; idem, AT², 2/25c; idem, Estudios de Derecho judicial 20 [nota 1], pp. 137 y ss.; idem, en: *Eser/Hassemer/Burkhardt* [ed.], Strafrechtswissenschaft [nota 1], pp. 47 y ss., 51 y ss.; idem, Staatliche Strafe [nota 1], pp. 40 y ss.; idem, "Terroristen als Personen" [nota 1], *passim*); exhaustivo análisis y valoración crítica de los escritos de Jakobs publicados hasta 2003 en *Prittwitz*, en: *Mir Puig/Corcoy Bidasolo/Gómez Martín* (ed.), La política criminal en Europa, 2004, pp. 107 y ss. – Ciertamente, cabría identificar – como subraya *Silva Sánchez*, La expansión (nota 2), p. 165 con nota 388 – muchos antecedentes materiales de la noción de Derecho penal del enemigo, en particular, en determinadas orientaciones de la prevención especial anteriores a la segunda guerra mundial; cfr. *Muñoz Conde*, DOXA 15-16 (1994), pp. 1031 y ss. Desde una perspectiva temporal más amplia, y con orientación filosófica, vid. el análisis correspondiente de *Pérez del Valle* (CPC 75 [2001], pp. 597 y ss.), relativo a las teorías del Derecho penal contenidas en las obras de *Rousseau y Hobbes;* cfr. últimamente también a este respecto la perspectiva de *Zaffaroni*, *Investidura como doctor honoris causa por la Universidad de Castilla-La Mancha*, 2004, pp. 19 y ss., 29 y ss. y de *Gracia Martín*, RECPC nº 7 (2005) http://criminet.ugr.es/recpc/ (sobre todo: III.). En todo caso, cabe pensar que este aspecto – los antecedentes históricos – puede ser dejado de lado desde el punto de vista de la política criminal actual – no en el plano global-conceptual, claro – teniendo en cuenta las diferencias estructurales entre los sistemas políticos de aquellos momentos históricos y el actual.

[42] Vid. sintéticamente *Jakobs*, Estudios de Derecho judicial nº 20 (nota 1), pp. 138 y s. Los trabajos de *Jakobs* han desencadenado ya una incipiente discusión en los ámbitos de habla alemana y española en la que hay que constatar sobre todo voces marcadamente críticas. En esta línea, atribuyen a *Jakobs* una posición afirmativa respecto de la existencia de Derecho penal del enemigo, por ejemplo, *Schulz*, ZStW 112 (2000), pp. 659 y ss.; diferenciando el significado político-criminal de la primera (1985) y de la segunda (1999/2000) aproximación, *Prittwitz*, ZStW 113 (2001), pp. 774 y ss., 794 y ss., 794 y s. con nota 106; idem, en: *Mir Puig/Corcoy Bidasolo/Gómez Martín* (ed.), La política criminal (nota 40), pp. 107 y ss., 119; *Schünemann*, GA 2001, pp. 210 y ss.; idem, GA 2003, pp. 299 y ss., 312 y s.; *Ambos*, Der allgemeine Teil eines Völkerstrafrechts, 2002, pp. 63 y ss., 63 y s.: "otorga a futuros regímenes injustos una legitimación teórica"; *ibidem*, nota 135 incluso se afirma que *Jakobs* con estos desarrollos se aproxima constantemente al pensamiento "colectivista-dualista" de *Carl Schmitt*; *Muñoz Conde*, Edmund Mezger y el Derecho penal de su tiempo. Estudios sobre el Derecho penal en el Nacionalsocialismo, 3ª edición, 2002, pp. 116 y ss.; 4ª edición, 2003, pp. 121 y ss.; *Portilla Contreras*, mientras tanto nº 83 (2002), pp. 78 y ss., 81; idem, en *López Barja de Quiroga/Zugaldía Espinar*

ha incorporado el fenómeno del Derecho penal del enemigo en su propia concepción político-criminal.[43] De acuerdo con su posición, en el momento actual se están diferenciando dos "velocidades" en el marco del ordenamiento jurídico-penal:[44] la primera velocidad sería aquel sector del ordenamiento en el que se imponen penas privativas de libertad, y en el que, según *Silva Sánchez*, deben mantenerse de modo estricto los principios político-criminales, las reglas de imputación y los principios procesales clásicos. La segunda velocidad vendría constituida por aquellas infracciones en las que, al imponerse sólo penas pecuniarias o privativas de derechos – tratándose de figuras delictivas de nuevo cuño –, cabría flexibilizar de modo proporcionado a la menor gravedad de las sanciones esos principios y reglas "clásicos".[45] Con independencia de que tal propuesta pueda parecer acertada o no -una cuestión que excede de estas breves consideraciones-, la imagen de las "dos velocidades" induce inmediatamente a pensar – como ya ha hecho el propio *Silva Sánchez*[46] – en el Derecho penal del enemigo como "tercera velocidad", en el que coexistirían la imposición de penas privativas de libertad y, a pesar de su presencia, la "flexibilización" de los principios político-criminales y las reglas de imputación.

(coord.), *Dogmática y Ley penal. Libro homenaje a Enrique Bacigalupo*, tomo I, 2004, p. 694: "...justifica e intenta legitimar la estructura de un Derecho penal y procesal sin garantías"; *Düx*, ZRP 2003, pp. 189 y ss., 194 y s.; *Laurenzo Copello*, RDPCr 12 (2003), pp. 455 y s.; ampliamente *Aponte*, Krieg und Feindstrafrecht. Überlegungen zum "effizienten" Feindstrafrecht anhand der Situation in Kolumbien, 2004, *passim*, pp. 76 y ss., 129 y ss., 312 y ss.; *Demetrio Crespo*, NDP 2004/A, pp. 47 y ss.; vid. ahora el amplio análisis, hecho contextualizando la aparición del Derecho penal del enemigo en el conjunto de la evolución político-criminal, realizado por *Faraldo Cabana*, en: eadem (dir.)/*Brandariz García/Puente Aba* (coord.), Nuevos retos del Derecho penal en la era de la globalización, 2004, pp. 299 y ss., 305 y ss.; *Gómez Martín*, en: La política criminal (nota 40), pp. 82 y ss.; *Kunz*, ZStrR 122 (2004), pp. 234 y ss., 241 y ss.; *Lascano*, en: Universidad Nacional Mayor de San Marcos (ed.), *XVI Congreso latinoamericano/VIII iberoamericano y I Nacional de Derecho penal y criminología*, 2004, pp. 223 y ss.; *Mir Puig/Corcoy Bidasolo*, en: La política criminal (nota 40), p. 20; *Zaffaroni*, en: *Investidura* (nota 40), pp. 19 y ss.; vid. también *Díez Ripollés*, en: *Bacigalupo/Cancio Meliá* (ed.), Derecho penal y política transnacional (nota 6), pp. 263 y ss. Por otra parte, aparte de *Silva Sánchez* (sobre su posición, vid. a continuación en el texto), han hecho referencia a la concepción de *Jakobs* en términos más bien descriptivos o afirmativos (en algunos casos) *Kindhäuser*, Gefährdung als Straftat, 1989, pp. 177 y ss.; *Feijoo Sánchez*, RJUAM 4 (2001), pp. 9 y ss., 46 y ss.; *Pérez del Valle*, CPC 75 (2001), pp. 597 y ss.; *Polaino Navarrete*, Derecho penal, Parte General, tomo I: Fundamentos científicos del Derecho penal, 4ª edición, 2001, pp. 185 y ss.; *Cancio Meliá*, JpD 44 (2002), pp. 19 y ss.; *Gracia Martín*, Prolegómenos (nota 2), pp. 120 y ss.; cfr. ahora la nueva y exhaustiva toma de posición, de carácter crítico, de este autor en RECPC 7 (2005). – Recientemente, una nueva aproximación de *Jakobs* a la cuestión, en un trabajo en el que revisa la teoría de la pena por él desarrollada hasta el momento (Staatliche Strafe [nota 1], pp. 41 y ss.), despeja toda duda acerca de que *Jakobs* considera legitimable un "Derecho penal del enemigo" al menos en algunos casos; cfr. sobre esto *Cancio Meliá*, ZStW 117 (2005), pp. 267 y ss., 287 y ss. e *infra* III.B.4.

[43] Cfr. *Silva Sánchez*, La expansión (nota 2), pp. 163 y ss.
[44] Vid. *Silva Sánchez*, La expansión (nota 2), pp. 159 y ss.
[45] Cfr. *Silva Sánchez*, La expansión (nota 2), pp. 159 y ss., 161 y s.
[46] En la segunda edición de su monografía *La expansión* (nota 2), pp. 163 y ss.

2. Precisiones
a) Planteamiento

Hasta aquí la descripción. La cuestión que ahora se plantea es, naturalmente, qué es lo que hay que hacer en el plano teórico-sistemático con esa realidad constatada. ¿Falta algún elemento en el cuadro trazado? Más allá de esto: ¿Hay que detenerse en esa constatación de la existencia del Derecho penal del enemigo? ¿Hay que intentar limitarlo en la medida de lo posible, quizás "domándolo" al introducirlo en el ordenamiento jurídico-penal?[47] ¿Debe expulsarse del ordenamiento? En resumen: ¿es legítimo?[48] Dicho de otro modo: no está claro si se trata de un concepto meramente descriptivo o afirmativo. Antes de intentar dar respuesta a esa cuestión, parece necesario, sin embargo, llevar a cabo algunas consideraciones acerca del contenido del concepto de Derecho penal del enemigo.

Desde la perspectiva aquí adoptada, ambas concepciones teóricas antes esbozadas son correctas en cuanto elementos de una descripción.[49]

En lo relativo al alcance concreto de estas normas realmente existentes, queda mucho trabajo por hacer. Puesto que se trata, como antes se ha indicado – y el propio *Jakobs* subraya en muchas ocasiones –, de una definición típico-ideal, para determinar la "Parte Especial" jurídico-positiva del Derecho penal del enemigo sería necesario un estudio detallado, tipo por tipo – que excedería obviamente del marco del presente texto –, de diversos sectores de regulación.[50] En este sentido, seguramente es cierto (como ha afirmado *Silva Sánchez*)[51] que es necesario deslindar en la *praxis* de análisis de la Parte Especial diversos niveles de intensidad en los preceptos jurídico-penales concretos, y que, en el plano teórico, cabe apreciar que en su alcance concreto, la noción de Derecho penal del enemigo propuesta por *Jakobs* en la primera aproximación (1985) es considerablemente más amplia (incluyendo sectores de regulación más próximos al "Derecho penal de la puesta en riesgo" o delitos de nueva introducción dentro del sector de la actividad económica) que la de la segunda y tercera fase (a partir de 1999), más orientadas con base en delitos graves contra bienes jurídicos individuales (de modo paradigmático: terrorismo).

---

[47] Sobre esto *Jakobs*, Staatliche Strafe (nota 1), pp. 45 y s.

[48] Cfr. el título de la contribución de *Prittwitz* en: *Mir Puig/Corcoy Bidasolo/Gómez Martín* (ed.), La política criminal (nota 40), pp. 107 y ss.: "Derecho penal del enemigo: ¿análisis crítico o programa del Derecho penal?".

[49] El hecho de que exista ese Derecho penal del enemigo en el ordenamiento positivo (*Silva Sánchez* dice [La expansión (nota 2), p. 166] que sobre esto "no parece que se pueda plantear duda alguna"), y que puede ser descrito en los términos expuestos, es algo que no es cuestionado; en lo que se alcanza a ver, tampoco por parte de los autores que se han manifestado en sentido crítico frente al desarrollo de *Jakobs* (cfr., por ejemplo, expresamente *Portilla Contreras*, mientras tanto n° 83 [2002], pp. 77 y ss., 83, 91; *Demetrio Crespo*, NDP 2004/A, p. 50; *Laurenzo Copello*, RDPCr 12 [2004], p. 455).

[50] Cfr., por ejemplo, el catálogo internacional expuesto por *Portilla Contreras*, mientras tanto n° 83 (2002), pp. 83 y ss., o el análisis de *Faraldo Cabana*, en eadem (dir.)/*Brandariz García/Puente Aba* (coord.), Nuevos retos (nota 41), pp. 299 y ss., 305 y ss., 317 y ss., respecto de la situación en el ordenamiento español.

[51] En una contribución de seminario, Universitat Pompeu Fabra (Barcelona), 5/2003.

En todo caso, lo que parece claro es que en el ordenamiento español, el centro de gravedad del Derecho penal del enemigo está en los delitos[52] relacionados con las drogas,[53] en la reacción del Derecho penal frente al fenómeno de la inmigración,[54] en general, en el Derecho penal de la "criminalidad organizada",[55] y, sobre todo, en el nuevo Derecho antiterrorista, primero en la redacción dada a algunos de los preceptos correspondientes en el CP de 1995,[56] después en la reforma introducida mediante la LO 7/2000,[57] y finalmente mediante las reformas entradas en vigor en el año 2004 en este campo.[58]

La esencia del concepto de Derecho penal del enemigo está, entonces, en que éste constituye una reacción de combate del ordenamiento jurídico contra individuos especialmente peligrosos, que nada significa,[59] ya que de modo paralelo a las medidas de seguridad supone tan sólo un procesamiento desapasionado, instrumental,[60] de determinadas fuentes de peligro especialmente significativas:[61]

la expectativa de un comportamiento correcto no puede ser mantenida contrafácticamente de modo ilimitado; más aún: no debe ser mantenida ilimitadamente, ya que el Estado ha de procurar una vigencia real del Derecho, por lo que tiene que proceder contra los quebrantamientos del Derecho cuya próxima comisión se percibe. Una expectativa normativa dirigida hacia una determinada persona pierde su capacidad de orientación cuando carece del apoyo cognitivo prestado por parte de esa persona. En tal caso, [...] *la expectativa normativa es sustituida por la orientación cognitiva, lo que significa que la persona – la destinataria de expectativas normativas – muta*

---

[52] Más allá de las características de la criminalización, puede apreciarse que también en Derecho penitenciario existe una orientación al "enemigo"; vid. por todos *Faraldo Cabana*, en: *eadem* (dir.)/*Brandariz García/Puente Aba* (coord.), Nuevos retos (nota 41), pp. 317 y ss.

[53] Cfr. las referencias *supra* en nota 30.

[54] Cfr., por todos, respecto de la reacción del Derecho penal español frente al fenómeno, *Cancio Meliá/Maraver Gómez*, en: *Bacigalupo/Cancio Meliá* (ed.), Derecho penal y política transnacional (nota 6), pp. 343 y ss.

[55] Vid. sólo *Sánchez García de Paz*, La criminalidad organizada. Aspectos penales, procesales, administrativos y policiales, 2005, *passim*.

[56] Cfr. la sintética descripción en *Cancio Meliá*, en: *Rodríguez Mourullo/Jorge Barreiro et al.*, Comentarios (nota 26), pp. 1384 y ss.

[57] Cfr. *Cancio Meliá*, JpD 44 (2002), pp. 19 y ss., 23 y ss.; *idem*, en: *Ferrer et al.*, Derecho, libertades y razón de Estado, 2005, pp. 21 y ss.

[58] Fundamentalmente, a través de las LL.OO. 7 y 15/2003.

[59] En términos del significado habitual de la pena criminal en la comunicación; sobre esto a continuación *infra* III.B.2.

[60] Desde esta perspectiva, es llamativo el paralelismo con la idiosincrasia de determinadas tendencias inocuizadoras en la discusión estadounidense que reciben la significativa denominación de "*managerial criminology*", en particular, en lo que se refiere a la identificación de determinadas clases de autores respecto de los cuales sería especialmente "rentable" en términos preventivos imponer medidas de inocuización (*selective incapacitation*); vid., por todos, las exposiciones de *Silva Sánchez*, La expansión (nota 2), pp. 141 y ss., 145 y Brandariz García, en: *Faraldo Cabana* (dir.)/*Brandariz García/Puente Aba* (coord.), Nuevos retos (nota 41), pp. 43 y ss.

[61] Cfr. *Silva Sánchez* (La expansión [nota 2], p. 163): "fenómenos... que amenazan con socavar los fundamentos últimos de la sociedad constituida en Estado"; "reacciones ceñidas a lo estrictamente necesario para hacer frente a fenómenos excepcionalmente graves" (*ibid.*, p. 166).

para convertirse en fuente de peligro, en un problema de seguridad que debe abordarse de modo cognitivo".[62]

Con este instrumento, entonces, el Estado no habla con sus ciudadanos, sino amenaza a sus enemigos.[63]

b) Carencias

Sin embargo, desde la perspectiva aquí adoptada, esa definición es incompleta: sólo se corresponde de manera parcial con la realidad (legislativa, política y de la opinión publicada).

En primer lugar: aún sin llevar a cabo un estudio de materiales científicos relativos a la psicología social, parece claro que en todos los campos importantes del Derecho penal del enemigo ("cárteles de la droga"; "criminalidad de la inmigración"; otras formas de "criminalidad organizada" y terrorismo) lo que sucede no es que se dirijan con prudencia y comuniquen con frialdad operaciones de combate, sino que se desarrolla una cruzada contra malhechores archimalvados. Se trata, por lo tanto, más de "enemigos" en este sentido pseudoreligioso que en la acepción tradicional-militar[64] del término.[65] En efecto, la identificación de un infractor como enemigo por parte del ordenamiento penal, por mucho que pueda parecer a primera vista una calificación como "otro",[66] no es, en realidad, una identificación como fuente de peligro,[67] no supone declararlo un fenómeno natural a neutralizar, sino, por el contrario, es un reconocimiento de competencia normativa del agente[68] mediante la atribución de

---

[62] *Jakobs*, "Terroristen als Personen" (nota 1), II., texto posterior a la nota 5; sin cursiva en el original.

[63] *Jakobs*, Cuadernos de Derecho judicial nº 20 (nota 1), p. 139.

[64] Por otro lado, como es sabido, en el momento actual se están desdibujando también los contornos de la noción de guerra, mezclándose con la de "seguridad"; respecto del caso español, en lo que se refiere a la vulneración de los preceptos constitucionales relativos a la declaración de guerra a través de la *praxis* y de la legislación de desarrollo, vid., por todos, *Melero Alonso*, La declaración de guerra en el ordenamiento jurídico español (un mecanismo para el control jurídico de la participación del Estado español en conflictos armados), en prensa para editorial Dykinson. Vid. también, en paralelo, el proceso de militarización de las fuerzas de persecución penal, en el ejemplo del caso colombiano, descrito por *Aponte*, Krieg und Feindstrafrecht (nota 41), pp. 256 y ss.

[65] Respecto del terrorismo de nuevo cuño, *Scheerer* (Die Zukunft des Terrorismus. Drei Szenarien, 2002, pp. 7 y ss., 13 y ss.) identifica la patologización y la mitologización de las conductas en cuestión como verdaderas características decisivas en el discurso de combate contra el terrorismo. Con carácter general sobre este fenómeno de "demonización", en cuanto parte de un nuevo paradigma criminológico centrado en la noción de "exclusión", vid. sólo el análisis de *Young*, La sociedad "excluyente" (nota 38), pp. 155 y ss., planteado con un amplio enfoque y con ulteriores referencias.

[66] Que sencillamente, es peligroso; al que no se le hace en primera línea un reproche, sino se persigue su neutralización.

[67] Cfr. sobre los presupuestos del discurso de la eficiencia preventiva también *Díez Ripollés*, en: Bacigalupo/Cancio Meliá (ed.), Derecho penal y política transnacional (nota 6), pp. 263 y ss., 273 y ss., con ulteriores referencias.

[68] Cfr. respecto de esta idea también el texto *infra* III.B.2.

perversidad,[69] mediante su demonización – y ¿qué otra cosa es Lucifer que un ángel caído?[70] Visto desde esta perspectiva el proceso simbólico, el elemento decisivo es que se produce una *exclusión* de una determinada categoría de sujetos del círculo de ciudadanos, por lo que puede afirmarse que en este ámbito, la defensa frente a riesgos – que es el denominador esencial de la agenda político-criminal explícita – en realidad es lo de menos.[71] En este sentido, la carga genética del punitivismo (la idea del incremento de la pena como único instrumento de control de la criminalidad) se recombina con la del Derecho penal simbólico (la tipificación penal como mecanismo de creación de identidad social) dando lugar al código del Derecho penal del enemigo, o, dicho de otro modo, el Derecho penal del enemigo constituye una nueva fase evolutiva sintética de estas dos líneas de desarrollo. Este significado simbólico específico del Derecho penal del enemigo (o: la paternidad del Derecho penal simbólico, que se ha perdido de vista ante el predominio del discurso político-criminal pretendidamente instrumental-defensista), *en segundo lugar,* abre la perspectiva para una segunda característica estructural: no es (sólo) un determinado "hecho" lo que está en la base de la tipificación penal, sino también otros elementos, con tal de que sirvan a la caracterización del autor como perteneciente a la categoría de los enemigos.[72] De modo correspondiente, en el plano técnico, el mandato de determinación derivado del principio de legalidad y sus "complejidades"[73] ya no son un punto de referencia esencial para la tipificación penal.

---

[69] Cfr. el significativo título de la colectánea editada por *Lüderssen*: Aufgeklärte Kriminalpolitik oder Kampf gegen das Böse?, 1998.

[70] Uno de cuyos nombres, es, precisamente, *el Enemigo.*

[71] Subraya, en la línea del texto, el cambio de paradigma hacia la exclusión (partiendo de la nueva custodia de seguridad suiza) también *Kunz*, ZStrR 122 (2004), pp. 234 y ss., 241 y ss.; vid. aquí *infra* III.B.2. – En todo caso, aunque fuera cierto que el Derecho penal del enemigo realmente es ante todo un problema de defensa frente a riesgos, es decir, si la cuestión central fuera en verdad la falta de "apoyo cognitivo" – que *Jakobs* no considera garantizado en el caso del "enemigo" – y si ésta pudiera ser siquiera abordada con los medios del Derecho penal, aún habría que someter esta "defensa" a un análisis de legitimidad; cfr. la posición crítica respecto de la concepción, paralela a esa deriva defensista, de un entendimiento naturalista ("museal", en la famosa expresión de *Welzel*, ZStW 58 [1939], pp. 491 y ss., 514 y ss., 530) del bien jurídico como punto de partida de una política criminal inflacionaria (bajo el lema: hay que perseguir al riesgo hasta su guarida en la peligrosidad individual del sujeto, anticipando las barreras todo lo que demanden las necesidades de neutralización-defensa) desarrollada por *Jakobs*, ZStW 97 (1985), pp. 751 y ss., 783, 785; vid. también *infra* III.B.4. – Al margen de ello, habría que someter a análisis las condiciones de funcionamiento interno del pronóstico de riesgo pretendido a través de esta aproximación: téngase en cuenta que aquí no se quiere abordar, primordialmente, un análisis de cada individuo "enemigo", sino la elaboración de tipologías de *clases* de diversos tipos de enemigos. En este sentido, el propio *Jakobs* subraya que en muchas ocasiones no se trata de reacciones defensista-neutralizadoras frente a un individuo peligroso, sino frente al *grupo* hostil ("Terroristen als Personen" [nota 1], IV., texto posterior a la nota 25).

[72] Cfr. sobre esto el texto *infra* III.B.3.

[73] Un término que, por ejemplo, aparece varias veces en la Exposición de motivos de la LO 7/2000 como un problema a superar.

B. El derecho penal del enemigo como contradicción en los términos

1. Planteamiento

Cuando se aborda una valoración del Derecho penal del enemigo en cuanto parte del ordenamiento jurídico-penal, sobre todo se pregunta si debe ser aceptado como inevitable segmento instrumental de un Derecho penal moderno. Para contestar esta pregunta, *en primer lugar*, puede recurrirse a presupuestos de legitimidad más o menos externos al sistema jurídico-penal en sentido estricto: no debe haber Derecho penal del enemigo porque es políticamente erróneo (o: inconstitucional).[74] *En segundo lugar*, puede argumentarse dentro del paradigma de seguridad o efectividad en el que la cuestión es situada habitualmente por los agentes políticos que promueven este tipo de normas penales: el Derecho penal del enemigo no debe ser porque no contribuye a la prevención policial-fáctica de delitos.[75] Estos son, naturalmente, caminos transitables, que de hecho se transitan en la discusión y que se deben transitar. Pero aquí se pretende – *en tercer lugar* – esbozar un análisis previo, interno al sistema jurídico-penal en sentido estricto: ¿el Derecho penal del enemigo (fácticamente existente) forma parte *conceptualmente* del Derecho penal?[76]

---

[74] En lo que se alcanza a ver, esta es la argumentación que está en la base de las posiciones críticas existentes en la discusión hasta el momento (vid. las referencias *supra* en nota 41).

[75] En el plano empírico, parece que puede afirmarse que la experiencia en otros países de nuestro entorno respecto de organizaciones terroristas surgidas en los años sesenta y setenta del siglo XX muestra que la aplicación de este tipo de infracciones no ha conducido tanto a evitar delitos como ha contribuido a atraer nuevos militantes a las organizaciones en cuestión, retrasando en cierta medida el proceso de disolución endógeno (ese parece ser el caso, en particular, en la República Federal de Alemania, del paso de la "primera generación" de la Fracción del Ejército Rojo [RAF, *Rote Armee Fraktion*] a las sucesivas oleadas de miembros de ese grupo terrorista; cfr., por ejemplo, *Düx*, ZRP 2003, pp. 191 y s.). Por otra parte, no hay que subrayar especialmente que las cuestiones de prevención negativa y de eficiencia de la persecución penal se presentan de un modo completamente diverso al habitual cuando se trata de terroristas suicidas de orientación religiosa, organizados en pequeños grupos de acción autónomos. – De todos modos, es difícil que se pueda aislar para un análisis "eficientista" sólo la cuestión de la efectividad preventiva: pues dentro de este balance debería tenerse en cuenta de modo muy especial que las normas de estas características tienden a contaminar otros ámbitos de incriminación – como muestran múltiples ejemplos históricos –, de modo que hay buenas razones para pensar que es ilusoria la imagen de dos sectores del Derecho penal (el Derecho penal de ciudadanos y el Derecho penal de enemigos) que puedan convivir en un mismo ordenamiento jurídico (cfr. también *infra* III.B.4.). Aparte de ello, en el balance de "efectividad" ha de considerarse, como antes se ha dicho, que la mera existencia del Derecho penal del enemigo puede representar – esto debería ser obvio – en alguna ocasión un éxito parcial, precisamente, para el "enemigo" (vid., por ejemplo, el análisis de *Scheerer*, Zukunft des Terrorismus [nota 63], pp. 34 y ss., 50 y ss., en el que recuerda que la estrategia del terrorismo no estatal consiste desde sus orígenes sobre todo en alcanzar la hegemonía en su "propio campo" a través de la espiral acción-reacción; sobre la falta de efectividad, cfr. sólo *Feijoo Sánchez*, RJUAM 4 (2001), pp. 50 y ss.; respecto del caso concreto de la introducción del llamado "terrorismo individual" en el CP español de 1995, cfr., por ejemplo, el análisis de las consecuencias contraproducentes que puede conllevar efectuado por *Asúa Batarrita* (en: *Echano Basaldúa* [coord.], Estudios jurídicos en memoria de José Mª Lidón, 2002, p. 69, nota 39).

[76] Plantean y dejan abierta esta cuestión tanto *Jakobs* (en: en: *Eser/Hassemer/Burkhardt* [ed.], Strafrechtswissenschaft [nota 1], p. 50) como *Silva Sánchez* (La expansión [nota 2], p. 166).

Con esta formulación, como es evidente, se implica que en la utilización del concepto se lleva a cabo sobre todo una descripción: la valoración (política: situada fuera de la ciencia del Derecho), en su caso, cae por su propio peso una vez dada la respuesta a los problemas descriptivos. De este modo, se introduce la cuestión, ampliamente discutida, acerca de si este tipo de concepciones pueden legítimamente llevar a cabo tal descripción, o si, por el contrario, todo trabajo teórico en este contexto ofrece siempre al mismo tiempo una legitimación (rechazable). A este respecto sólo ha de anotarse aquí que en la discusión incipiente en torno a la idea de Derecho penal del enemigo desde el principio se perciben a veces tonos bastante rudos, que se dirigen, en particular, contra la mera (re-)introducción de la pareja conceptual Derecho penal del ciudadano y del enemigo por parte de *Jakobs*. Sin pretender replantear aquí la discusión global en torno al significado del sistema dogmático desarrollado por *Jakobs*, acerca de su comprensión como descripción o legitimación,[77] sí hay que indicar que aquellas posiciones que subrayan los posibles "peligros" ínsitos en la concepción de *Jakobs* no siempre tienen en cuenta de modo suficiente que esa aproximación, tildada de estructuralmente conservadora o incluso autoritaria, ya ha producido en varias ocasiones construcciones dogmáticas con un alto potencial de recorte de la punibilidad. Un pequeño ejemplo, precisamente relativo al Derecho penal del enemigo: según *Muñoz Conde*,[78] en relación con el concepto de Derecho penal del enemigo, y teniendo en cuenta el gran eco de la teoría de *Jakobs* en América latina,[79] es necesario subrayar que esa aproximación teórica no es "ideológicamente inocente", precisamente en países, como Colombia, en los que "ese Derecho penal del enemigo es practicado". Con toda certeza, cualquier concepción teórica puede ser pervertida o usada con fines ilegítimos; no se pretende aquí negar esa realidad. Pero es un hecho que la Corte Constitucional colombiana ha declarado recientemente inconstitucionales – aplicando expresamente el concepto de Derecho penal del enemigo desarrollado por *Jakobs* – varios preceptos penales promulgados por el presidente.[80] En conclusión: no existen concepciones teóricas (estrictamente jurídico-penales) que hagan invulnerable a un ordenamiento penal frente a evoluciones ilegítimas.[81]

La respuesta que aquí se ofrece es: no. Para ello, se propondrán dos diferencias estructurales (íntimamente relacionadas entre sí) entre "Derecho penal" del enemigo y Derecho penal: a) el Derecho penal del enemigo

---

[77] Cfr. al respecto de nuevo, el propio *Jakobs*, en: *idem*, Sobre la normativización (nota 1), *passim*; vid., por lo demás, sólo *Peñaranda Ramos/Suárez González/Cancio Meliá*, en: *Jakobs*, Estudios de Derecho penal, 1997, pp. 17 y ss., 22 y ss.; *Alcácer Guirao*, AP 2001, pp. 229 y ss., 242 y ss.; *idem*, ¿Lesión de bien jurídico o lesión de deber? Apuntes sobre el concepto material de delito, 2003, *passim*; respectivamente, con ulteriores referencias.

[78] En: *Barquín Sanz/Olmedo Cardenete*, Conversaciones: Dr. Francisco Muñoz Conde, RECPC 04-c2 (2002) [http://criminet.ugr.es/recpc].

[79] Esta influencia también es constatada, en términos similares y con preocupación, por *Ambos*, Völkerstrafrecht (nota 41), p. 64.

[80] Sentencia C-939/02 de 31.10.2002, ponente Montealegre Lynett. Una cuestión distinta es, naturalmente, qué efecto práctico tendrá esto en el desarrollo de la actual guerra civil en Colombia; probablemente, exactamente el mismo que una solemne proclamación del principio de *ultima ratio*. Cfr. el exhaustivo análisis de la situación colombiana hecho por *Aponte*, Krieg und Feindstrafrecht (nota 41), pp. 23, 29 y ss., 349 y ss.

[81] Vid. *Cancio Meliá*, en: *Jakobs/Cancio Meliá*, Conferencias (nota 14), pp. 139 y ss., 147.

no estabiliza normas (prevención general positiva), sino demoniza (= excluye) a determinados grupos de infractores; b) en consecuencia, el Derecho penal del enemigo no es un Derecho penal del hecho, sino de autor. Hay que subrayar de nuevo que estas características no aparecen con esta nitidez negro sobre blanco en el texto de la Ley, sino que se encuentran sobre todo en diversas tonalidades grises. Pero parece que conceptualmente puede intentarse la diferenciación.

2. El derecho penal del enemigo como reacción internamente disfuncional: divergencias en la función de la pena

Cuando se argumenta que los fenómenos frente a los que reacciona el "Derecho penal del enemigo" son peligros que ponen en cuestión la existencia de la sociedad, o que es la autoexclusión[82] de la condición de persona lo que genera una necesidad de procurar una especial seguridad cognitiva frente a tales sujetos, se ignora, en primer lugar, que la percepción de los riesgos – como es sabido en sociología – es una construcción social que no está relacionada con las dimensiones reales de determinadas amenazas.[83] Desde la perspectiva aquí adoptada, también en este caso se da esa disparidad. Los fenómenos frente a los que reacciona el "Derecho penal del enemigo" no tienen esa especial "peligrosidad terminal" (para la sociedad) que se predica de ellos, y, como antes se ha expuesto, en realidad el Derecho penal del enemigo fácticamente existente no es un mecanismo defensista. Al menos entre los "candidatos" a "enemigos" de las sociedades occidentales, no parece que pueda apreciarse que haya alguno – ni la "criminalidad organizada", ni las "mafias de las drogas", ni tampoco ETA – que realmente pueda poner en cuestión – en los términos "militares" que se afirman – los parámetros fundamentales de las sociedades correspondientes en un futuro previsible. Esto es especialmente claro si se compara la dimensión meramente numérica de las lesiones de bienes jurídicos personales sufridas por tales conductas delictivas con otro tipo de infracciones criminales que se cometen de modo masivo y que entran, en cambio, plenamente dentro de la "normalidad".[84] Entonces, ¿qué tienen de especial los fenómenos frente a los cuales responde el "Derecho penal del enemigo"? ¿Qué característica especial explica, en el plano fáctico, que se reaccione de ese modo

---

[82] Por ejemplo, *Jakobs*, "Terroristen als Personen" (nota 1), IV., texto anterior a la nota 25.
[83] Cfr. las consideraciones del propio *Silva Sánchez*, La expansión (nota 2), pp. 32 y ss., acerca de la "sensación social de inseguridad"; cfr. también *Mendoza Buergo*, Sociedad del riesgo (nota 2), pp. 30 y ss., ambos con ulteriores referencias.
[84] En lo que se refiere al caso español, esta disparidad entre la amenaza real y su reconstrucción en el discurso político – criminal es palmaria en lo que se refiere a la actividad de ETA: las medidas de endurecimiento más recientes – entradas en vigor a partir del año 2000 – coinciden precisamente con un declive muy pronunciado de las acciones violentas de ETA, con una disminución muy notable tanto en cantidad como en intensidad de los delitos cometidos.

frente a precisamente esas conductas? ¿Qué función cumple la pena en este ámbito?

La respuesta a esta pregunta está en que se trata de comportamientos delictivos que afectan, ciertamente, a elementos esenciales y especialmente vulnerables de la identidad de las sociedades en cuestión. Pero no en el sentido en el que lo entiende la concepción antes examinada – en el sentido de un riesgo fáctico extraordinario para esos elementos esenciales –, sino ante todo, como antes se ha adelantado, en un determinado *plano simbólico*.[85] Es sabido que precisamente *Jakobs* representa una teoría del delito y del Derecho penal en la que ocupa un lugar preeminente – dicho de modo simplificado, claro está – el entendimiento del fenómeno penal como perteneciente al mundo de lo normativo, de los significados, por contraposición al de las cosas. Desde esta perspectiva, toda infracción criminal supone, como resultado específicamente penal, el quebrantamiento de la norma, entendido éste como la puesta en duda de la vigencia de esa norma: la pena reacciona frente a ese cuestionamiento por medio del delito reafirmando la validez de la norma: prevención general positiva.[86] Pues bien, estos supuestos de conductas de "enemigos" se caracterizan por producir ese quebrantamiento de la norma respecto de configuraciones sociales estimadas esenciales, pero que son *especialmente vulnerables*, más allá de las lesiones de bienes jurídicos de titularidad individual. Así, no parece demasiado aventurado formular varias hipótesis en este sentido: que el punitivismo existente en materia de drogas puede estar relacionado no sólo con las evidentes consecuencias sociales negativas de su consumo, sino también con la escasa fundamentación axiológica y efectividad de las políticas contra el consumo de drogas en las sociedades occidentales; que la "criminalidad organizada", en aquellos países en los que existe como realidad significativa, causa perjuicios a la sociedad en su conjunto, incluyendo también la infiltración de sus organizaciones en el tejido político, de modo que amenaza no sólo a las haciendas u otros bienes personales de los ciudadanos, sino al propio sistema político-institucional; que ETA, finalmente, no sólo mata, hiere y secuestra, sino pone en cuestión un consenso constitucional muy delicado y frágil en lo que se refiere a la organización territorial de España.

Si esto es así, es decir, si es cierto que la característica especial de las conductas frente a las que existe o se reclama "Derecho penal del enemigo" está en que afectan a elementos de especial vulnerabilidad en la identidad

---

[85] Cfr. *supra* III.A.2.b). En el lado de la percepción de los "enemigos", por ejemplo *García San Pedro*, Terrorismo: aspectos criminológicos y legales, 1993, pp. 139 y ss., caracteriza al terrorismo como "violencia simbólica"; vid. por todos en esta línea *Scheerer*, Zukunft des Terrorismus (nota 64), pp. 17 y ss., con ulteriores referencias.
[86] Vid. sólo *Jakobs*, AT², 1/4 y ss.; 2/16, 2/25a, 25/15, 25/20.

social, la respuesta jurídico-penalmente funcional no puede estar en el cambio de paradigma que supone el Derecho penal del enemigo, sino que, precisamente, la respuesta idónea en el plano simbólico al cuestionamiento de una norma esencial *debe estar en la manifestación de normalidad*, en la negación de la excepcionalidad, es decir, en la reacción conforme a los criterios de proporcionalidad y de imputación que están en la base del sistema jurídico-penal "normal". Así se niega al infractor la capacidad de cuestionar, precisamente, esos elementos esenciales amenazados.[87] Dicho desde la perspectiva del "enemigo", la pretendida autoexclusión de la personalidad por parte de éste – manifestada en la adhesión a la "sociedad" mafiosa en lugar de a la sociedad civil, o en el rechazo de la legitimidad del Estado en su conjunto, tildándolo de "fuerza de ocupación" en el País Vasco – no debe estar a su alcance, puesto que la cualidad de persona es una atribución.[88] Es el Estado quien decide mediante su ordenamiento jurídico quién es ciudadano y cuál es el *status* que tal condición comporta: no cabe admitir apostasías del *status* de ciudadano. La mayor desautorización que puede corresponder a esa defección intentada por el "enemigo" es la reafirmación de la pertenencia del sujeto en cuestión a la ciudadanía general, es decir, la afirmación de que su infracción es un delito, no un acto cometido en una guerra, sea entre bandas o contra un Estado pretendidamente opresor.

Por lo tanto, la cuestión de si puede haber *Derecho* penal del enemigo queda resuelta negativamente en el plano de la teoría de la pena. Precisamente desde la perspectiva de un entendimiento de la pena y del Derecho penal con base en la prevención general positiva, la reacción que reconoce excepcionalidad a la infracción del "enemigo" mediante un cambio de paradigma de principios y reglas de responsabilidad penal es disfuncional de acuerdo con el concepto de Derecho penal. En este sentido, cabe afirmar que el "Derecho penal" del enemigo jurídico-positivo cumple una función distinta de la del Derecho penal (del ciudadano): se trata de cosas distintas. El Derecho penal del enemigo prácticamente reconoce, al optar por una reacción estructuralmente diversa, excepcional, la competencia normativa (la capacidad de cuestionar la norma) del infractor. Por ello, en cierto modo, mientras el discurso legitimatorio del Derecho penal del enemigo positivo en la discusión político-criminal parece afirmar que es algo "menos" que

---

[87] Respecto de las infracciones de terrorismo, señala, por ejemplo, *Asúa Batarrita* (en: *Echano Basaldúa* [coord.], EM Lidón [nota 74], p. 47) que "la anatemización indiscriminada de los métodos violentos y de su ideología favorece la tesis de quienes optan por el método del terror, en su propósito de ser identificados y nombrados por sus ideas y no por sus crímenes"; respecto de la "ideología de la normalidad" como base (a veces, sólo nominal) de la regulación española en materia de terrorismo, vid. *Cancio Meliá*, JpD 44 (2002), pp. 23 y ss., con referencias.

[88] Que – como es obvio – concretamente en nuestras sociedades (Estados de Derecho actuales) en lo esencial -y, desde luego, en lo que se refiere a su posición en cuanto posibles infractores de normas penales – corresponde a todos los seres humanos en virtud de su condición humana; por ello, no puede haber "exclusión" sin ruptura del sistema; vid. *infra* III.B.4.

el Derecho penal de la culpabilidad (la reacción imprescindible, pero serena, sin reproches, tecnocrática frente a un riesgo gravísimo; una reacción frente a un peligro examinado de modo neutro), en realidad es algo "más" (la construcción de una categoría de representantes humanos del *mal*; algo más grave que ser "simplemente" culpable). Mediante la demonización de los grupos de autores, es decir, a través de la *exclusión* del círculo de mortales "normales" que está implícita en estas modalidades de tipificación – una forma exacerbada de reproche –, da incluso mayor resonancia a sus hechos. Dicho de otro modo – combinando ambas perspectivas –, la demonización tiene lugar mediante la exclusión (definición como otro): "*l'enfer, c'est les Autres*".[89]

> Con carácter general, el concepto *inclusión/exclusión* adquiere, según parece, cada vez mayor relevancia teórica para las ciencias sociales: "¿Se está convirtiendo el binomio inclusión/exclusión en el metacódigo del siglo XXI, que mediatiza todos los demás códigos, socavando, sin embargo, simultáneamente la propia diferenciación funcional, *y dominando con el potencial explosivo de la exclusión de grupos de población enteros otros problemas socio-políticos?*"[90] De hecho, desde la perspectiva de la teoría social de sistemas, *Luhmann*[91] ha formulado incluso la tesis de que la diferenciación moderna entre inclusión y exclusión es estructuralmente más profunda de lo que nunca lo fue la diferenciación decimonónica en clases sociales.[92]

En consecuencia, la función de la pena en el Derecho penal del enemigo probablemente haya que verla en *la creación (artificial) de criterios de identidad entre los excluyentes mediante la exclusión*; una función cuya incompatibilidad con la teoría de la prevención general positiva no necesita subrayarse. Dicho en las palabras del propio *Jakobs*: "La pena no lucha contra un enemigo; tampoco sirve al establecimiento de un orden deseable, sino sólo al mantenimiento de la realidad social".[93]

3. El derecho penal del enemigo como Derecho penal de autor

Corresponde ahora llevar a cabo una brevísima reflexión en torno a la manifestación técnico-jurídica más destacada de la función divergente de

---

[89] Jean-Paul *Sartre*, Huis clos (suivi de les mouches), Gallimard-folio, 1983, p. 92. Esta imagen surgió en una conversación con Pablo *Guérez Tricarico* y Enrique *Peñaranda Ramos* (Universidad Autónoma de Madrid).
[90] *Teubner*, en: Cancio Meliá (ed.), AFDUAM 9 (2005), Globalización y Derecho, p. 200 (sin cursiva en el original); en la actual situación mundial, es inevitable el recuerdo de la guerra lejana, permanente y amenazadora – tan distinta de la guerra tradicional (cfr. *supra* nota 63), y que es otra forma de exclusión, precisamente, de los "enemigos", y de construcción de identidad de un bando – tal y como es representada en el libro de *George Orwell* "1984": en este sentido utilizado por *Teubner*, realmente *war is peace* en la realidad de hoy (*Orwell*, Nineteen eighty – four, Penguin Books, 1984, p. 27), o, en el ámbito que aquí interesa: exclusión (de unos) es inclusión (de otros); cfr. a continuación en el texto.
[91] Das Recht der Gesellschaft, 2ª edición, 1997, pp. 582 y ss.
[92] Op. cit., pp. 582 y s. con nota 64.
[93] *Jakobs*, PJ 47 (1997), p. 163.

la pena del Derecho penal del enemigo: la incompatibilidad del Derecho penal del enemigo con el principio del hecho.

Como es sabido, el Derecho penal del enemigo jurídico-positivo vulnera, así se afirma habitualmente en la discusión, en diversos puntos el principio del hecho. En la doctrina tradicional, el principio del hecho se entiende como aquel principio genuinamente liberal de acuerdo con el cual debe quedar excluida la responsabilidad jurídico-penal por meros pensamientos, es decir, como rechazo de un Derecho penal orientado con base en la "actitud interna" del autor.[94] Si se lleva este punto de partida coherentemente hasta sus últimas consecuencias – mérito que corresponde a *Jakobs*[95] –, queda claro que en una sociedad moderna, con buenas razones funcionales, la esfera de intimidad adscrita al ciudadano no puede quedar limitada a los impulsos neuronales: parafraseando el título de una canción popular alemana – *Die Gedanken sind frei* –, algo más que los pensamientos ha de ser libre. Esto cristaliza en la necesidad estructural de un "hecho" como contenido central del tipo (Derecho penal del hecho en lugar de Derecho penal de autor).

Si se examina, ante este trasfondo – por ejemplo, en el Derecho penal español relativo al terrorismo después de las últimas modificaciones legislativas habidas – la amplia eliminación iuspositiva de las diferencias entre preparación y tentativa, entre participación y autoría, incluso entre fines políticos y colaboración con una organización terrorista,[96] difícilmente puede parecer exagerado hablar de un Derecho penal de autor: mediante sucesivas ampliaciones se ha alcanzado un punto en el que "estar ahí" de algún modo, "formar parte" de alguna manera, "ser uno de ellos", aunque sólo sea en espíritu, es suficiente. Sólo así puede explicarse que en el CP español de 1995 – por mencionar un solo ejemplo entre varios – se haya introducido la figura del "terrorista individual",[97] una tipificación que no cuadra de ningún modo con la orientación de la regulación española en este sector, estructurada en torno a la especial peligrosidad de las *organizaciones* terroristas.

Esta segunda divergencia es, igual que lo que sucede respecto de la función de la pena que la produce, estructural: no es que haya un cumplimiento mejor o peor del principio del hecho – lo que ocurre en muchos otros

---

[94] Vid., por ejemplo, *Stratenwerth*, Strafrecht Allgemeiner Teil I. Die Straftat, 4ª edición, 2000 (= Derecho penal, Parte General I. El hecho punible, 2005), 2/25 y ss.; recientemente, con algo más de detalle, cfr. *Hirsch*, en: Festschrift für Klaus Lüderssen zum 65. Geburtstag, 2002, pp. 253 y ss.

[95] La argumentación decisiva está en ZStW 97 (1985), p. 761 (como se recordará, se trata del mismo trabajo en el que también se introdujo el concepto de Derecho penal del enemigo); un punto de partida – la normativización del principio del hecho y, con ello, de la noción de esfera privada en este contexto – que, en lo que se alcanza a ver, no ha merecido una gran atención en la discusión alemana.

[96] Cfr. respecto de diversos tipos individuales el análisis en *Cancio Meliá*, JpD 44 (2002), pp. 23 y ss.

[97] Cfr. sólo *Cancio Meliá*, JpD 44 (2002), pp. 25 y s.

ámbitos de "anticipación" de las barreras de punición –, sino que la regulación tiene, desde un principio, una dirección centrada en la identificación de un determinado grupo de sujetos – los "enemigos" – más que en la definición de un "hecho". El Derecho penal del enemigo no es compatible, por tanto, con un Derecho penal del hecho.

4. Algunas conclusiones

a) Diagnóstico

Desde la perspectiva de la política criminal, parece que puede afirmarse que el fenómeno del Derecho penal del enemigo en las legislaciones actuales no es consecuencia de un factor externo – de un atentado como desencadenante o de una mayoría política circunstancial – a la propia evolución de los sistemas jurídico-penales. Muy al contrario, un análisis de los desarrollos y los estudios político-criminales previos a la actual oleada de Derecho penal del enemigo en los boletines oficiales muestra que su origen tiene sus raíces en momentos históricos anteriores al actual.[98] También parece claro que, precisamente por el hecho de que no se trata de un fenómeno coyuntural y no es debido a factores exógenos, el actual Derecho penal del enemigo no es un simple retorno de una política criminal autoritaria, sino una fase evolutiva nueva.

En el plano de la teoría del Derecho penal, resulta evidente que un "Derecho penal" del enemigo no es compatible con la teoría de la prevención general positiva, puesto que en él la pena cumple una función divergente e incompatible con el elemento esencial de la culpabilidad-igualdad.[99] Como consecuencia de ello, el "Derecho penal" del enemigo –dedicado esencialmente a definir categorías de sujetos – es de modo estructural un Derecho penal de autor.

---

[98] Por ello, la cuestión planteada por *Demetrio Crespo* (NDP 2004/A, pp. 47 y ss.) en el título de su trabajo ("¿evolución o involución?") debe contestarse de modo unívoco con el primero de los conceptos (en otra línea *Demetrio Crespo*, loc. cit., pp. 49, 67 y ss.). Vid. también la argumentación de *Díez Ripollés*, en: Bacigalupo/Cancio Meliá (ed.), Derecho penal y política transnacional (nota 6), pp. 243 y ss., 252 y ss.

[99] De hecho, en lo que se refiere a la teoría de los fines de la pena en *Jakobs*, cabe constatar últimamente un proceso de reorientación que con carácter general atribuye a determinados efectos cognitivos de la pena, que aún eran secundarias en escritos anteriores, una nueva posición sistemática (cfr. *Jakobs*, Staatliche Strafe [nota 1], pp. 5 y ss., 26 y ss., *passim*; vid. el expreso abandono de puntos de vista anteriores en p. 31, nota 147). Como parece claro, no es éste el lugar adecuado para abordar este cambio de orientación en la teoría penal de *Jakobs*. Sin embargo, sí puede formularse la hipótesis de que – *sit venia verbo* – un *Jakobs* anterior quizás habría dicho sobre la nueva configuración de la teoría de la pena que si de este modo no se está ya en misa y repicando, al menos sí se propone salvar un hiato demasiado grande entre significado (confirmación de la vigencia de la norma) y finalidad (seguridad en términos fáctico-naturales), entre pena y policía. Quizás también habría escrito que la única finalidad (en el Derecho penal de un Estado que a grandes rasgos está en funcionamiento y es legítimo) es el significado. Cfr. sobre esta problemática *Cancio Meliá/Feijoo Sánchez*, "¿Prevenir riesgos o confirmar normas? La teoría funcional de la pena de Günther Jakobs", estudio preliminar a *Jakobs*, La pena estatal: significado y finalidad, en prensa para ed. Civitas.

b) Perspectivas

1. Si frente a las consideraciones aquí hechas se plantea la objeción de que con ellas se confunde la realidad con el deseo, en el sentido de que se convierte artificiosamente a enemigos reales en personas, en ciudadanos ficticios,[100] ello es, naturalmente, cierto desde una perspectiva meramente fáctica (en el plano psicosocial, puede ser el caso de amplios sectores de la población, identificados con las potenciales víctimas, o en el plano de la psicología individual, en el caso de muchos autores, quienes con frecuencia se autodefinen, de hecho, como "enemigos"); pero esta constatación no afecta en nada al razonamiento: la gracia del Derecho penal moderno, precisamente (y de una teoría que lo describa adecuadamente), está en que *la pena* no reacciona ni frente a la maldad (contra pecadores) ni frente a la nuda peligrosidad (contra enfermos), sino frente a manifestaciones de sujetos culpables que ponen en cuestión las características (esenciales) de la configuración de la sociedad (si así se quiere: contra ciudadanos equivocados). No hay enemigos en Derecho penal, por lo que de hecho, todos los seres humanos son ciudadanos (o, si se quiere: se les eleva artificialmente a esa condición). Los "ataques" de sujetos imputables o son actos de guerra en sentido estricto o son delitos, *tertium non datur*.[101]

2. Siguiendo en este contexto de argumentación, saltando entre riesgos fácticos y reacciones jurídico-penales,[102] también puede que se afirme que quizás la posición aquí defendida – el rechazo del Derecho penal del enemigo en el plano de la teoría del Derecho penal – sea (normativamente) correcta, pero socialmente irrelevante[103] porque no procesa la (indiscutida) explosión jurídico-positiva del Derecho penal del enemigo realmente existente. Pero tampoco esta línea crítica realmente alcanza a las reflexiones aquí propuestas: en un primer paso, la diferenciación conceptual entre Derecho penal del ciudadano y "Derecho penal" del enemigo sólo implica eso mismo, el establecimiento de una diferencia entre esta clase de Ley penal y las características esenciales de lo que hasta ahora ha sido considerado Derecho penal en nuestro entorno jurídico-político. Entonces, en este primer paso analítico se advierte que una ulterior profundización de esta evo-

---

[100] Así *Jakobs*, Staatliche Strafe (nota 1), pp. 47 y s.

[101] Dicho desde una perspectiva más general, no es que aquí se afirme que el único Estado de Derecho posible es el ideal (cfr. *Jakobs*, "Terroristen als Personen" [nota 1], III., texto anterior a las notas 16 y 17), sino que específicamente se dice que la incoporación del binomio pena-enemigo es *categorialmente* incompatible con el Estado de Derecho.

[102] Casos en los que – al menos en el plano descriptivo – "la pena es un instrumento para un fin policial, un paso en la lucha por la seguridad"; *Jakobs*, "Terroristen als Personen" (nota 1), I., texto posterior a la nota 4. Sobre la tensión entre ambos extremos en el sistema de *Jakobs* con carácter más general, vid. *Peñaranda Ramos*, RPDJP 2 (2001), pp. 413 y ss.

[103] Lo que sobre todo desde la perspectiva de una construcción teórica como la de *Jakobs,* que pretende ser una aproximación a la realidad social del Derecho, implica que ésta seria una posición teórica quizás internamente coherente, pero, en todo caso, errónea.

lución conduce a un "Derecho penal" distinto: y también desde una perspectiva teórica modesta (positivista) respecto de la ciencia del Derecho, más bien escéptica frente a la fuerza de legitimación interna de la ciencia del Derecho penal,[104] quizás pueda valorarse como análisis útil cuando se perfilan los rasgos de un posible cambio de paradigma.[105]

3. Más allá del diagnóstico, la agenda político-criminal que de él deriva desde la perspectiva aquí abordada es sencilla, pero existe. No se mira hacia otro lado, permaneciendo en una torre de marfil teórica.[106] El orden del día político-criminal es el siguiente: debe eliminarse el "Derecho penal" del enemigo que está entrando en las legislaciones penales. Una primera razón está en que es ilusoria la idea de un confinamiento del "Derecho penal" del enemigo a determinados límites mediante su juridificación.[107] Como puede inferirse del bosquejo de la evolución político-criminal más reciente expuesto en las páginas anteriores, en realidad el problema no consiste en un dualismo entre una concepción normativa (Derecho penal de la culpabilidad: reproche jurídico frente a un ciudadano) y otra cognitiva ("Derecho penal" del enemigo: control de una fuente de peligro) del Derecho penal.[108] Lo que sucede es que el "Derecho penal del enemigo" constituye no una regresión a meros mecanismos defensistas, sino un desarrollo degenerativo en el plano simbólico-social del significado de la pena y del sistema penal. Los ejes estructurales del "Derecho penal" del enemigo se transmiten así – a través de argumentaciones de identificación simbólica – a nuevos sectores de regulación con mayor rapidez de lo que lo haría una

---

[104] Cfr. sólo *Jakobs*, AT^2, 1/1, 1/8, 1/18 (el modelo defendido "presupone que el orden social merece los costes que se imponen al infractor de la norma"), 1/20 ("la pena sólo puede ser legitimada por el valor del ordenamiento para cuyo mantenimiento se castiga"); vid. también *idem*, ZStW 107 (1995), pp. 25 y ss., 33 y ss. y 37; *Müssig*, Schutz abstrakter Rechtsgüter und abstrakter Rechtsgüterschutz, 1994, pp. 89 y s. y 140 y ss.; Peñaranda Ramos/Suárez González/Cancio Meliá, en: *Jakobs*, Estudios (nota 76), pp. 17 y ss., 26 y ss.

[105] Cfr. la argumentación paralela de *Jakobs*, Staatliche Strafe (nota 1), pp. 47 y s. y al respecto *supra* nota 15.

[106] No deja de resultar llamativo para quien ha seguido la trayectoria teórica de *Günther Jakobs* que ahora pueda verse cómo somete a crítica a cierta "prepotencia *normativista*" por "dejar fuera de consideración las condiciones de la realidad del Derecho", lo que implica que posiciones como la aquí defendida significan "vivir en las nubes – Wolkenkuckucksheim – de los postulados, desde las cuales, desde luego, se puede criticar magníficamente esa realidad del Derecho, pero, eso sí, sin que ello tenga consecuencia alguna" (*Jakobs*, "Terroristen als Personen" [nota 1], nota 9; sin cursiva en el original). Desde el punto de vista aquí adoptado, sea cual sea el puesto de observación, lo que se ve con claridad es que esta cuestión – acerca de si es necesario un Derecho de excepción – no es que no se quiera plantear, sino que es una cuestión jurídico-política sobre la que cabe tener opiniones diferentes, no un elemento conceptual del Derecho penal. Cfr. a continuación en el texto, 4.

[107] Cfr. *Jakobs*, Staatliche Strafe (nota 1), pp. 45 y s.; *idem*, "Terroristen als Personen" (nota 1), IV., texto posterior a la nota 25.

[108] Respecto de la posición personal de *Jakobs* en cuanto a la naturaleza jurídica del "Derecho penal" del enemigo, cabe acotar que aunque no se encuentre una afirmación unívoca en sus escritos en este sentido, es posible inferir de varias de sus líneas de argumentación que lo considera materialmente un Derecho de excepción, no Derecho penal ordinario; cfr. ahora expresamente *Jakobs*, "Terroristen als Personen" (nota 1), III., texto posterior a la nota 25.

argumentación racional con base en riesgos mensurables; dicho de otro modo, el "Derecho penal" del enemigo contamina con especial facilidad – como un poco de aceite industrial un medio acuático natural – el Derecho penal ordinario.[109]

Regresando al plano teórico interno del Derecho penal, esta agenda político-criminal se ve confirmada por el hecho de que el Derecho penal (del ciudadano) no puede absorber (ni convivir con) el discurso defensista-demonizador propio del "Derecho penal" del enemigo: si precisamente desde una perspectiva como la del sistema funcional (positivista) desarrollado por *Jakobs*, el sistema penal es internamente ciego a determinados presupuestos de legitimidad, tampoco puede procesar determinados presupuestos fáctico-cognitivos en el lado de los autores culpables más allá de esa culpabilidad. Es en este sentido que antes se decía que en Derecho penal – una vez reconocida la ciudadanía política general como base del sinalagma autonomía-responsabilidad –, todos los sujetos imputables son ciudadanos a efectos jurídico-penales por definición.[110] El Derecho penal de la culpabilidad no puede tomar nota de un pronóstico de peligrosidad individual o colectivo de determinados autores responsables. No es que no se quiera abordar la cuestión de qué hacer con esos autores, es que jurídico-*penalmente*, nada se puede hacer más allá de la pena. Ello es así porque el Derecho penal muestra una definición funcional que lo restringe a la respuesta derivada de la culpabilidad: si en Derecho civil o en Derecho electoral la personalidad, como es obvio, es relativa – corresponde el derecho de propiedad a quien no puede enajenar, por ejemplo –, en Derecho penal, al establecerse con la pena un mecanismo para contradecir afirmaciones rele-

---

[109] Esto resulta evidente en el plano empírico si se piensa en las múltiples instituciones que, proviniendo del Derecho penal antiterrorista, han sido incorporadas al Derecho penal ordinario con carácter general. Un ejemplo con raíces históricas aún más profundas es el de la regulación de los actos preparatorios en el Código penal alemán (*Jakobs*, Staatliche Strafe [nota 1], pp. 45 y s.): esta regulación, que supone una anticipación de barreras de criminalización, muestra la facilidad con la que permanece (y, como sucede en este caso, es ampliada en su alcance) una norma debida a un contexto conflictivo (el enfrentamiento entre la Iglesia católica y el canciller Bismarck, llamado *Kulturkampf*, a finales del S. XIX) que pertenece a un pasado ya muy remoto.

[110] De hecho, *Jakobs* sigue a día de hoy (vid. ZStW 117 [2005], pp. 247 y ss.) manteniendo en otros puntos de la construcción teórica un nivel de "resistencia normativista" que casa bien con el punto de vista aquí defendido, y no tanto con la última posición de *Jakobs* en este ámbito de la peligrosidad individual del "enemigo": como es sabido, los más recientes avances en las ciencias neurológicas parecen indicar que la vivencia subjetiva de "libertad" en la toma de decisiones no pasa de ser eso, una "vivencia", en el sentido de que sería una reconstrucción mental de un proceso que no comienza en la decisión, sino con carácter previo, en un estrato no consciente de la mente (expresado en la conocida frase: "no hacemos lo que queremos, sino queremos lo que hacemos"). Para *Jakobs* (ZStW 117 [2005], pp. 247 y ss., pp. 259 y ss.), sin embargo, que esto sea así desde el punto de vista físico carece por completo de relevancia, ya que con independencia de la ausencia de "libertad" neurológico-fáctica, el establecimiento de responsabilidad (ciego a determinados elementos empíricos de "ausencia de libertad") sigue la lógica de la imputación a un sujeto definido como competente: "existe correspondencia entre autonomía y responsabilidad, no entre libre albedrío y responsabilidad" (ZStW 117 [2005], p. 266).

vantes (pronunciadas por los autores culpables, por aquellos que tienen voz en este ámbito), todos los sujetos que intervienen como sujetos relevantes (como penados) han de ser culpables: los que no lo sean, son expulsados del sistema jurídico-penal en sentido estricto (merecen medidas civiles o medidas de seguridad), y los que lo son, sólo pueden aparecer como culpables. En este sentido, incluso podría decirse que en un Derecho penal concebido como reafirmación de la vigencia de la norma, es decir, dirigido estructuralmente a sujetos responsables, no sólo es siempre un Derecho penal del ciudadano, sino que es incluso *el* Derecho del ciudadano por antonomasia, ya que reconoce del modo más intenso que el ordenamiento conoce la autonomía de organización propia de un ciudadano, anudando el dolor penal a los actos por él previstos. No es, por tanto, que desde la perspectiva aquí adoptada no se quiera reconocer el problema de los sujetos culpables peligrosos, de la ausencia de un pronóstico sin reincidencia, sino que se afirma que el Derecho penal presenta una barrera definicional que le impide catalogar de este modo a determinados sujetos si al mismo tiempo afirma su carácter responsable. Dicho desde la perspectiva del Derecho en su conjunto: claro que para su efectividad, para su vigencia real, es necesario cierto "apoyo cognitivo" – de lo contrario, no sería más que un orden posible, un sistema normativo postulado, no un Derecho real. Pero ésta es una condición previa, extrasistemática y global (un pre-supuesto) – referida a la vigencia del ordenamiento en su conjunto – del ordenamiento jurídico (penal), no un análisis individual interno de ese ordenamiento, a determinar autor por autor.[111]

4. La discusión en torno a la conveniencia de medidas excepcionales más allá del ordenamiento jurídico-penal, por lo tanto, no es una cuestión que pertenezca al Derecho penal en sentido estricto, sino un problema de política legislativa. En todo caso, antes de determinar si parecen materialmente adecuadas las opciones político-criminales del "Derecho penal" del enemigo, hay que señalar el obvio fraude de etiquetas que supone la usurpación del rótulo de Derecho penal por parte de las medidas de excepción que conocemos como "Derecho penal" del enemigo:[112] en este ámbito, llamar las cosas por su nombre tiene indudable importancia, y las medidas de excepción deberían ser identificadas, antes de nada, formalmente como tales.

Sin embargo, entrando en el fondo de la cuestión: ¿es necesario un Derecho de excepción, llámese como se llame? Como cabe deducir del

---

[111] En sentido paralelo, *Gómez-Jara*, "Normatividad del ciudadano versus facticidad del enemigo: sobre la necesaria autoorientación de la normativización jurídico-penal" (manuscrito), recuerda que con carácter general, la existencia del Estado de Derecho depende de algunos factores externos al mismo, o, dicho de otro modo, que no se pueden garantizar con medios jurídicos.

[112] Y del pequeño detalle formal de que el ordenamiento jurídico prevé mecanismos jurídico-constitucionales específicos para las medidas de excepción.

breve recorrido por las líneas básicas de la situación político-criminal actual llevado a cabo en páginas anteriores, desde la perspectiva aquí adoptada no hay en el horizonte del "Derecho penal" del enemigo, en ninguno de los sectores, riesgos que realmente merezcan el estado de excepción.[113] Por otra parte, en el plano de la prevención fáctica, es sabido que en numerosos casos, son mucho más efectivos adecuados instrumentos políticos y policiales (sin contar con las posibilidades – legales – de unos servicios de inteligencia bien orientados) que la respuesta del ordenamiento jurídico-penal. En particular, habrá que prestar atención a determinadas medidas de control impuestas a un infractor culpable con posterioridad a la pena privativa de libertad (alejamientos, control de movimientos, etc.), tal y como están comenzándose a ejecutar. En todo caso, desde el punto de vista aquí defendido, la cuestión de si la sociedad preferirá sucumbir[114] o asumir recortes de ámbitos de libertad y ampliaciones masivas de los medios de intervención estatal – en cuya cúspide se encuentra la "pena" exacerbada que es la pena draconiana impuesta al *enemigo*) – sencillamente no procede; no se ve abismo alguno si se observa la realidad. Es ésta, en todo caso, una apreciación de carácter *político*-criminal (aunque quiera darse otra respuesta a la cuestión planteada) que excede de la mera descripción o sistematización.

Ciertamente: "Una sociedad no ilustrada y un Derecho penal ilustrado no van juntos".[115] Pero ¿hemos llegado ya a ese punto?

---

[113] Desde el punto de vista aquí adoptado, esta constatación no se ve en absoluto afectada por el hecho de que, como consecuencia de los atentados del 11.9.2001 en Nueva York, en diversos países se haya establecido una regulación del estado de necesidad que puede presentarse cuando una aeronave está en el poder de un grupo terrorista que puede usarla como arma ofensiva contra un edificio etc. *Jakobs*, sin embargo ("Terroristen als Personen" (nota 1), III., texto correspondiente a la nota 18, referido al § 14.3 de la Ley alemana de Seguridad Aérea; en el caso español, vid. el art. 16 d) de la LO 5/2005, de 17.11.2005, de Defensa Nacional), afirma que el hecho que se autorice al Estado a matar a sujetos completamente inocentes tiene una "fuerza explosiva sistemática" que difícilmente puede infravalorarse: si quien ninguna responsabilidad tiene puede verse privado de la vida, ¿cómo no va a poder aplicarse una especial presión sobre quien es responsable de la situación? A pesar de la aparente fuerza de convicción de esta argumentación, sin embargo, la comparación no parece correcta, ya que los *títulos* de los que deriva la intervención en los bienes de los ciudadanos afectados son completamente divergentes en ambos casos: por un lado, se trata de sujetos que se ven envueltos en un estado de necesidad muy especial y a los que se impone una intervención gravísima – su muerte – en sus bienes por un razonamiento típico del estado de necesidad, *ante un riesgo que amenaza*: ese es el "título" del daño que se les impone. Por otro lado, sin embargo, en el caso de los terroristas, el título es *pena* – puesto que en el caso de meros sospechosos, no puede haber más que una presunción de responsabilidad, y, por lo tanto, no puede haber más que las medidas cautelares autorizadas por la Ley –, la pena que les corresponde por haber cometido una infracción criminal *en el pasado*.
[114] *Jakobs*, en: *idem/Cancio Meliá*, Derecho penal del enemigo, p. 42; vid. también *idem*, "Terroristen als Personen" (nota 1), III., texto correspondiente a la nota 17.
[115] *Jakobs*, AT², 2/20; vid. al respecto *Peñaranda Ramos/Suárez González/Cancio Meliá*, en: *Jakobs*, Estudios (nota 76), pp. 37 y ss.

— 2 —

Derechos del detenido a la luz de la jurisprudencia del Tribunal Constitucional Español

Julio Díaz-Maroto y Villarejo

Sumario: I. Introducción; II. La detención policial; III. Derechos del detenido; IV. Plazo; V. Detención de indocumentados; VI. El procedimiento de *habeas corpus*; Bibliografia de referencia.

I. Introducción

En un Estado social y democrático de Derecho como el que configura la Constitución Española (C.E.), de 27 de diciembre de 1978, la libertad personal no es solo un "valor superior" del ordenamiento jurídico, como se proclama solemnemente en su artículo 1.1, junto con la justicia, la igualdad y el pluralismo político, sino, además, un derecho fundamental (art. 17), cuya trascendencia estriba precisamente en ser el presupuesto de otras libertades y derechos fundamentales. La libertad de los ciudadanos en un régimen democrático donde rigen derechos fundamentales es la regla general y no la excepción, de modo que aquéllos "gozan de autonomía para elegir entre las diversas opciones vitales que se les presenten, de acuerdo con sus propios intereses y preferencias" (SSTC 132/1989, de 18 de julio; 113/1994, de 14 de abril; 179/1994, de 16 de junio, y más recientemente, STC 82/2003, de 5 de mayo, FJ 3). Esa libertad "general de actuación o libertad general de autodeterminación del individuo" (STC 120/1990, de 27 de junio) *hace a los hombres sencillamente hombres* (SSTC 147/2000, de 29 de mayo; 208 y 209/2000, de 24 de julio). Consecuencia de todo ello es que el constituyente español quiso que la libertad del art. 17 CE fuera el único derecho fundamental que contuviera una garantía adicional, única y específica en el marco de los derechos fundamentales reconocidos por la Constitución, consistente en un mecanismo específico (que denomina de *habeas corpus*) para evitar y hacer cesar de manera inmediata las vulneraciones del derecho mediante la puesta a disposición ante el órgano judicial de la persona privada de libertad (art.17.4 CE).

Esta particularidad de que el derecho a la libertad tenga previsto este procedimiento de *"habeas corpus"* como una garantía reforzada, determina que el control judicial de las privaciones de libertad haya de ser plenamente efectivo. De lo contrario, la actividad judicial en este ámbito se convertiría en un mero expediente ritual o simbólico, lo que a su vez implicaría atribuir a los derechos fundamentales un simple carácter teórico o ilusorio (SSTC 12/1994, de 17 de enero; 232/1999, de 13 de diciembre; 233/2000, de 2 de octubre), que lógicamente no tienen. Sobre este procedimiento, con origen en el *common law* inglés, volveremos más adelante.

Además, en atención a su papel nuclear y su directa vinculación con la dignidad de la persona (art. 10.1 CE), el derecho a la libertad reconocido en el art. 17 CE corresponde por igual a españoles y extranjeros (SSTC 107/1984, de 23 de noviembre; 115/1987, de 7 de julio; 147/2000, de 29 de mayo, FJ 3). De ahí que la Ley Orgánica 4/2000, de 11 de enero, sobre Derechos y Libertades de los Extranjeros en España y su Integración Social, establezca en su art. 61.1.d) que la medida de "detención cautelar" realizada por la autoridad gubernativa, que puede adoptarse en los procedimientos de expulsión, tendrá un plazo máximo de 72 horas, o que los extranjeros sometidos a "internamiento preventivo", también previsto como medida cautelar en el art. 61.1.e), tienen también los derechos a que luego aludiremos con carácter general para cualquier detenido (así, el art. 62 bis de la misma Ley, introducido por la LO 14/2003, de 20 de noviembre, que la reforma). También el *habeas corpus*, como veremos más adelante, es aplicable en las detenciones impuestas en materia de extranjería (SSTC 115/1987, de 7 de julio, FJ 1; 21/1996, de 12 de febrero, FJ 5; 86/1996, de 21 de mayo, FJ 12; 174/1999, de 27 de septiembre, FJ 4; 179/2000, de 26 de junio, FJ 2; 94/2003, de 19 de mayo, FJ 3 f).

El artículo 17.1 C.E. señala que *"Toda persona tiene derecho a la libertad y seguridad. Nadie puede ser privado de su libertad, sino con la observancia de lo establecido en este artículo y en la forma prevista por la Ley"*. Como puede comprobarse, se trata de una formulación negativa, similar a la que define el principio de legalidad penal y sancionadora del art. 25.1 CE, y que establece una reserva de Ley para las restricciones legítimas de la libertad. En todo caso, a pesar de este carácter decisivo de la ley respecto a la posibilidad de prever restricciones a la libertad, no cabe duda de que tal ley ha de estar sometida a la Constitución, por lo que "el derecho a la libertad no es un derecho de pura configuración legal" (SSTC 2/1992, de 13 de enero, FJ 5; 241/1994, de 20 de julio, FJ 4; 128/1995, de 26 de julio, FJ 3; 157/1997, de 29 de septiembre, FJ 2; 47/2000, de 17 de febrero, FJ 2; 147/2000, de 29 de mayo, FJ 4 a); 82/20003, de 5 de mayo, FJ 3).

Ese derecho a la "libertad y seguridad", a que hace referencia el art. 17.1 CE, entraña el derecho a "la libertad física" (STC 120/1990, de 27 de junio) que garantiza a todos los ciudadanos "la ausencia de perturbaciones procedentes de medidas tales como la *detención* u otras similares que, adoptadas arbitraria o ilegalmente, restringen o amenazan la libertad de toda persona de organizar en cualquier momento y lugar dentro del territorio nacional, su vida individual y social con arreglo a sus propias opciones y convicciones" (STC 15/1986, de 31 de enero). Según la STC 98/1986, de 10 de julio, debe considerarse como *detención* "cualquier situación en que la persona se vea impedida u obstaculizada para autodeterminar, por obra de su voluntad, una conducta lícita, de suerte que la detención no es una decisión que se adopte en el curso de un procedimiento, sino una pura situación fáctica, sin que puedan encontrarse zonas intermedias entre detención y libertad" (FJ 4).

Obvio es que ese derecho, como todos los demás, no es absoluto y puede ser limitado en ciertos casos y, de ahí, que la propia C.E. remita a la Ley esa posibilidad, pues la previsión legal de una medida limitativa de derechos fundamentales es condición de su legitimidad constitucional. Así lo ha afirmado el Tribunal Constitucional en relación con este derecho a la libertad personal (SSTC 32/1987, de 12 de marzo; 86/1996, de 21 de mayo; 169/2001, de 16 de julio). La reserva de Ley a que, con carácter general, somete la Constitución Española la regulación de los derechos fundamentales y libertades públicas reconocidos en el Título I, "desempeña una doble función: de una parte, asegura que los derechos que la Constitución atribuye a los ciudadanos no se vean afectados por ninguna injerencia estatal no autorizada por sus representantes; y, de otra, en un ordenamiento jurídico como el español, en el que los Jueces y Magistrados se hallan sometidos únicamente al imperio de la Ley y no existe, en puridad, la vinculación al precedente (SSTC 8/1981, 34/1995, 47/1995 y 96/1996), constituye, en definitiva, el único modo efectivo de garantizar las exigencias de seguridad jurídica en el ámbito de los derechos fundamentales y las libertades públicas" (SSTC 49/1999, de 5 de abril, FJ 4 y 169/2001, de 16 de julio, FJ 6). Por consiguiente, la injerencia en los derechos fundamentales sólo puede ser habilitada por la «ley» en sentido estricto, lo que implica condicionamientos en el rango de la fuente creadora de la norma y en el contenido de toda previsión normativa de limitación de los derechos fundamentales.

La necesidad de esa previsión legal ha sido afirmada expresamente por el Tribunal Constitucional respecto de un amplio elenco de derechos fundamentales y libertades públicas, entre ellos, el derecho a la libertad personal en las SSTC 32/1987, de 12 de marzo, FJ 3; 86/1996, de 21 de mayo, FJ 2; 47/2000, de 17 de febrero; 169/2001, de 16 de julio, y 184/2003, de 23 de octubre, FJ 6 a).

No obstante, como se indica en la STC 112/1988, de 8 de junio, FJ 3 es necesario "interpretar restrictivamente cualquier excepción a la regla general de la libertad", debiendo exigirse, como se señala en las SSTC 178/1985, de 19 de diciembre, FJ 3 y 341/1993, de 18 de noviembre, FJ 5, "una proporcionalidad entre el derecho a la libertad y la restricción de esta libertad, de modo que se excluyan – aun previstas en la Ley – privaciones de libertad que, no siendo razonables, rompan el equilibrio entre el derecho y su limitación". Es la Ley de Enjuiciamiento Criminal (LECr.) la que en sus artículos 489 a 501 contempla los distintos supuestos, personas autorizadas, tiempo de duración y efectos que la detención supone.

La detención, entendida como la privación provisional o preventiva de la libertad de la persona y, en consecuencia, como restricción de un derecho fundamental, necesita estar provista de una serie de garantías que la hagan constitucionalmente admisible. Téngase en cuenta que el art. 17 CE no sólo define un conjunto de derechos, básicamente el de la libertad y otros relacionados con él, sino también una serie de garantías que deben observarse en los supuestos en que se produzcan privaciones o restricciones de aquellos derechos (SSTC 208, 209 y 233/2000). Así, el artículo 17.2 C.E. indica que "La detención preventiva *no podrá durar más de lo estrictamente necesario* para la realización de las averiguaciones tendentes al esclarecimiento de los hechos y, en todo caso, en el plazo máximo de setenta y dos horas, el detenido deberá ser puesto en libertad o a disposición de la autoridad judicial".

II. La detención policial

Ahora bien, existen varias clases de detenciones, las realizadas por particulares, la policial y la judicial. La realizada por *particulares* no es más que una *facultad* que la LECr. (art. 490) contempla para distintos supuestos, fundamentalmente, en caso de "delito flagrante" (art. 490. 1º y 2º), y en casos de fuga o rebeldía del detenido, preso o condenado (art. 490. 3º a 7º), y, en el bien entendido de que el así detenido debe ser puesto a disposición policial o judicial lo más pronto posible y, en todo caso, dentro de las 24 horas siguientes al acto de la misma so pena de incurrir en el delito de detenciones ilegales previsto en los artículos 163 y ss. del Código penal.

La *detención policial*, como es fácil colegir, es aquella medida cautelar y provisional por la que los miembros de las fuerzas y cuerpos de seguridad del Estado privan de libertad a una persona, sobre la que pueda presumirse su participación en un hecho delictivo, durante el tiempo indispensable para practicar las diligencias de reconocimiento e interrogatorio y dentro del plazo previsto en la ley, poniéndola en libertad o a disposición de la autoridad judicial.

La detención *judicial* es aquella ordenada por un Juez o Tribunal en el curso de un procedimiento penal, así como la situación en que permanece el sujeto en tanto el Juez (de Instrucción) decide sobre su situación en el procedimiento.

Únicamente vamos a referirnos en estas breves notas a la denominada *detención policial*, así como a las garantías de las que, desde el punto de vista constitucional, debe estar revestida.

Lo primero que hay que señalar es que la L.O. 2/1986, de 13 de marzo, de Fuerzas y Cuerpos de Seguridad, indica en su artículo 5 que "Son principios básicos de actuación de los miembros de las Fuerzas y Cuerpos de Seguridad ...1. Adecuación al ordenamiento jurídico, especialmente: a) Ejercer su función con absoluto respeto a la Constitución y al resto del ordenamiento jurídico". Más adelante, en el núm. 3 de este art. 5, al referirse al 'tratamiento de detenidos', indica en su apartado c) que "Darán cumplimiento y observarán con la debida diligencia los trámites, plazos y requisitos exigidos por el ordenamiento jurídico, cuando se proceda a la *detención* de una persona". Y, en fin, el artículo 11.1, reflejando lo ya establecido en el art. 104.1 de la Constitución, dice que "Las Fuerzas y Cuerpos de Seguridad del Estado tienen como misión proteger el libre ejercicio de los derechos y libertades y garantizar la seguridad ciudadana", lo cual, a su vez, es consecuencia de la proclamación contenida en el art. 53.1 C.E. de que "los derechos y libertades ... vinculan a todos los poderes públicos"; entre las funciones asignadas están las de mantener y restablecer el orden y la seguridad ciudadana, la de prevenir la comisión de actos delictivos, y la de investigar los delitos para descubrir y *detener* a los presuntos culpables [art. 11.1 e), f) y g)].

Algunas de las funciones encomendadas a las Fuerzas y Cuerpos de Seguridad del Estado son desempeñadas en los territorios de las Comunidades Autónomas que, de acuerdo con la posibilidad contenida en el art.149.1. 29 y lo establecido en sus Estatutos de Autonomía poseen Policía propia, por los miembros de esos cuerpos. Así, por Ley 19/1983, de 14 de julio, se regula la Policía Autonómica de la Generalidad de Cataluña (denominada Cuerpo de Mozos de Escuadra); por Ley 4/1992, de 17 de julio, se regula la Policía del País Vasco (Ertzaintza), y, por Ley Foral 1/1987, de 13 de febrero, se regularon los Cuerpos de Policía de Navarra (Policía Foral). A lo dicho hay que agregar que, por Real Decreto Legislativo 781/1986, de 18 de abril, se aprobó el Texto Refundido de las disposiciones legales vigentes en materia de Régimen Local; en el art. 173 de dicho Texto se señala que "La Policía Local ejercerá sus funciones de acuerdo con lo previsto en la Ley Orgánica de Fuerzas y Cuerpos de Seguridad", y, en consecuencia, con lo que se establece en los artículos 51 a 54 de dicha LOFCS. Muchas Comunidades Autónomas han dictado Leyes de Coordinación de Policías Locales. El Tribunal Constitucional ha tenido ocasión de referirse a esta cuestión en las SSTC 25/1993, de 21 de enero (Murcia); 49/1993 (Islas Baleares), 50/1993 (Principado de Asturias), 51/1993 (Extremadura) y 52/1993 (Comunidad de Madrid), todas de fecha 11 de febrero; 81/1993 (Andalucía), 82/1993 (Comunidad Valenciana), 85/1993 (Cataluña) y 86/1993 (Galicia), todas de fecha 8 de marzo.

III. Derechos del detenido

Siguiendo con la lectura del artículo 17 de la C.E., en el núm. 3 de dicho artículo se señala que "Toda persona detenida debe ser informada de forma inmediata, y de modo que le sea comprensible, de sus derechos y de las razones de su detención, no pudiendo ser obligada a declarar. Se garantiza la asistencia de abogado al detenido en las diligencias policiales y judiciales, en los términos que la Ley establezca".

Todas estas garantías reconocidas en el art. 17.3 de la C.E., como se señala en la STC 107/1985, de 7 de octubre, FJ 3, "corresponden al *detenido*, esto es, a quien, privado de su libertad, se encuentra ante la eventualidad de quedar sometido a un procedimiento penal, procurando la norma constitucional que aquella situación de sujeción no devenga en ningún caso productora de la indefensión del afectado" (También las SSTC 196/1987, de 11 de diciembre; 341/1993, de 18 de noviembre; 252/1994, de 19 de septiembre; 21/1997, de 10 de febrero, y 202/2000, de 24 de julio, entre otras).

Es también en este caso la Ley de Enjuiciamiento Criminal, en su artículo 520, la que en su núm. 2, señala que "Toda persona detenida o presa será informada, de modo que le sea comprensible, y de *forma inmediata*, de los hechos que se le imputan y las razones motivadoras de su privación de libertad", estableciendo en los apartados a) a f), una serie de derechos que le asisten.

Esta obligación, ya prevista de una manera genérica en el art. 2 LECr., es la misma que se contempla en los arts. 5.2 y 6.3 del Convenio Europeo para la Protección de los Derechos Humanos y Libertades Fundamentales, de 4 de noviembre de 1950. Debe hacerse, lógicamente, antes de proceder al interrogatorio del detenido y al objeto de que pueda preparar su defensa, pues la información debe abarcar no sólo las razones jurídicas sino también las fácticas de su detención (STEDH de 30 de agosto de 1990, caso Fox, Campbell y Hartley).

Estos derechos, o garantías formales, cabe resumirlos en los siguientes, siguiendo la misma enumeración del art. 520.2 LECr.:

a) *Derecho a guardar silencio* no declarando si no quiere, a no contestar alguna o algunas de las preguntas que le formulen, o a manifestar que sólo declarará ante el Juez, tal y como se señala en el art. 520.2.a) LECr. Esta previsión no es más que consecuencia de lo establecido en el art. 17.3 C.E., cuando señala que toda persona detenida no puede "ser obligada a declarar".

b) *Derecho a no declarar contra sí mismo y a no confesarse culpable*, recogido en el art. 520.2.b) LECr. Esta garantía, como protección de una posible indefensión, es la misma prevista en el art. 24.2 C.E. y parece más bien una reiteración de la anteriormente señalada. No obstante, parece que quiere insistirse en el derecho que en este artículo 24 C.E. se reconoce al ya imputado, y en la correlativa obligación de los funcionarios de policía o Jueces de no exigir "a todo trance" su confesión. Las SSTC 161/1997, de 10 de febrero y 202/2000, de 24 de julio, entre otras, se hacen eco de la doctrina del Tribunal Europeo de Derechos Humanos (vid. SSTEDH de 25 de febrero de 1993, caso Funke; de 8 de febrero de 1996, caso Murray; y de 17 de diciembre de 1996, caso Saunders), según la cual el derecho al silencio y el derecho a no autoincriminarse, no mencionados expresamente en el art. 6 del Convenio Europeo de Derechos Humanos, "residen en el corazón mismo del derecho a un proceso equitativo y enlazan estrechamente con el derecho a la presunción de inocencia".

En la STC 197/1995, de 21 de diciembre, dictada por el Pleno del Alto Tribunal al resolver las seis cuestiones promovidas por distintos órganos judiciales por supuesta inconstitucionalidad del art. 72.3 del Texto Articulado de la Ley sobre Tráfico, Circulación de Vehículos a Motor y Seguridad Vial, aprobado por Real Decreto Legislativo 339/1990, de 2 de marzo, se señala en su fundamento jurídico 6 que (los derechos a no declarar contra sí mismo y a no confesarse culpable) "son garantías o derechos instrumentales del genérico derecho de defensa, al que prestan cobertura en su manifestación pasiva, esto es, la que se ejerce precisamente con la inactividad del sujeto sobre el que recae o puede recaer una imputación, quien, en consecuencia, puede optar por defenderse en el proceso en la forma que estime más conveniente para sus intereses, sin que en ningún caso pueda ser forzado o inducido, bajo constricción o compulsión alguna, a declarar contra sí mismo o a confesarse culpable (SSTC 36/1983, fundamento jurídico 2°; 127/1992, fundamento jurídico 2°)".

La doctrina del Tribunal Constitucional es clara al respecto, al señalar que el acusado, a diferencia del testigo, no sólo no tiene la obligación de decir la verdad sino que "puede callar total o parcialmente o incluso mentir", en virtud de los derechos a no declarar contra sí mismo y a no confesarse culpable, reconocidos en el art. 24.2 CE, y que son garantías instrumentales del más amplio derecho a la defensa (SSTC 153/1997, de 29 de septiembre, FJ 6; 49/1998, de 2 de marzo, FJ 5; 115/1998, de 1 de junio, FJ 5; 68/2001, 69/2001, y 70/2001, de 17 de marzo, en sus FFJJ 5, 32 y 2, respectivamente; 72/2001, de 26 de marzo, FJ 4; 182/2001, de 17 de septiembre, FJ 6; 2/2002, de 14 de enero, FJ 6;57/2002, de 11 de marzo, FJ 4; 68/2002, de 21 de marzo, FJ 6; 70/2002, de 3 de abril, FJ 11; 125/2002, de 20 de mayo, FJ 3, o 155/2002, de 22 de junio, FJ 11).

c) *Derecho a asistencia letrada*. El derecho de asistencia de abogado al detenido en las diligencias policiales y judiciales (art. 17.3 C.E.) es una garantía distinta de la contemplada en el artículo 24.2 C.E. En éste último artículo se quiere hacer referencia, en el marco de la tutela judicial efectiva, a una garantía dentro del proceso y, en consecuencia, está referida a la persona acusada en procedimiento penal especialmente.

Así, en la STC 196/1987, de 11 de diciembre, que resolvió la cuestión de inconstitucionalidad núm. 286/1984 planteada por la Sala de lo Contencioso Administrativo de la Audiencia Territorial de Pamplona, por supuesta inconstitucionalidad del art. 527 a) de la Ley de Enjuiciamiento Criminal, se señaló que "El art. 17.3 de la Constitución reconoce el derecho de asistencia letrada al 'detenido' en las diligencias policiales y judiciales como una de las garantías del derecho a la libertad protegido por el núm. 1 del propio artículo, mientras que el art. 24.2 de la Constitución lo hace en el marco de la tutela judicial efectiva con el significado de garantía del proceso debido, especialmente, del penal (SSTC 21/1981 y 48/1982), y, por tanto, en relación con el 'acusado' o 'imputado'" (FJ 4). Esta doctrina ha sido reiterada en la reciente STC 7/2004, de 9 de febrero, FJ 6.

Esta doble proyección constitucional del derecho a la asistencia letrada no constituye originalidad de nuestra Constitución, sino sistema que guarda esencial paralelismo con los textos internacionales reguladores de los derechos humanos suscritos por España, aunque deba adelantarse que, en materia de asistencia letrada al detenido, nuestra Constitución es más amplia y generosa, al menos explícitamente, que dichos textos internacionales.

En efecto, basta la lectura de los artículos 5 y 6 del Convenio Europeo, de 4 de noviembre de 1950, para la Protección de los Derechos Humanos y Libertades Fundamentales, ratificado por España mediante Instrumento de 26 de septiembre de 1979, al que ya se ha hecho referencia, así como la de los artículos 9 y 14 del Pacto Internacional de Derechos Civiles y Políticos, de 19 de diciembre de 1966, ratificado por Instrumento de 13 de abril de 1977, para comprobar que en ellos tiene especial importancia la diferenciación entre "detenido" y "acusado" en relación con el mencionado derecho, y así lo evidencia también la doctrina del Tribunal Europeo de Derechos Humanos, según la cual el reconocimiento del derecho se hace depender de la existencia de "acusación" (vid., por ejemplo, las SSTEDH de 27 de junio de 1968 – caso Neumeister –, de 27 de febrero de 1980 – caso Deweer –, de 13 de mayo de 1980 – caso Artico, y de 26 de marzo de 1982 – caso Adolf –, entre otras).

El Tribunal Constitucional español tiene declarado, como se recoge en la STC 130/2001, de 4 de junio, que "el derecho de defensa y el derecho a la asistencia letrada que consagra el art. 24. 2 CE, interpretado de conformidad con los textos internacionales por imperativo del art. 10.2 CE, comporta de forma especial que el interesado pueda encomendar su representación y asesoramiento técnico a quien merezca su confianza y considere más adecuado para instrumentar su propia defensa, por lo que su libre designación viene integrada en el ámbito protector del derecho constitucional de defensa (SSTC 30/1981, 196/187, 18/1995, 105/1999). En el proceso penal el órgano judicial habrá de proceder a nombrar al imputado o acusado o condenado un Letrado del turno de oficio tan sólo en los casos en los que, siendo preceptiva su asistencia, aquél, pese a haber sido requerido para ello, no hubiese designado Letrado de su elección o pidiese expresamente el nombramiento de uno de oficio, así como en los supuestos en que, siendo o no preceptiva la asistencia de Letrado, carezca de medios económicos para designarlo y lo solicite al órgano judicial o éste estime necesaria su intervención (SSTC 216/1988, 18/1995)" (fundamento jurídico 3).

Como señala el inciso final del art. 17.3 C.E., esta garantía se plasmará "en los términos que la Ley establezca". Como consecuencia de esta declaración fue promulgada la L. O. 14/1983, de 12 de diciembre, de Asistencia Letrada, dándose una nueva redacción al artículo 520 de la LECr.

En la redacción actual, se señala en el art. 520.2 c) LECr. que toda persona detenida o presa tiene "Derecho a designar Abogado y a solicitar su presencia para que asista a las diligencias policiales y judiciales de declaración e intervenga en todo reconocimiento de identidad de que sea objeto. Si el detenido o preso no designara Abogado, se procederá a la designación de oficio". Solamente prevé la Ley un supuesto de *renuncia* a la preceptiva asistencia de Abogado en el núm. 5 de este art. 520 LECr., cuando la detención fuese "por hechos susceptibles de ser tipificados, exclusivamente, como delitos contra la seguridad del tráfico" (arts. 379 y ss. del Código Penal). Téngase presente, por otra parte, que el art. 537 del Código penal, con la evidente intención de reforzar el derecho de defensa, castiga a "La autoridad o funcionario público que impida u obstaculice el derecho a la asistencia de abogado al detenido o preso, procure o favorezca la renuncia del mismo a dicha asistencia o no le informe de forma inmediata y de modo que le sea comprensible de sus derechos y de las razones de su detención".

Sobre esto último, y en relación con la pruebas de control de *alcoholemia*, la STC 252/1994, de 19 de septiembre, señaló que el 'test' de alcoholemia es "una pericia técnica en que la participación del detenido con declaraciones autoinculpatorias está ausente, y a cuya práctica puede éste negarse, por ello el propio art. 520.5 LECr. autoriza la *renuncia* a la asistencia letrada, que en otros supuestos no sería admisible". Con anterioridad, y en referencia a otras garantías, la STC 103/1985, de 4 de octubre, resolvió que "el deber de someterse al control de alcoholemia no puede considerarse contrario al derecho a no declarar y a declarar contra sí mismo y a no confesarse culpable, pues no se obliga al detectado a emitir una declaración que exteriorice un contenido, admitiendo su culpabilidad, sino a tolerar que se le haga objeto de una especial modalidad de pericia, exigiéndole una colaboración no equiparable a la declaración comprendida en el ámbito de los derechos proclamados en los arts. 17.3 y 24.2 de la C.E."; indicándose, en fin, en la STC 22/1988, de 18 de febrero, que "el sometimiento de los conductores de vehículos a las normas del Código de la Circulación y, por tanto, a las autoridades encargadas de su cumplimiento, en cuanto no desborden el campo de actuación que les es propio, no guardan relación alguna con el derecho a la libertad que consagra y protege el art. 17 de la C.E.".

Tras la entrada en vigor del nuevo Código Penal de 1995, en cuyo art. 380 se prevé que la negativa del conductor a someterse a las pruebas de alcoholemia puede acarrearle la pena de prisión de seis meses a un año, como autor de un delito de desobediencia grave previsto en el art. 556 del propio Código, hay que reseñar que las SSTC 161/1997, de 2 de octubre, y 234/1997, de 18 de diciembre, al resolver las 21 cuestiones de inconstitucionalidad planteadas por distintos Juzgados de lo Penal acerca de la posible inconstitucionalidad del art. 380 del CP, han reafirmado la doctrina de que "la determinación del grado de alcohol en sangre a través del correspondiente test de alcoholemia no es contraria a las garantías constitucionales", recordando lo ya establecido en las SSTC 252/1984, 103/1985, 107/1985, 195/1987, 22/1988, 76/1990, 252/1994 y 197/1995).

A todo lo expuesto sobre el derecho a la *asistencia letrada* hay que agregar que este derecho estará limitado a que se le nombre un abogado de oficio en supuestos en que se hubiere decretado judicialmente la *incomunicación* del detenido (art. 527 LECr.), situación que suele producirse (art. 520 bis) cuando la persona detenida lo es como presunto partícipe en la comisión de alguno de los delitos a que se refiere el art. 384 bis (los cometidos por persona integrada o relacionada con bandas armadas o individuos terroristas o rebeldes).

La incomunicación, como se indica en el art. 509 LECr., durará el tiempo estrictamente necesario para practicar con urgencia diligencias tendentes a evitar "que se sustraigan a la acción de la justicia personas supuestamente implicadas en los hechos investigados, que éstas puedan actuar contra bienes jurídicos de la víctima, que se oculten, alteren o destruyan pruebas relacionadas con su comisión, o que se cometan nuevos hechos delictivos" sin que pueda extenderse más allá de *cinco* días, aunque podrá prorrogarse por cinco días más e, incluso, puede dictarse una segunda incomunicación hasta tres días, siempre mediante auto motivado del Juez o Tribunal que conozca de la causa.

Es cierto que en las SSTC 196/1987, de 11 de diciembre; 46/1988, de 21 de marzo, y 60/1988, de 8 de abril, se dijo que la denegación a los detenidos incomunicados de la posibilidad de nombrar libremente Abogado, con la consiguiente designación de un Letrado de oficio, es una medida de las que el legislador puede establecer en ejercicio de su poder de regulación del derecho de asistencia letrada, y que esa medida no conculca el contenido esencial del derecho declarado en el art. 17.3 de la Constitución. Pero también lo es que, con las cautelas necesarias, para evitar que una prolongación excesiva de la incomunicación pueda convertirse en un trato "inhumano o degradante" prohibido por el art. 15 C.E., en la STC 196/1987, también se señaló que "la limitación temporal del detenido incomunicado en el ejercicio de su derecho de libre designación de Abogado, que no le impide proceder a ella una vez haya cesado la incomunicación, no puede calificarse de medida restrictiva irrazonable o desproporcionada, sino de conciliación ponderada del derecho de asistencia letrada – cuya efectividad no se perjudica – con los valores constitucionales de seguridad ciudadana y de defensa de la paz social" (FJ 7).

Ahondando en estas ideas, la STC 127/2000, de 16 de mayo, recogiendo la doctrina de la citada STC 196/1987, FJ 7 y ATC 155/1999, de 14 de junio, FJ 4, indica que, "si bien con carácter general la limitación de los derechos constitucionales que la incomunicación conlleva encuentra justificación en la protección de los bienes reconocidos en los arts. 10.1 y 104.1 de la Constitución, cuales son la paz social y la seguridad ciudadana, en cuya defensa constituyen pieza esencial la persecución y castigo de los delitos, la finalidad específica que legitima la medida de incomunicación reside en conjurar los peligros de que el conocimiento del estado de la investigación por personas ajenas a ésta propicien que se sustraigan a la acción de la justicia culpables o implicados en el delito investigado o se destruyan u oculten pruebas de su comisión. De otra parte, la necesidad de la incomunicación para alcanzar esta finalidad deriva de la especial naturaleza o gravedad de ciertos delitos, así como de las circunstancias subjetivas y objetivas que concurren en ellos, de manera que todo ello puede hacer imprescindible que las diligencias policiales y judiciales dirigidas a su investigación sean practicadas con el mayor secreto" (FJ 3 a). Esta doctrina es reiterada en la reciente STC 7/2004, de 9 de febrero, FJ 4.

No obstante lo dicho, en la STC 199/1987, de 16 de diciembre, se llamaba la atención sobre "su uso ilimitado y extensivo", pues tal circunstancia "puede poner en peligro derechos tales como los previstos en los art. 15, 17 y 24.2 de la Constitución. Por ello en nuestro ordenamiento la decisión de incomunicación corresponde siempre al órgano judicial aún en el caso de las detenciones gubernativas".

En definitiva, como ha señalado el Tribunal Constitucional, funcionalmente, el derecho a la asistencia letrada al detenido tiende a "asegurar (con la presencia personal del Letrado) que los derechos constitucionales del detenido sean respetados, que no sufra coacción o trato incompatible con su dignidad y libertad de declaración y que tendrá el debido asesoramiento técnico sobre la conducta a observar en los interrogatorios, incluida la de guardar silencio, así como sobre su derecho a comprobar, una vez realizados y concluidos con la presencia activa del Letrado, la fidelidad de lo trascrito en el acta de declaración que se le presenta a la firma" (SSTC 196/1987, de 11 de diciembre, FJ 5; 252/1994, de 19 de septiembre, FJ 4; 21/1997, de 10 de febrero, 229/1999, de 13 de diciembre, FJ 2, y 199/2003, de 10 de noviembre, FJ 4). Sin embargo, de las misiones encomendadas al Abogado y que se concretan en el art. 520.6 LECr., se deduce que su comportamiento ha de ser más bien de carácter "pasivo", lo cual no se cohonesta de una manera satisfactoria con la doctrina constitucional antes referida.

d) *Derecho a la notificación de la detención* a un familiar o persona que el detenido designe del hecho de la detención y del lugar de custodia en que se halle en cada momento. Asimismo, si el detenido es extranjero también tendrá derecho a que se comuniquen tales circunstancias a la Oficina Consular de su país. Esta garantía adquiere especial relevancia al objeto de solicitar, en su caso, la aplicación de la Ley 6/1984, de 24 de mayo, reguladora del Procedimiento de "Habeas Corpus".

No obstante, este derecho no será de aplicación al detenido "mientras se halle incomunicado" (art. 527. b de la LECr.).

e) *Derecho a ser asistido por un intérprete gratuito*, cuando sea extranjero que no comprenda o no hable el castellano. Sobre este derecho, contemplado en el art. 520.2.e) LECr., y al que se refieren los arts. 6.3 e) del Convenio Europeo para la Protección de los derechos Humanos y 14.3 f) del Pacto Internacional de Derechos Civiles y Políticos, tuvo ocasión de pronunciarse el Tribunal Europeo de Derechos Humanos en el caso Luedicke, Belkacem y Koc (STEDH de 26 de abril de 1978) y caso Öztürk (STEDH de 21 de febrero de 1984), así como el Tribunal Constitucional en las SSTC 5/1984, de 24 de enero; 74/1987, de 25 de mayo; 71/1988, de 19 de abril; 30/1989, de 7 de febrero; 188/1991, de 3 de octubre, y 181/1994, de 20 de junio, entre otras.

Este derecho, íntimamente vinculado a que el detenido no sufra indefensión, fue ampliamente estudiado en la STC 74/1987 que resolvió el recurso de inconstitucionalidad núm. 194/1984, planteado por el Gobierno Vasco contra la Ley 14/1983, de 12 de diciembre, que desarrolla el art. 17.3 de la Constitución en lo que se refiere a la asistencia letrada al detenido y reformó los artículos 520 y 527 de la LECr. En ella se decidió que el art. 520.2 e) de la LECr. no era inconstitucional interpretado en el sentido de que no priva del derecho a ser asistido por intérprete a los ciudadanos españoles que no comprendan o hablen el castellano. Para llegar a ese fallo establecía en el fundamento jurídico 3 que "Este derecho debe entenderse comprendido en el art. 24.1 C.E. en cuanto dispone que en ningún caso puede producirse indefensión. Y aunque es cierto que este precepto parece referirse a las actuaciones judiciales debe interpretarse extensivamente como relativo a toda clase de actuaciones que afectan a un posible juicio y condena y, entre ellas, *a las diligencias policiales* cuya importancia para la defensa no es necesario ponderar. La atribución de ese derecho a los *españoles que no conozcan suficientemente el castellano* y no sólo a los extranjeros que se encuentren en ese caso no debe ofrecer duda. Lo contrario supondría una flagrante discriminación prohibida por el art. 14 de la Constitución". Así, también las SSTC 71/1988, 30/1989, 188/1991 y 181/1994, entre otras.

f) *Derecho a ser reconocido por un Médico Forense.* Esta es una garantía, contemplada en el art. 520.2 f) LECr., que viene a evitar los posibles malos tratos o torturas a los detenidos. Aún cuando no se haga referencia a esta garantía en el art. 17 de la C.E., hemos de ponerla en conexión con los arts. 10 y 15 de la misma. En el primero, se menciona la "dignidad de la persona" entre los "fundamentos del orden político y de la paz social" y, en el segundo, se proclama que "Todos tienen derecho a la vida y a la integridad física y moral, sin que, en ningún caso, puedan ser sometidos a tortura, ni a penas o tratos inhumanos o degradantes". Precisamente, cuando la doctrina penal trata de encontrar el significado último que ha de darse a la expresión "integridad moral", como bien jurídico protegido en los arts. 173 a 177 del Código penal español de 1995, suele convenir en que las ideas de dignidad e incolumidad de la persona están latentes en la misma.

El dictamen pericial realizado por el facultativo servirá para, en su caso, apreciar comparativamente el estado del detenido en el momento de su detención y en el de su puesta en libertad o a disposición de la autoridad judicial. Al respecto han señalado las SSTC 100/1985, de 3 de octubre;

147/1987, de 25 de septiembre; 24/1991, de 11 de febrero, y 173/1997, de 14 de octubre, que el certificado del médico forense es una pericia técnica que se adjunta al atestado y no pierde su propio carácter por tal circunstancia. Las pericias técnicas constituyen pruebas preconstituidas que despliegan toda su validez si no son impugnadas por ninguna de las partes y son aportadas al acervo de diligencias.

IV. Plazo

En cuanto a la *duración* de la detención policial, reviste especial importancia establecer con claridad *el plazo* de la misma, ya que el sometimiento de la detención a plazos persigue la finalidad de ofrecer una mayor seguridad de los afectados por la medida, evitando así que existan privaciones de libertad "de duración indefinida, incierta o ilimitada" (SSTC 341/1993, de 18 de noviembre, FJ 6 a); 179/2000, de 26 de junio, FJ 2; 224/2002, de 25 de noviembre, FJ 3; 23/2004, de 23 de febrero, FJ 2).

Con independencia de los supuestos contemplados en los artículos 16 y 32.2 de la Ley Orgánica 4/1981, de 1 de junio, sobre los Estados de Alarma, Excepción y Sitio, en los que se prevé un tiempo máximo de detención de 10 días y la comunicación al Juez competente en el plazo de 24 horas (declarado el estado de excepción) y la suspensión temporal de las garantías jurídicas del detenido que se reconocen en el apartado 3 del artículo 17 de la Constitución (declarado el estado de sitio), la tarea no es tan fácil como pudiera parecer a simple vista. Así, tanto el art. 17.2 C.E. como el art. 520.1 LECr. lo cifran en las 72 horas (si bien el art. 520 bis permite su prolongación hasta un límite máximo de otras cuarenta y ocho horas, siempre que la prórroga sea autorizada por el Juez, en casos de terrorismo), mientras que el art. 496 LECr. lo hace en las 24 horas indicando, además, que en la dilación en la entrega que exceda dicho plazo "se incurrirá en la responsabilidad que establece el Código Penal". Parece, entonces, que existe una contradicción entre este último artículo y los dos primeros.

Una exégesis conjunta de dichos preceptos permite afirmar que el plazo de la detención es de configuración legal, siempre que no sobrepase el establecido en el art. 17.2 de la C.E., es decir el de 72 horas. Ahora bien, ese plazo es el *máximo* para que el detenido sea puesto en libertad o a disposición judicial. El art. 17.2 C.E., y el art. 520.1 LECr., que lo reproduce casi exactamente, fijan el tope que no podrá ser rebasado so pena de infringir la garantía constitucional; el corolario es que cualquier otro plazo que el legislador establezca por encima del mismo ha de ser considerado contrario a la Constitución.

Sin embargo, nada impide que la Ley establezca un plazo inferior. El propio art. 520.1 LECr. indica "dentro de los plazos de la presente Ley y, *en todo caso*, en el plazo máximo de 72 horas", y el art. 496 LECr. marca un plazo distinto e inferior en la misma Ley.

La cuestión, entonces, a dilucidar es si el funcionario público que detiene a una persona y la pone en libertad o a disposición de la autoridad judicial después de las 24 horas pero antes de las 72 horas, incurre o no en responsabilidad penal. Como se ha dicho, el art. 496 de la Ley de Enjuiciamiento Criminal así lo dispone al remitirse al Código Penal; por su parte, el art. 530 del Código Penal señala que "La autoridad o funcionario público que, mediando causa por delito, acordare, practicare o prolongare cualquier privación de libertad de un detenido, preso o sentenciado, con violación de los plazos o demás garantías constitucionales o legales, será castigado con la pena de inhabilitación especial para empleo o cargo público por tiempo de cuatro a ocho años".

A mi juicio, la contestación es que, si transcurren más de 24 horas y aunque aún se esté dentro del límite de las 72 marcado por el art. 17.2 de la Constitución, el funcionario policial que no ponga en libertad al detenido o no lo ponga a disposición judicial podría incurrir en responsabilidad penal. A esta conclusión cabe llegar, entre otras razones, porque el plazo de 24 horas es al que parece referirse la Ley Orgánica 6/1984, de 24 de mayo, reguladora del Procedimiento de "Habeas Corpus", que señala en su artículo 1 que mediante ese procedimiento se podrá obtener la inmediata puesta a disposición de la Autoridad judicial competente de cualquier persona detenida ilegalmente, considerándose por tal, entre otras, "Las que lo estuvieran por plazo superior al señalado en las Leyes si, transcurrido el mismo, no fuesen puestas en libertad o entregadas al Juez más próximo al lugar de la detención" [art. 1 c)]. Así pareció reconocerlo el Tribunal Constitucional cuando reconoció la vulneración del derecho a la libertad personal del demandante de amparo "ya que incluso fue rebasado el plazo de veinticuatro horas que señala el párrafo primero del art. 496 de la Ley de Enjuiciamiento Criminal, sin que el ahora recurrente fuera o bien puesto en libertad, o entregado al Juez competente, es decir, el más próximo al lugar de la detención" (STC 224/1998, de 24 de noviembre, FJ 4).

En cualquier caso, es cierto que existe una importante polémica doctrinal sobre si el plazo del art. 496 LECr. ha de considerarse derogado o abrogado por el art. 17.2 C.E., por lo que quizás hubiera de entenderse que para el funcionario que detiene el límite de las 72 horas constituye una norma permisiva específica consagrada en la Constitución y limitadora del mandato general del art. 496 LECr.

De todas las maneras es también obvio que esos límites temporales *no tienen porque ser necesariamente agotados*. Si, como se ha dicho, la detención debe durar el tiempo imprescindible para conseguir el fin propuesto con la misma: identificar al detenido e interrogarle, una vez identificado y, si además el detenido se niega a declarar, debe ser puesto inmediatamente a disposición judicial sin que sea preciso agotar ni las 24 ni las 72 horas señaladas en la Leyes. En definitiva, ha de respetarse siempre el requisito del art. 17.2 C.E. (*no durar más de lo estrictamente necesario*) y la exigencia del "plazo más breve posible" del art. 9.3 del Pacto Internacional de Derechos Civiles y Políticos y del art. 5.2 y 3 del Convenio Europeo para la protección de los Derechos Humanos y Libertades Fundamentales, que exigen que el detenido sea conducido sin dilación o sin demora ante la Autoridad judicial (vid. SSTEDH de 1 de julio de 1961 – caso Lawless –; de 22 de mayo de 1984 – caso De Jong, Baljet y Van den Brink –; de 26 de octubre de 1984 – caso Mc Goff –; de 29 de noviembre de 1988 – caso Brogan y otros – y SSTC 199/1987, de 16 de diciembre, FJ 8; 224/1998, de 24 de noviembre, FJ 3; 288/2000, de 27 de noviembre, FJ 3; 224/2002, de 25 de noviembre, FJ 3, y 23/2004, de 23 de febrero, FJ 2).

El Tribunal Constitucional ha tenido la ocasión de referirse en distintas resoluciones a la cuestión del plazo, aunque sin referirse a esta aparente contradicción.

Así, en las SSTC 31/1996, de 27 de febrero, FJ 8, y 86/1996, de 21 de mayo, FJ 8, ya se señalaba expresamente que "El plazo de setenta y dos horas que establece la Constitución es un límite *máximo* de carácter absoluto, para la *detención policial*, cuyo cómputo resulta inequívoco y simple. Pero ese plazo es un límite del límite temporal prescrito con carácter general por el mismo precepto, sobre el cual se superpone sin reemplazarlo: el tiempo 'estrictamente indispensable' para realizar el fin al que sirve la privación cautelar de libertad (SSTC 341/1993, FJ 6 A) y 206/1991, FJ 4). Por ende, el límite máximo de privación provisional de libertad que permite el art. 17 de la Constitución puede ser sensiblemente inferior a las setenta y dos horas, atendidas las circunstancias del caso, y en especial el fin perseguido por la medida de privación de libertad, la actividad de las autoridades implicadas, y el comportamiento del afectado por la medida (SSTC 41/1982, FJ 5, 127/1984, FJ 3, 8/1990, FJ 2 y 128/1995, FJ 3)". Doctrina confirmada por las posteriores SSTC 224/1998, de 24 de noviembre, FJ 3 y 288/2000, FJ 3.

En definitiva, como se señaló en la STC 224/1998, el tiempo "estrictamente necesario" de toda detención gubernativa nunca puede sobrepasar el límite temporal de las setenta y dos horas, pero este tiempo actúa como *límite máximo absoluto*, no impidiendo "que puedan calificarse como privaciones de libertad ilegales aquellas que, aun sin rebasar el indicado límite, sobrepasen el tiempo indispensable para realizar las oportunas pesquisas dirigidas al esclarecimiento del hecho delictivo que se imputa al detenido, pues en tal caso se opera una restricción del derecho fundamental a la libertad personal que la norma constitucional no consiente" (fundamento jurídico 3). Así, pues, la vulneración del art. 17.2 CE se puede producir no sólo por rebasar el plazo máximo absoluto, es decir, cuando el detenido sigue bajo el control de la Autoridad gubernativa o sus Agentes una vez cumplidas las 72 horas de privación de libertad, sino también cuando, no habiendo transcurrido dicho plazo, la detención ya no es necesaria por haberse realizado las averiguaciones tendentes al esclarecimiento de los hechos y, sin embargo, no se procede a la liberación del detenido ni se le pone a disposición de la Autoridad judicial (SSTC 288/2000, de 27 de noviembre, FJ 3).

Toda esta doctrina ha sido recogida en las más recientes SSTC 224/2002, de 25 de noviembre, FJ 3 y 23/2004, de 23 de febrero, FJ 2. Allí se señala: "en cuanto límites temporales de la detención preventiva operan dos plazos, uno relativo y otro máximo absoluto. El primero consiste en el tiempo estrictamente necesario para la realización de las averiguaciones tendentes al esclarecimiento de los hechos, que, como es lógico, puede tener una determinación temporal variable en atención a las circunstancias del caso. Para la fijación de tal plazo habrán de tenerse en cuenta estas circunstancias y, en especial, el fin perseguido por la medida de privación de libertad, la actividad de las autoridades implicadas y el comportamiento del afectado por la medida (SSTC 31/1996, de 27 de febrero, FJ 8; 86/1996, de 21 de mayo, FJ 8; 224/1998, de 24 de noviembre, FJ 3). Durante el periodo de detención preventiva, y en atención a lo dispuesto en el art. 17.3 CE, debe llevarse a cabo necesariamente la información de derechos del detenido y cabe la posibilidad de que se le tome declaración, si es que no ejercita su derecho a no prestarla. Sin embargo, el plazo máximo absoluto presenta una plena concreción temporal y está fijado en las setenta y dos horas computadas desde el inicio de la detención, que no tiene que coincidir necesariamente con el momento en el cual el afectado se encuentra en dependencias policiales (STC 86/1996, de 21 de mayo, FJ 7).

En la hipótesis de que no coincidan ambos plazos, absoluto y relativo, tendrá preferencia aquel que resulte más beneficioso para el detenido. El plazo relativo se superpone, sin reemplazarlo, al plazo máximo absoluto (SSTC 31/1996, de 27 de febrero, FJ 8; 86/1996, de 21 de mayo, FJ 8). En atención a tales plazos la vulneración del art. 17.2 CE se puede producir, no sólo por rebasar el plazo máximo absoluto, es decir, cuando el detenido sigue bajo el control de la autoridad gubernativa o sus agentes una vez cumplidas las setenta y dos horas de privación de libertad, sino también cuando, no habiendo transcurrido ese plazo máximo absoluto, se traspasa el relativo, al no ser la detención ya necesaria por haberse realizado las averiguaciones tendentes al esclarecimiento de los hechos y, sin embargo, no se procede a la liberación del detenido ni se le pone a disposición de la autoridad judicial (STC 224/1998, de 24 de noviembre, FJ 4)".

V. Detención de indocumentados

Quiero referirme también, siquiera sucintamente, a la así llamada "detención del indocumentado" o, a veces "retención". Con esta denominación se quiere hacer referencia a la situación que se da cuando los agentes de las Fuerzas y Cuerpos de Seguridad, en el ejercicio de sus funciones de indagación o prevención y para impedir la comisión de un delito o falta, o al objeto de sancionar una infracción, requieren "a quienes no pudieran ser identificados a que les acompañen" a dependencias policiales para realizar las diligencias de identificación "a estos solos efectos y por el tiempo imprescindible", supuesto contemplado en el artículo 20.2 de la Ley Orgánica 1/1992, de 21 de febrero, sobre Protección de la Seguridad Ciudadana (LOPSC).

Contra la citada Ley fueron interpuestos tres recursos de inconstitucionalidad (por 91 Diputados al Congreso, pertenecientes al Grupo Popular; por el Parlamento de las Islas Baleares, y por la Junta General del Principado de Asturias), y dos cuestiones de inconstitucionalidad (planteadas por la Sección Decimoquinta de la Audiencia Provincial de Madrid y por la Sección Cuarta de la Audiencia Provincial de Sevilla). Los cinco procesos fueron acumulados y resueltos conjuntamente por la STC 341/1993, de 18 de noviembre. En el fallo dictado por el Pleno del Alto Tribunal se decidió estimar parcialmente los dos primeros recursos de inconstitucionalidad, inadmitir por extemporáneo el tercero, y estimar en su totalidad las dos cuestiones de inconstitucionalidad; en consecuencia, se declaró la inconstitucionalidad y consiguiente nulidad del núm.2 del art. 21 y el inciso final ("en las reglamentaciones específicas o en las normas de policía dictadas en ejecución de las mismas") del art. 26 j).

Pues bien, el Pleno del Tribunal Constitucional salvó la constitucionalidad del art. 20.2 de la LOPSC, que también había sido impugnado, señalando que, aun cuando (la medida de identificación en dependencias policiales) "ha de ser considerada como una modalidad de privación de libertad" y, por tanto, "uno de 'los casos' a que se refiere el art. 17.1 CE " (f.j. 4), no es una detención preventiva, sin que esto signifique que "las garantías establecidas en los números 2 y 3 del art. 17 no deban ser tenidas en cuenta en otros casos de privación de libertad distintos a la detención preventiva" (f. j. 6).

En este sentido, entiende el TC que "la medida prevista en el art. 20.2 no puede calificarse de indefinida o ilimitada en cuanto a su duración", puesto que la precisión legal de que las diligencias policiales de identificación en dependencias policiales no se podrán prolongar más allá del "tiempo imprescindible" implica "un mandato al legislador de que la diligencia de identificación se realice de manera inmediata y sin dilación alguna" (f. j. 6). Por lo demás, el contenido del art. 20 supone "implícita pero inequívocamente, que los agentes actuantes han de informar debidamente al requerido" de las razones del requerimiento, sin que resulte inexcusable la presencia o asistencia de abogado, o que se le haga conocer la exclusión de toda obligación de declarar, dado que la norma no permite el interrogatorio. En todo caso, como la propia STC 341/1993 recuerda, "El entero sistema de protección judicial de la libertad personal – muy en particular, el instituto del *habeas corpus* (art. 17.4 CE) – protegerá al afectado por estas medidas de identificación frente a toda posible desvirtuación de su sentido y también, por lo tanto, frente a una eventual prolongación abusiva de la permanencia en las dependencias policiales".

A pesar de todas estas cautelas dos Magistrados, los Sres. De la Vega Benayas y González Campos, formularon dos votos disidentes con el parecer del resto de Magistrados, razonando que también debió declararse inconstitucional el art. 20.2 de la LOPSC.

VI. El procedimiento de *habeas corpus*

En el apartado 4 del art. 17 C.E. se indica, finalmente, que "La Ley regulará un procedimiento de "habeas corpus"para producir la inmediata puesta a disposición judicial de toda persona detenida ilegalmente". Tal norma es la Ley Orgánica 6/1984, de 24 de mayo, reguladora del Procedimiento de "Habeas Corpus".

El Tribunal Constitucional ha tenido la ocasión de pronunciarse en reiteradas ocasiones sobre el reconocimiento constitucional del procedimiento de *habeas corpus* en el art. 17.4 CE, como garantía fundamental del derecho a libertad, y en qué medida puede verse vulnerado por las resoluciones judiciales de inadmisión a trámite de la solicitud de *habeas corpus*, generando una consolidada doctrina que puede resumirse, siguiendo el esquema de la STC 94/2003, de 19 de mayo, FJ 3, reproducido en la reciente STC 122/2004, de 12 de julio. FJ 3, en los siguientes extremos:

a) El procedimiento de *habeas corpus*, previsto en el inciso primero del art. 17.4 CE, y desarrollado por la Ley Orgánica 6/1984, de 6 de mayo (en adelante LOHC), supone una garantía reforzada del derecho a la libertad para la defensa de los demás derechos sustantivos establecidos en el resto de los apartados del artículo 17 de la Constitución española, cuyo fin es posibilitar el control judicial *a posteriori* de la legalidad y de las condiciones en las cuales se desarrollan las situaciones de privación de libertad no acordadas judicialmente mediante la puesta a disposición judicial de toda persona que se considere está privada de libertad ilegalmente (por todas, SSTC 263/2000, de 30 de octubre, FJ 3, y 232/1999, de 13 de diciembre, FJ 4).

b) El procedimiento de *habeas corpus*, aun siendo un proceso ágil y sencillo, de cognición limitada, no puede verse reducido en su calidad o intensidad, por lo que es necesario que el control judicial de las privaciones de libertad que se realicen a su amparo sea plenamente efectivo. De lo contrario la actividad judicial no sería un verdadero control, sino un mero expediente ritual o de carácter simbólico, lo cual, a su vez, implicaría un menoscabo en la eficacia de los derechos fundamentales y, en concreto, de la libertad (SSTC 12/1994, de 17 de enero, FJ 6; 232/1999, de 13 de diciembre, FJ 3; 287/2000, de 27 de noviembre, FJ 3; 288/2000, de 27 de noviembre, FJ 6; 224/2002, de 25 de noviembre, FJ 5).

c) De acuerdo con la específica naturaleza y finalidad constitucional de este procedimiento, y teniendo en cuenta su configuración legal, adquiere especial relevancia la distinción, explícitamente prevista en los arts. 6 y 8 LOHC, entre el juicio de admisibilidad y el juicio de fondo sobre la licitud de la detención objeto de denuncia. Y ello porque, en el trámite de admisión, no se produce la puesta a disposición judicial de la persona cuya privación de libertad se reputa ilegal, tal y como pretende el art. 17.4 CE, ya que la comparecencia ante el Juez de dicha persona sólo se produce, de acuerdo con el párrafo 1 del art. 7 LOHC, una vez que el Juez ha decidido la admisión a trámite mediante el Auto de incoación (por todas, SSTC 287/2000, de 27 de noviembre, FJ 4; 233/2000, de 2 de octubre, FJ 5; 209/2000, de 24 de julio, FJ 5; 208/2000, de 24 de julio, FJ 5, y 179/2000, de 26 de junio, FJ 5).

d) De ese modo, aun cuando la Ley Orgánica reguladora del procedimiento de *habeas corpus* permita realizar un juicio de admisibilidad previo sobre la concurrencia de los requisitos para su tramitación, posibilitando denegar la incoación del procedimiento, previo dictamen del Ministerio Fiscal, la legitimidad constitucional de tal resolución liminar debe reducirse a los supuestos en los cuales se incumplan los requisitos formales (tanto los presupuestos procesales como los elementos formales de la solicitud) a los que se refiere el art. 4 LOHC (por todas SSTC 287/2000, de 27 de noviembre, FJ 4, y 263/2000, de 30 de octubre, FJ 3). Por ello, si se da el presupuesto de la privación de libertad y se cumplen los requisitos formales para la admisión a trámite, no es lícito denegar la incoación del *habeas corpus* (por todas, SSTC 224/2002, de 25 de noviembre, FJ 5, 288/2000, de 27 de noviembre, FJ 6, y 209/2000, de 24 de julio, FJ 5). Así, como ha recordado, entre otras, la STC 233/2000, de 2 de octubre, FJ 5, el Tribunal ha admitido el rechazo liminar en supuestos en los cuales no se daba el presupuesto de privación de libertad (SSTC 62/1995, de 29 de marzo, FJ 4 o 26/1995, de 6 de febrero, FJ 5) o de falta de competencia del órgano judicial (SSTC 25/1995, de 6 de febrero, FJ 2; 1/1995, de 10 de enero, FJ 6; 106/1992, de 1 de julio, FJ 3, y 194/1989, de 16 de noviembre, FJ 6).

e) Por ello, en los casos en los cuales la situación de privación de libertad exista (requisito, que junto con los exigidos en el art. 4 de la Ley Orgánica 6/1984, es preciso cumplir para poder solicitar la incoación de este procedimiento – por todas, STC 179/2000, de 26 de junio, FJ 5), si hay alguna duda en cuanto a la legalidad de las circunstancias de ésta, no procede acordar la inadmisión, sino examinar dichas circunstancias, ya que el enjuiciamiento de la legalidad de la privación de libertad, en aplicación de lo previsto en el art. 1 LOHC, debe llevarse a cabo en el juicio de fondo, previa comparecencia y audiencia del solicitante y demás partes, con la facultad de proponer y, en su caso, practicar pruebas, según dispone el art. 7 LOHC, pues, en otro caso, quedaría desvirtuado el procedimiento de *habeas corpus*. De ese modo no es posible fundamentar la improcedencia de la inadmisión de este procedimiento cuando ésta se funda en la afirmación de que el recurrente no se encontraba ilícitamente privado de libertad, precisamente porque el contenido propio de la pretensión formulada en el *habeas corpus* es el de determinar la licitud o ilicitud de dicha privación (por todas, SSTC 224/2002, de 25 de noviembre, FJ 5; 288/2000, de 27 de noviembre, FJ 6; 233/2000, de 2 de octubre, FJ 5; 209/2000, de 24 de julio, FJ 5, y 208/2000, de 24 de julio, FJ 5).

f) Por lo que respecta a la existencia de una situación de privación de libertad, como presupuesto para la admisibilidad del *habeas corpus*, se ha reiterado que debe cumplirse una doble exigencia. Por un lado, que la situación de privación de libertad sea real y efectiva, ya que, si no ha llegado a existir tal situación, las reparaciones que pudieran proceder han de buscarse por las vías jurisdiccionales adecuadas (STC 62/1995, de 29 de marzo, FJ 4, y 26/1995, de 6 de febrero, FJ 5), de tal modo que "cuando el recurrente no se encuentra privado de libertad, la misma podía ser denegada de modo preliminar, en virtud de lo dispuesto en el art. 6 de la Ley Orgánica 6/1984, puesto que en tales condiciones no procedía incoar el procedimiento" (STC 62/1995, de 29 de marzo, FJ 4). Y, por otra parte, que la situación de privación de libertad no haya sido acordada judicialmente, ya que sólo en estos supuestos tendría sentido la garantía que instaura el art. 17.4 CE de control judicial de la privación de libertad, de modo que es plenamente admisible el rechazo liminar de la solicitud de *habeas corpus* contra situaciones de privación de libertad acordadas judicialmente (AATC 115/1997, de 21 de abril, FJ 1; 316/1996 de 29 de octubre, FJ 2; 447/1989, de 18 de septiembre,

FJ 1, o 443/1987, de 8 de abril, FJ 2). En tal sentido el Tribunal ha afirmado que tienen el carácter de situaciones de privación de libertad no acordadas judicialmente y, por tanto, que con independencia de su legalidad no pueden ser objeto de rechazo liminar las solicitudes de *habeas corpus* dirigidas contra ellas, además de las detenciones policiales, que resultan los supuestos más normales, las detenciones impuestas en materia de extranjería (SSTC 179/2000, de 26 de junio, FJ 2, 174/1999, de 27 de septiembre, FJ 4, 86/1996, de 21 de mayo, FJ 12, 21/1996, de 12 de febrero, FJ 5, y 115/1987, de 7 de julio, FJ 1) o las sanciones de arresto domiciliario impuestas en expedientes disciplinarios por las autoridades militares (SSTC 233/2000, de 2 de octubre, FJ 6; 209/2000, de 24 de julio, FJ 6; 208/2000, de 24 de julio, FJ 6 o 61/1995, de 19 de marzo, FJ 4), incluso cuando se impongan "sin perjuicio del servicio" (STC 31/1985, de 5 de marzo, FJ 3).

En conclusión, la inadmisión liminar de un procedimiento de *habeas corpus* basada en la legalidad de la situación de privación de libertad supone, en sí misma, una vulneración del art. 17.4 CE, al implicar una resolución sobre el fondo que sólo puede realizarse una vez sustanciado el procedimiento. Los únicos motivos legítimos para inadmitir un procedimiento de *habeas corpus* serán los basados, bien en la falta del presupuesto mismo de la situación de privación de libertad, bien en la no concurrencia de sus requisitos formales.

De manera más breve, la STC 61/2003, de 24 de marzo, FJ 2, sintetiza la doctrina constitucional así:

a) En relación con la *naturaleza y función* del *habeas corpus*, baste recordar que este Tribunal ha señalado en reiteradas ocasiones que se trata de un procedimiento especial a través del cual se ha de juzgar únicamente sobre la situación de privación de libertad, situación a la que se trata de poner fin o modificar, pero sin extraer más consecuencias que su necesaria finalización o modificación (SSTC 98/1986, de 10 de julio, FJ 1; 104/1990, de 4 de junio, FJ 1; y 12/1994, de 17 de enero, FJ 5). Por ello mismo se ha dicho que es un procedimiento "de cognición limitada" (SSTC 98/1986, FJ 1, y 287/2000, de 27 de noviembre, FJ 3), lo que "nada tiene que ver con la cualidad o intensidad del mismo, de tal manera que ha de tratarse de un control plenamente efectivo pues, en otro caso, se vería reducido a un mero expediente rituario o de carácter simbólico, no apto para afirmar la garantía de la libertad que *ex* art. 17.4 CE se ha establecido" (STC 287/2000, FJ 3, y las resoluciones allí citadas). En resumen, "mediante el procedimiento de *habeas corpus* la Constitución ha abierto un medio de defensa de los derechos establecidos en el art. 17 CE, que permite hacer cesar de modo inmediato las situaciones irregulares de privación de libertad, a través del cual se busca la inmediata puesta a disposición judicial de toda persona detenida ilegalmente" (STC 26/1995, de 6 de febrero, FJ 5) o, en palabras de la STC

21/1997, de 10 de febrero, FJ 6, la finalidad esencial de este procedimiento "es la de controlar la legalidad de la detención practicada y hacer cesar de inmediato las situaciones irregulares de privación de libertad (SSTC 194/1989 y 104/1990, entre otras), frente a detenciones ilegales o que transcurran en condiciones ilegales (STC 153/1988)".

Por lo que hace a su *objeto*, el Tribunal ha venido afirmando, de manera pacífica y constante, que comprende potencialmente todos los supuestos en los que se produce una privación de libertad no acordada por el Juez (STC 232/1999, de 13 de diciembre, FJ 3). Precisando algo más a este respecto, en la STC 224/1998, de 24 de noviembre, FJ 3, se señala que "el art. 17 de la Constitución ha sido desarrollado por la Ley Orgánica 6/1984, con pretensión de 'universalidad' como proclama la exposición de motivos de esta norma instauradora del *habeas corpus*, es decir, que la protección de este instituto alcanza no sólo a los supuestos de detención ilegal, por ausencia o insuficiencia del presupuesto material habilitante sino también 'a las detenciones que, ajustándose originariamente a la legalidad, se mantienen o prolongan ilegalmente o tienen lugar en condiciones ilegales', y en concordancia con ello, el art. 1 c) de la mencionada Ley incluye entre los supuestos de detención ilegal a la producida por plazo superior al señalado en las Leyes, sin poner al detenido, transcurrido el mismo, en libertad o a disposición del Juez".

b) Justamente porque el "procedimiento de *habeas corpus* es una garantía procesal específica prevista por la Constitución para la protección del derecho fundamental a la libertad personal" (STC 154/1995, de 24 de octubre, FJ 4), el órgano judicial al que se impetre dicha protección sólo podrá inadmitir la solicitud poniendo en conocimiento del peticionario la "precisa razón legal de dicha denegación" [STC 154/1995, de 24 de octubre, FJ 4, y asimismo las SSTC 66/1996, de 16 de abril, FJ 5 b), y 86/1996, de 21 de mayo, FJ 9].

Por otra parte, el Tribunal ha rechazado que la inadmisión liminar pueda fundarse en motivos que remiten al juicio de fondo de la pretensión (entre otras, SSTC 232/1999, de 13 de diciembre, FJ 4; 288/2000, de 27 de noviembre, FJ 6; y 224/2002, de 25 de noviembre, FJ 5), puesto que, junto con la puesta de manifiesto ante el Juez de la persona privada de libertad, integran también el contenido esencial de este proceso las alegaciones y pruebas que aquélla pueda formular [STC 66/1996, de 16 de abril, FJ 3 b)]. De ahí, que en la reciente STC 23/2004, de 23 de febrero, FJ 5, se recuerde que "es improcedente declarar la inadmisión cuando ésta se funda en la afirmación de que el recurrente no se encontraba ilícitamente detenido, precisamente porque el contenido propio de la pretensión formulada en este procedimiento es el determinar la licitud o ilicitud de la detención (STC 21/1996, de 12 de febrero, FJ 7; 86/1996, FFJJ 10 y 11; 224/1998, FJ 5). El enjuiciamiento de la legalidad de ésta, en aplicación de lo prevenido en el art. 1 LOHC, debe llevarse a cabo en el juicio de fondo, previa comparencia y audiencia del solicitante y demás partes, con la facultad de proponer y, en su caso, practicar pruebas según dispone el art. 7 LOHC, enjuiciamiento que es, si cabe, aún más necesario cuando el solicitante alega que la privación de libertad se ha prolongado indebidamente. En otro caso, quedaría desvirtuado el procedimiento de *habeas corpus* (STC 86/1996, FJ 12)".

Finalmente, conviene reseñar que la garantía del *habeas corpus*, como se indicó *supra*, ha sido considerada específicamente aplicable en las detenciones impuestas en materia de *extranjería* (SSTC 115/1987, de 7 de julio, FJ 1; 12/1994, de 17 de enero, FJ 5; 21/1996, de 12 de febrero, FJ 5; 86/1996, de 21 de mayo, FJ 12; 174/1999, de 27 de septiembre, FJ 4; 179/2000, de 26 de junio, FJ 2, y 94/2003, de 19 de mayo, FJ 3 f), en concreto en los casos en los que la detención o privación de libertad del solicitante de *habeas corpus* tiene como objeto ejecutar una orden de expulsión del territorio nacional (SSTC 21/1996, de 12 de febrero, FJ 6; 12/1994, de 17 de enero, FJ 5; 86/1996, FJ 11; 174/1999, de 27 de septiembre, FJ 4; STEDH de 15 de noviembre de 1996, caso *Chahal c. Reino Unido*); supuesto éste en el que, como, entre otras Sentencias se ha afirmado en las SSTC 21/1996, FJ 6; 86/1996, FJ 11, y 174/1999, FJ 6, las circunstancias que debe examinar el Juez del *habeas corpus* no son las relativas a la procedencia de la expulsión, "objeto en su caso de impugnación ante los tribunales contencioso-administrativos sino, precisamente, las de la detención preventiva previa a la expulsión", ya que como se ha afirmado, entre otras muchas en la STC 21/1996, citando a su vez a la STC 12/1994, "el Juez del *habeas corpus* 'debe controlar la legalidad material de la detención administrativa', es decir, que ésta 'estuviera o no incluida dentro de alguno de aquellos casos en que la Ley permite privar de libertad a una persona porque del ajuste o no a la Constitución y al ordenamiento jurídico de aquel acto administrativo dependía el reconocimiento o la vulneración del derecho a la libertad y la legalidad o no de la detención...'". (STC 179/2000, de 26 de junio, FJ 2).

En supuestos de peticiones de *asilo* se ha señalado que el solicitante de asilo, en tanto extranjero, sólo disfruta del derecho fundamental a entrar y circular libremente por España (art. 19 CE) en los términos que disponen los Tratados y la Ley. Así está dicho en la jurisprudencia del Tribunal (SSTC 94/1993, de 22 de marzo, FJ 3; 86/1996, de 21 de mayo, FJ 2; 174/1999, de 27 de septiembre, FJ 4; 53/2002, de 27 de febrero, FJ 4 a).

En la actualidad el derecho de los extranjeros a entrar en España está condicionado, con carácter general, al cumplimiento de los requisitos del art. 25.1 y 2 de la Ley Orgánica 4/2000, de 11 de enero, sobre Derechos y Libertades de los Extranjeros en España y su integración social (parcialmente reformada por las Leyes Orgánicas 8/2000, de 22 de diciembre; 11/2003, de 29 de septiembre, y 14/2003, de 20 de noviembre). Como excepción, el art. 5.7, párrafo tercero de la Ley 5/1984, de 26 de marzo, reguladora del Derecho de Asilo y de la Condición de Refugiado (LDA), prevé también que quien solicita asilo en frontera – y que no cumple con los requisitos del art. 25. 1 y 2 de la Ley Orgánica 4/2000 – pueda entrar en España (supuesto que la permanencia en las "dependencias adecuadas" del puesto fronterizo pueda considerarse tal), si bien de forma limitada y provisional, mientras sobre la petición de asilo recae una primera resolución de admisión a trámite. De esta forma el Estado español protege, conforme a lo dispuesto en el art. 33.1 de la Convención de Ginebra de 1951, a quienes acceden a un puesto fronterizo y en él denuncian un temor fundado de ser perseguidos. El amparo o protección del Estado español se cifra, conforme al art. 5.7 LDA, en la permanencia del extranjero en el puesto fronterizo; sólo en esos precisos y limitados términos autoriza la Ley la entrada provisional en España de extranjeros solicitantes de asilo. Fuera de esas condiciones el solicitante de asilo en frontera carece de todo derecho, ni constitucional ni legal, a entrar o circular por España.

Ahora bien, durante el tiempo en que el solicitante de asilo permanece en "dependencias adecuadas" del puesto fronterizo rigen, por principio, los derechos fundamentales derivados de la dignidad de la persona que la Constitución reconoce a todas las personas sometidas a los actos de los poderes públicos españoles. Los solicitantes de asilo disfrutan, por tanto, del derecho a la libertad que el art. 17.1 CE reconoce a todas las personas (STC 115/1987, de 7 de julio, FJ 1). Lo relevante aquí no es la concreta ubicación territorial de las "dependencias adecuadas" a que se refiere el art. 5.7 LDA, y que será bien distinta según que la entrada en España sea por tierra, mar o aire. Lo determinante es, desde la perspectiva propia de los derechos fundamentales, la existencia de una situación legal de sometimiento de los solicitantes de asilo a un poder público español. Este es el criterio que resulta tanto de la jurisprudencia de este Tribunal (por todas: STC 21/1997, de 10 de febrero, FJ 3) como del art. 1 CEDH (relevante para la interpretación de nuestros derechos fundamentales, conforme al art. 10.2 CE) y de la jurisprudencia del Tribunal Europeo de Derechos Humanos (así, en un caso de retención de solicitantes de asilo en zona aeroportuaria, en la STEDH de 25 de junio de 1996, caso *Amuur c. Francia*). El respeto a la Ley (así, a la de extranjería) sólo permite restricciones limitadas, controladas y ciertas sobre un bien constitucional (la libertad personal) que goza de una posición constitucional preeminente en su doble vertiente de derecho fundamental (art. 17 CE) y valor superior del ordenamiento jurídico (art. 1.1 CE). Esta "regla de prevalencia condicionada" entre los bienes constitucionales en concurrencia tiene, por lo demás, claro respaldo en el art. 5.1 f) del Convenio europeo de derechos humanos (CEDH), que expresamente contempla como posible causa legal de restricción de la libertad personal el impedimento de la entrada ilegal en el territorio del país.

El hecho de que el solicitante de asilo no sea un "detenido" (en los términos del art. 17.2 CE) en forma alguna le priva de la tutela judicial. Recordemos, en primer lugar, que conforme a la doctrina del Tribunal el derecho al procedimiento de *habeas corpus* (art. 17.4 CE) rige en todos los supuestos de privación de libertad no acordada por el Juez (por todas, STC 179/2000, FJ 5). Esta garantía tiene especial sentido ante situaciones en las que, bajo la apariencia de protección del extranjero al amparo del art. 5.7 LDA, se pudieran producir verdaderas detenciones o privaciones de libertad contrarias al art. 17 CE; aquí habría que incluir los supuestos de permanencia del extranjero en el puesto fronterizo después de la inadmisión a trámite de la petición de asilo; o, también en hipótesis, la retención en el puesto fronterizo del extranjero cuya petición de asilo ya hubiera sido admitida a trámite por silencio administrativo positivo. De otro lado, ante una resolución administrativa de inadmisión a trámite de la solicitud de asilo, el extranjero disfruta de tutela judicial reforzada en el orden contencioso-administrativo: el art. 21.1 LDA establece que el recurso contencioso-administrativo contra las resoluciones de inadmisión tendrá tramitación preferente; y el art. 21.2 LDA dispone que el recurso tiene carácter suspensivo en el caso de que el extranjero así lo haya solicitado y el Alto Comisionado de las Naciones Unidas para los Refugiados hubiera informado favorablemente la petición de asilo STC 53/2002, de 27 de febrero, FJ 11).

La situación jurídica de ejecución forzosa de una «orden de devolución» legitima un estado de compulsión en la «zona de rechazados» de un aeropuerto, pero no excluye por sí y a limine litis el procedimiento de *habeas corpus*. Así lo ha dicho el Tribunal tanto en relación con las «órdenes de devolución» (STC 12/1994, de 17 de enero, FJ 6) como por referencia a las «órdenes de expulsión» (STC 21/1996, de 12 de febrero, FJ 7). Esta afirmación se basa en la consideración del *habeas corpus* como garantía procesal aplicable a todos los supuestos de «privación de la libertad no acordada por el Juez» (SSTC 31/1985, de 5 de marzo, FJ 2; 341/1993, de 18 de noviembre, FJ 6; 21/1997, de 10 de febrero, FJ 6). De manera que, se dice en la STC 174/1999, de 27 de septiembre, FJ 4, "ante una situación fáctica de compulsión o sujeción personal será función del Juez del *habeas corpus* comprobar si existe propiamente una «orden de devolución» o si, por no concurrir aquella resolución administrativa, se trata de una situación de detención preventiva (que a su vez podrá ser lícita o ilícita)".

En estos casos, la inadmisión a limine litis «conlleva una desvirtuación del procedimiento de *habeas corpus*, cuya esencia consiste precisamente en «haber el cuerpo» de quien se encuentra detenido para ofrecerle una oportunidad de hacerse oír, y ofrecer sus alegaciones y sus pruebas» (SSTC 86/1996, de 21 de mayo, FJ 12; 174/1999, de 27 de septiembre, FJ 6).

Bibliografia de referencia

BAJO FERNANDEZ, Miguel; DIAZ-MAROTO Y VILLAREJO, Julio. *Manual de Derecho Penal, Parte Especial*, tomo III, 3ª ed., Madrid 1995.

BANACLOCHE PALAO, Julio. *La libertad personal y sus limitaciones. Detenciones y retenciones en el Derecho español*, Madrid 1966.

BARCELONA LLOP, Javier. *Reflexiones constitucionales sobre el modelo policial español*, en Revista Española de Derecho Constitucional, nº 48, 1996, págs. 81 y ss.

CARBALLO ARMAS, Pedro. *Detención policial, derechos del detenido y procedimiento de "habeas corpus"*, en Actualidad Penal, 2002, págs. 753-766.

DE HOYOS SANCHO, Montserrat. *La detención por delito*, Pamplona 1998.

DIAZ-MAROTO Y VILLAREJO, Julio. *Compendio de Derecho Penal (Parte Especial)*, volumen II, (Bajo Fernández y otros), Madrid 1998.

——. *Los delitos contra la integridad moral*, Revista Jurídica La Ley, núm.4579, 8 de julio de 1998, págs. 1 y ss.

——. *La detención policial: garantías constitucionales*, en Revista Canaria de Ciencias Penales, núm. 2, diciembre de 1998, págs. 37 y ss.

FERNÁNDEZ DE FRUTOS, Marta. *La detención y otras formas de privación de libertad practicadas por las fuerzas y cuerpos de seguridad. Doctrina del Tribunal Constitucional*, en Revista Jurídica de Catalunya, 1999, 4, págs. 93 y ss.

FREIXES SANJUAN, Teresa; REMOTTI CARBONELL, José Carlos. *El derecho a la libertad personal*, Barcelona 1993.

GARBERI LLOBREGAT, José. *Garantías ante la privación de libertad*, en "El mandato constitucional a las Fuerzas y Cuerpos de Seguridad (IX Seminario Duque de Ahumada)", Madrid 1997, págs. 19 y ss.

GARCIA MORILLO, Joaquín. *El derecho a la libertad personal*, Valencia 1995.

——. *Algunas consideraciones sobre la detención policial y los derechos del detenido*, en "Estudios de Derecho Público. Homenaje a Juan José Ruiz-Rico", vol. primero, Madrid 1997, págs. 757 y ss.

GIMENO SENDRA, Vicente. *Constitución y Proceso*, Madrid 1988.

——. *El proceso de "habeas corpus"*, 2ª ed. corregida, actualizada y ampliada por Javier VECINA CIFUENTES, Madrid 1996.

GIMENO SENDRA; MORENO CATENA; CORTES DOMINGUEZ. *Lecciones de Derecho Procesal Penal*, Ed. Colex, 2ª ed., Madrid 2003.

GONZÁLEZ AYALA, Mª Dolores. *Las garantías constitucionales de la detención*, Centro de Estudios Políticos y Constitucionales, Madrid 1999.

GONZÁLEZ-CUÉLLAR SERRANO, Nicolás. *Proporcionalidad y Derechos fundamentales en el proceso penal*, Madrid 1990.

LOPEZ ORTEGA, Juan José. *La detención del indocumentado*, en Revista del Instituto Bartolomé de las Casas, nº 2, 1994, págs. 91 y ss.

MONTAÑES PARDO, Miguel Angel. *Algunas consideraciones sobre la Ley de Seguridad Ciudadana a la luz de la Jurisprudencia Constitucional*, en "Estudios de Jurisprudencia", Revista Colex, nº 8, 1993, págs. 75 y ss.

MUÑOZ SÁNCHEZ, Juan. *Reflexiones sobre la regulación del delito de detención en el Código Penal de 1995*, en "Delitos contra la libertad y la seguridad", núm. III de Cuadernos de Derecho Judicial, 1996, págs. 339 y ss.

POMED SÁNCHEZ, Luis; VELASCO CABALLERO, Francisco. *Inmigración y policía administrativa de seguridad*, en Anuario de la Facultad de Derecho de la Universidad Autónoma de Madrid, núm. 7, 2003, págs. 135 y ss.

PORTILLA CONTRERAS, Guillermo. *El delito de práctica ilegal de detención por funcionario público*, Madrid 1990.

———. *La detención practicada por funcionario*, en "Detención y prisión provisional", núm. XVIII de Cuadernos de Derecho Judicial, 1996, págs. 275 y ss.

QUERALT JIMENEZ, J.J. *Asistencia letrada al detenido*, 3ª ed., Barcelona, 1999.

RODRIGUEZ RAMOS, Luis. *La detención*, Madrid 1987.

SALIDO VALLE, Carlos. *La detención policial*, Barcelona 1997.

TORRES-DULCE LIFANTE, Eduardo. *El derecho a la libertad y las diligencias de identificación en la Ley de Seguridad Ciudadana*, en "Estudios de Jurisprudencia", Revista Colex, nº 8, 1993, págs. 107 y ss.

VIVES ANTON, Tomás S.; GIMENO SENDRA, Vicente. *La detención*, Barcelona 1977.

ZUÑIGA RODRIGUEZ, Laura. *Libertad personal y seguridad ciudadana: estudio del tipo de injusto del delito de detenciones ilegales practicadas por funcionario público*, Barcelona 1993.

— 3 —

Entre Hobbes e Rousseau – a dupla face do princípio da proporcionalidade e o cabimento de mandado de segurança em matéria criminal

LENIO LUIZ STRECK

Sumário: 1. Considerações iniciais: situando o problema; 2. O contraponto entre as diferentes concepções penais em *terrae brasilis*; 2.1. Os reflexos do debate no campo do processo penal e das garantias constitucionais; 3. O Processo Penal no contexto da necessidade social de proteção de determinados bens e valores. A segurança como direito fundamental do cidadão. O dever estatal de utilizar medidas adequadas à consecução desse desiderato; 3.1. Os fundamentos do *leading case* do Superior Tribunal de Justiça que veda o uso de *writ* constitucional; 3.2. Em busca de uma resposta. O perfil do direito e do Estado no (novo) modelo de Estado Democrático de Direito: ultrapassando as posturas liberais-clássicas; 4. Do garantismo negativo ao garantismo positivo – uma nova visão do princípio da proporcionalidade, das garantias constitucionais e do direito processual penal; 5. À guisa de conclusão: a dupla face da proporcionalidade como garantia contra decisões judiciais ilegais-inconstitucionais; Referências bibliográficas.

1. Considerações iniciais: situando o problema

O conteúdo do debate acerca de qual sentido que deve tomar, no interior do Estado Democrático (e Social) de Direito, o modelo penal e processual penal brasileiro tem mantido acesa uma celeuma filosófica – ainda que não explícita –, a partir de dissensos que envolvem concepções de vida e modos-de-ser-no-mundo centrados nas mais diversas justificações materiais e espirituais. O substrato de fundo destes embates, entre tradições de pensamento tão diversas, e em grande parte dos assuntos antagônicos, revela uma contraposição ainda mais fundamental consistente em um conflito quanto à hierarquia axiológica revelado de modo mais manifesto no projeto de Estado Democrático de Direito.[1]

Estes conflitos estão, de um modo ou de outro, positivados no texto constitucional, circunstância que assume características bem definidas em países com textos constitucionais dirigentes e compromissórios, como é o caso do Brasil. Afinal, como bem assinala Arango,[2] os sistemas jurídicos que incorporam princípios substantivos ou materiais como normas básicas valorativamente decisivas (princípios como o Estado Democrático de Direito, o Estado Social, a dignidade da pessoa, a solidariedade social, liberdade, a obrigação de erradicar a pobreza, a função social da propriedade) elevam ao patamar de obrigação jurídica a realização aproximativa de um ideal moral. Na mesma linha, Dreyer lembra que as Constituições políticas dos Estados que incorporam aqueles princípios ao direito positivo como princípios juridicamente válidos e como expressão de e da ética política moderna, estabeleceram uma relação necessária entre direito e moral, já que com isso se exige por direito próprio, em casos de vagueza e colisão, aproximar a noção do direito como é ao direito como deve ser.[3]

Não obstante a exigência desse desiderato a ser cumprido pela Constituição, cuja normatividade atravessa a sociedade de fora a fora, desde a determinação do resgate das promessas incumpridas da modernidade até a obrigação explícita e implícita – de criminalizar determinadas condutas, não é difícil constatar, quando se adentra o campo da produção normativa infraconstitucional, e particularmente de um modelo penal como o brasileiro, a existência, de um lado, de uma certa dificuldade de coexistência de certos princípios e valores tradicionalmente imputados ao direito penal pelas vertentes ainda calcados no modelo liberal, característica e marcadamente individualistas, e, de outro, uma gama de princípios e valores que sustentam a legitimidade de novas matrizes normativas dirigidas à tutela de bens supraindividuais.

A atual configuração do modelo penal brasileiro, em função do surgimento gradual de uma série de leis que determinaram o deslocamento do seu foco de tutela de bens individuais para bens coletivos (supraindividuais), distancia-se – ao contrário do que sustentam os penalistas adeptos

---

[1] A crise do direito penal é abordada com mais especificidade em texto que escrevi em conjunto com André Coppeti, para o qual remeto o leitor (Streck, Lenio Luiz; Coppeti, André. *O Direito Penal e os Influxos Legislativos pós-Constituição de 1988*: um modelo normativo e eclético consolidado ou em fase de transição? Anuário do programa de Pós-Graduação em Direito da UNISINOS-RS. São Leopoldo, 2003, pp. 225-295). Alguns conceitos foram transladados daquele para este. Consultar, também, Streck, Lenio Luiz; Feldens, Luciano. Crime e Constituição. *A legitimidade da função investigatória do Ministério Público*. 3ª. ed. rev. e ampliada. Rio de Janeiro: Forense, 2006.
[2] Cfe. Arango, Rodolfo. *Hay respuestas correctas en el derecho?* Bogotá: Siglo del Hombre, 1999, p. 126.
[3] Cfe. Dreyer, Ralf. *Derecho y justicia*. Bogotá: Temis, 1994, p. 82 e 83.

de um "projeto minimalista no âmbito penal" – de um padrão de intervenção mínima, e coloca, pelos menos hipoteticamente, a possibilidade de subversão de grande parte de uma hegemonia histórica nas relações de poder sustentadas e reproduzidas em não desprezível parcela pela aplicação da lei penal. Parece paradoxal, mas há sérios indicadores que apontam nessa direção, o que faz com que sejam redobrados os esforços por parte dos juristas ligados aos paradigmas de pendor liberal-individualista, buscando anular essa "nova tutela" através de interpretações despistadoras, além da formação de blindagens contra qualquer tentativa de aprofundar o debate acerca da efetivação da relação "bem jurídico-Constituição", evitando "indevidas" invasões de bens jurídicos que perpassem aqueles de "carne e osso".

Dito de outro modo: enquanto predominou o interesse de perfil marcadamente liberal-individualista na persecução penal, as classes mais abastadas da sociedade brasileira mantiveram-se em uma situação extremamente confortável em relação aos estratos sociais economicamente mais carentes, uma vez que apenas as condutas das parcelas mais pobres e exploradas da população, que não tinham função alguma na reprodução e manutenção de uma determinada ordem socioeconômica, eram, e ainda em grande parte continuam sendo, destinatárias da aplicação das normas penais mais fortemente incriminadoras. De todo modo, é possível dizer, sem maiores rodeios, que o direito penal brasileiro, por ainda guardar característica liberal-individualista na proteção dos bens jurídicos em uma república com distâncias sociais tão significativas, continua com "forte cheiro" de direito penal de classe, suas baterias continuam apontadas em direção aos setores mais desfavorecidos da sociedade. Ou seja, ainda é aplicável ao Brasil a frase do camponês salvadorenho, dita a seu advogado, depois de perder suas terras em processo judicial: *La ley es como la serpiente; solo pica al descalzos.*

Para constatações dessa ordem, basta examinar a quem se "destina" a distribuição dos bens jurídicos no âmbito do Código Penal, bem como a opção do Código de Processo Penal por um modelo predominantemente *inquisitório*, buscando proteger os interesses das camadas apenas atingidas residualmente pelo direito penal, além de "delegar" para o juiz a tarefa de alcançar a "verdade real". Um exame cuidadoso do Código de Processo Penal mostra, por exemplo, como a) durante décadas não foi considerada obrigatória a presença do advogado no interrogatório do acusado; b) o (discricionário) poder inquisitório do juiz através da *mutatio libelli*; c) a possibilidade de o juiz "dar" outra definição jurídica ao fato; d) a obrigatoriedade de recurso *ex officio* quando a decisão for em favor do acusado (v.g., no habeas corpus); e) a obrigatoriedade de o acusado se recolher para apelar; f) a produção de provas pelo juiz *ex officio* (que continua até hoje); g) a inquirição das testemunhas através do juiz, só para citar alguns dispositivos e institutos que marca(ra)m indelevelmente o tipo de direito processual penal construído pelo *establishment*.[4]

Já, contemporaneamente, as condutas que, regra geral, somente podem ser praticadas por aqueles que possuem uma quota considerável de patrimônio individual, e se constituem como indesejáveis – socialmente – por violarem bens e interesses de natureza coletiva, *compõem um novo quadro de comportamentos,* cuja caracterização delituosa ainda encontra sérias resistências, especialmente por alguns setores da dogmática tradicionalmente comprometidos com a proteção única e exclusiva de interesses individuais.[5] Isso revela uma face do conflito pelo poder instalado no cerne do direito penal e do direito processual penal, que se traduz num embate de paradigma, cuja superação se põe, historicamente, como tarefa fundamental.

O paradigma a ser superado – que pode ser denominado de liberal-individualista-iluminista – compõe-se, paradoxalmente, de tudo o que a tradição liberal-iluminista nos legou: direito penal para ser utilizado no combate às condutas lesivas ao indivíduo e ao seu patrimônio individual, questão que igualmente está presente nos demais ramos do direito. Daí a crise: no Brasil, o direito (em especial o penal), está apenas preparado para resolver conflitos interindividuais, circunstância que pode ser verificada facilmente a partir da comparação dos tipos penais destinados à proteção da propriedade privadaindividual com os dos demais dispositivos penais que protegem, por exemplo, o patrimônio coletivo, a ponto de – e isso pode

---

[4] É evidente que uma jurisprudência garantista, embora não dominante, já de há muito vem elaborando uma filtragem das anomalias inquisitoriais do velho Código Processual. Para registrar, mesmo antes do advento da lei que tornou obrigatória a presença do advogado no interrogatório, já havia a aplicação direta da Constituição por alguns órgãos fracionários, em muitos casos adotando parecer de minha lavra (em especial, a 5ª Câmara Criminal do TJ/RS); do mesmo modo, a inconstitucionalidade da "baixa" dos autos ao Ministério Público (Ap. nº 70000936716, TJ/RS, 5ª Câm. Criminal, Rel. Amilton Bueno de Carvalho, julgado em 10 de maio de 2000); também a inconstitucionalidade do recurso *ex officio* (ver: Recurso de ofício nº 297037780, Rel. Aramis Nassif, Recurso de Ofício nº 70013602768, Quinta Câmara Criminal, TJ/RS, Relator: Aramis Nassif, Julgado em 06/12/2005), assim como a dispensa do recolhimento à prisão do acusado para recorrer, o não acolhimento do instituto da deserção do recurso em caso de fuga (veja-se, por exemplo, a Ap. nº 297028722, Quarta Câmara Criminal, Tribunal de Alçada do RS, Relator: Des. Amilton Bueno de Carvalho, julgado em 07/01/1998 e Habeas Corpus nº 70001949130, Quinta Câmara Criminal, Tribunal de Justiça do RS, julgado em 07/02/2001), a nulidade do processo quando as alegações defensivas são meramente formais, com superação da súmula 523 do Supremo Tribunal Federal (Apelação Crime Nº 70011360054, Quinta Câmara Criminal, Tribunal de Justiça do RS, Relator: Aramis Nassif, Julgado em 27/07/2005) e a nulidade de perícias realizadas em desacordo com a legislação processual, mormente com violação da imparcialidade – em geral quando realizadas por policiais que participaram da investigação criminal do fato probando – (Apelação Crime Nº 70011211059, Sexta Câmara Criminal, Tribunal de Justiça do RS, Relator: Aymoré Roque Pottes de Mello, Julgado em 23/03/2006 e Apelação Crime nº 70011585437, Quinta Câmara Criminal, Tribunal de Justiça do RS, Relator: Genacéia da Silva Alberton, Julgado em 22/02/2006).

[5] Isto para dizer o mínimo. Não se pode, contudo, desprezar outro componente que sustenta o que se pode denominar de crise do modelo liberal-iluminista-individualista-normativista de Direito: a metafísica equiparação que faz a dogmática jurídica entre vigência e validade, o que, sobremodo, enfraquece a filtragem hermenêutico-constitucional do direito penal. Nesse sentido, consultar Streck. *Jurisdição Constitucional e Hermenêutica*, op. cit., em especial cap. 5.

parecer inacreditável – um furto qualificado praticado por duas pessoas receber tratamento mais rigoroso que os crimes de sonegação de tributos e lavagem de dinheiro (praticado por várias pessoas ou não).

2. O contraponto entre as diferentes concepções penais em *terrae brasilis*

Há uma forte controvérsia acerca da extensão e das funções do direito penal e do direito processual penal a partir do *dissenso* entre a postura dos juristas ainda apegados a um penalismo de cariz exacerbadamente liberal, que defendem uma função limitadora do conceito de bem jurídico e tudo o que lhe diz respeito, e aqueles de orientação social-constitucional, cuja posição quanto à funcionalidade do direito penal e do direito processual penal assenta-se em uma concepção organizativa, interventiva e atenta à realidade social e, principalmente, as suas disparidades.

Ninguém nega a importância da função limitadora do direito penal, conquista da modernidade; o que ocorre é que, assim como os direitos individuais compõem uma *dimensão*, a sua evolução histórica é resultante de uma agregação de diversas dimensões, isto é, quando se fala em direitos supra-individuais, está ínsita a presença dos direitos de feição individual e social (primeira e segunda dimensões). Por isso, devem ser agregados à função limitadora as funções decorrentes dos diversos câmbios ocorridos no campo da teoria do Estado e da Constituição.

Dito de outro modo, o que tem ocorrido de concreto nesse aspecto e, conseqüentemente, dado margem ao aquecimento do debate entre penalistas de apego exacerbado ao liberalismo e os que buscam – primordialmente – a guarida penal de bens supra-individuais, é que estes buscam introjetar, na concepção do direito penal, a idéia de que uma série de valores constitucionais de feição coletiva necessitam proteção do Estado (condutas que colocam em xeque os objetivos da República, a dignidade da pessoa, o meio ambiente, a corrupção, a sonegação de tributos, a lavagem de dinheiro, etc.), enquanto aqueles *resistem a tanto,* obstaculizando a extensão da função de proteção penal aos bens de interesse da comunidade, sob o argumento de que tal barreira implicaria uma "indesejada antecipação das barreiras do direito penal".

De certo modo, os penalistas de apego exacerbado a um direito penal-liberal continuam a pensar o direito a partir da idéia segundo a qual haveria uma contradição insolúvel entre Estado e Sociedade ou entre Estado e indivíduo. É como se o Estado fosse necessariamente mau, opressor, e ao direito restaria a função de "proteger" o indivíduo dessa opressão. Por isso, em pleno século XXI e sob os auspícios do Estado Democrático de Direito – no interior do qual o Estado e o Direito assumem (um)a função transformadora – continua-se a falar na mítica figura do *Leviatã*, repristinando – para mim de forma equivocada – antiga problemática que contrapõe o Estado (mau) à (boa) sociedade (*sic*). Tal problemática – que muitas vezes esconde a defesa do velho direito penal protetor dos interesses liberais-burgueses – é facilmente perceptível no campo do direito tributário e na penalização de condutas que transcendem aos bens jurídicos clássicos (de "*carne y hueso*"). Ora, não pode restar qualquer dúvida de que o direito deve proteger o cidadão contra os arbítrios estatais; negar isso seria negar as conquistas da civilização. Mas também é verdade que, por vezes, essa proteção se mostra insuficiente, exatamente pela falta de uma ancoragem constitucional a esses ramos do direito.

A toda evidência, tais considerações acarretam compromissos e inexoráveis conseqüências no campo da formulação e aplicação das leis. Para tanto, parto da premissa – e não há nenhuma novidade em dizer isto – de que a Constituição brasileira de 1988 apresenta uma direção diretiva para o Estado. Defendo, ainda, a perspectiva compromissória e dirigente da Constituição. Logo, em assim sendo, continuo a insistir (e acreditar) que *todas as normas da Constituição têm eficácia*, e as assim denominadas normas "programáticas" – como as que estabelecem a busca da igualdade, a redução da pobreza, a proteção da dignidade, etc. – *comandam a atividade do legislador* (inclusive e logicamente, do legislador penal e processual penal), buscando alcançar o objetivo do constituinte. Veja-se, a propósito, o próprio preâmbulo da Constituição brasileira, ao qual não se pode negar força vinculante.

Essa ordem de legislar traz implícita – por exemplo, no campo do direito penal – a necessária hierarquização que deve ser feita na distribuição dos crimes e das penas, razão pela qual *o estabelecimento de crimes, penas e descriminalizações não pode ser um ato absolutamente discricionário, voluntarista ou produto de cabalas*. Um exame perfunctório já demonstra como o Código Penal e a legislação esparsa nem de longe vêm cumprindo o comando do constituinte de 1988. Em outras palavras, não há liberdade absoluta de conformação legislativa nem mesmo em matéria penal, ainda que a lei venha a descriminalizar condutas consideradas ofensivas a bens fundamentais. Do mesmo modo, penas desproporcionais em relação ao bem jurídico protegido devem ser declaradas inconstitucionais. Ou no mínimo, em sede de controle de constitucionalidade, aplicar-se a técnica do apelo ao legislador (*Apeleitscheidung*), dando conta da incompatibilidade. Tais questões terão reflexos no próprio modo de proteger – no plano da instrumentalização do direito penal – bens jurídicos fundamentais como a segurança pública e a cidadania.

No Brasil, o panorama do direito penal e processual penal aponta para o fato de que parcela considerável dos juristas brasileiros tem assumido uma postura paradoxal, uma vez que, enquanto defensores de posições que buscam penas mais duras, ao mesmo tempo lançam um olhar leniente para as condutas que violam bens jurídicos supraindividuais e que afetam bens jurídicos coletivo-comunitários (aqui, vale por todos a discussão acerca do crime de sonegação de tributos, em que vingou a tese, inclusive no Supremo Tribunal Federal, com apoio efusivo e expressivo da comunidade jurídica, *da necessidade do esgotamento da esfera administrativa como condição para o oferecimento da denúncia*). Isso sem considerar o próprio apenamento para esse tipo de crime, inferior a outros cometidos, sem violência, contra o patrimônio individual, como o furto qualificado, cuja pena é superior ao crime de "caixa dois". E o que dizer do delito de fraude em licitações, cuja pena, de tão ínfima, coloca esse crime no rol dos *soft crimes* (crimes de menor potencial ofensivo...)! Portanto, apesar dos comandos constitucionais que estabelecem uma nova hierarquia de bens jurídicos, para o legislador (apoiado por setores expressivos da dogmática jurídico-penal), furtos e estelionatos possuem desvalor superior às fraudes cometidas em licitações. Isso para dizer o mínimo.

Mais ainda, veja-se o "tratamento" dado aos crimes de lavagem de dinheiro, crimes contra o meio ambiente, para citar apenas alguns desse jaez, cuja desproporcionalidade em relação aos delitos de feição interindividual não vem recebendo maior – ou nenhuma – contestação por parte desse setor do direito penal brasileiro, caudatário ainda de uma dogmática jurídica inserida no paradigma liberal-individualista-normativista, no interior do qual o papel do direito penal e do processo penal seria apenas o de proteger bens jurídicos interindividuais,[6] fenomenologia que pode ser observada facil-

---

[6] Um dos aspectos que une defensores das posturas liberais-minimalistas e setores ligados à dogmática jurídico-penal tradicional é a resistência que opõem ao poder investigatório do Ministério Público. Nesse sentido, são raras, por exemplo, as posições oriundas da advocacia defendendo o poder investigatório do Ministério Público (por todos, consulte-se CLÈVE, Clèmerson Merlin. Investigação criminal e Ministério Público. Jus Navigandi, Teresina, a. 8, n. 450, 30 set. 2004. Disponível em: http://jus2.uol.com.br/doutrina/texto.asp?id=5760. Acesso em: 03 mai. 2006.) Assim, de um lado tem-se os diversos setores ligados às polícias e ao exercício da advocacia (veja-se que a OAB nacional firmou posição *contra o poder investigatório do MP*); de outro, o próprio Ministério Público (por vezes também com posições exacerbadamente corporativas) e parcela significativa da magistratura nacional, especialmente da justiça federal, defendendo o poder investigatório do *parquet* (por todos, a posição de Sérgio Fernando Moro e Anderson Furlan Freire Silva, in: O Ministério Público e a investigação criminal. Jornal O Sul. Porto Alegre, 23.04.2006, p. 3). Parece-me que em um país com altíssimas taxas de criminalidade do colarinho branco (corrupção, lavagem de dinheiro, sonegação de tributos, improbidade administrativa), não se concebe (mais) que, passados dezoito anos da promulgação da Constituição, essa questão não esteja pacificada jurisprudencialmente. São precários os argumentos que se colocam contra a função investigatória do Ministério Público (nesse sentido, Streck e Feldens, *Crime e Constituição*, op. cit.). Observe-se que a doutrina mais ligada à dogmática tradicional sustenta seus argumentos no velho Código de Processo Penal e na interpretação do artigo 144 da Constituição; já a doutrina lastreada nas posturas de cariz liberal-minimalista buscam socorro no princípio acusatório. Nenhuma das duas posições se sustenta. *Não há exclusividade de investigação em favor da polícia nem no Código de Processo Penal e nem na legislação; tampouco a Constituição assim determina.* Do

mente no Código Penal ainda em vigor, tornando esse tipo de postura – pelo aumento da criminalidade convencional e a violência urbana – presa fácil de posturas como o "direito penal do inimigo", "teoria das janelas quebradas" ou daquelas que pretendem aumentar o elenco dos crimes hediondos (veja-se, no limite, a proposta de projeto de lei da CPMI da Terra, tornando a invasão de terras crime hediondo)[7], etc.

Relembre-se, ainda nesse sentido, que esse modelo híbrido brasileiro que se amplia continuamente em relação à criminalização de condutas violadoras de bens das mais variadas espécies caminha neste aspecto para um modelo bastante repressor, mas que adota soluções em termos de penalização em sentido totalmente oposto. Dizendo de outro modo: ao mesmo tempo em que eleva à categoria de crime uma série de ações e omissões que atingem a coletividade (bens jurídicos supraindividuais), circunstância que poderia indicar uma mudança de rumo na caracterização dos tipos penais, cria, paradoxalmente, alternativas das mais variadas à pena de reclusão. Ou seja, com esse proceder, de um lado o *establishment* – representado por setores governamentais (não há mudança de postura nos diferentes governos nas últimas décadas) e aqueles oriundos da comunidade jurídica historicamente encarregados de conduzir as "reformas" penais-processuais – dá uma resposta às queixas contra a impunidade (não esqueçamos que as camadas dominantes omitem-se no atacado e se indignam no varejo) *e, de outro,*

---

mesmo modo, não há argumentos científicos que comprovem que o poder investigatório do Ministério Público venha a ferir o princípio acusatório. E a explicação é simples: primeiro, porque o princípio acusatório não pode ser analisado a partir do superado paradigma liberal-individualista de direito (afinal, ele é produto da terceira fase do constitucionalismo, portanto, superador da função absenteísta do direito e do Estado); segundo, porque a prova produzida deve ser ratificada em juízo. De qualquer modo, vislumbra-se, em um caso e no outro, uma "hermenêutica de bloqueio", que impede a implementação do próprio núcleo político-essencial da Constituição. Finalmente, é igualmente inconcebível que, passados dezoito anos, ainda não se tenha devidamente regulamentado o controle externo da atividade policial (art. 129, VII), circunstância que coloca o Brasil na contramão da história. Afinal, quem desconhece que na expressiva maioria dos países do mundo a polícia é comandada ou está sob o controle do Ministério Público? Parece não restar dúvida, ademais, que há um forte parentesco entre as teses que se colocam contra o poder investigatório do Ministério Público e as que apontam para uma minimização do poder de controle sobre a polícia. Numa palavra: ao argumento muito utilizado de "quem controla o controlador", parece que, para além do controle feito pelo próprio Poder Judiciário, há, agora, o Conselho Nacional do Ministério Público, que, entre suas atribuições, tem a de zelar pelo cumprimento dos deveres funcionais do Ministério Público, pela sua autonomia funcional e administrativa, podendo expedir atos regulamentares ou recomendar providências. Isso significa dizer que também compete ao CNMP *zelar pelo cumprimento do dispositivo constitucional que determina o controle externo da atividade policial*, evitando que se transforme em letra morta. Aliás, em que Estado da federação ocorre o efetivo controle da atividade policial? E no âmbito da União? Despiciendo lembrar que no constitucionalismo do Estado Democrático de Direito, cai por terra e perde totalmente importância a velha classificação entre normas constitucionais de eficácia plena, limitada ou contida.

[7] "A Comissão Parlamentar Mista de Inquérito (CPMI) da Terra aprovou [em 29 de novembro de 2005] por 12 votos a 1 relatório do deputado Abelardo Lupion (PFL-PR), que propõe projeto de lei que classifica invasões de terras como atos terroristas (*sic*), além de transformar em crime hediondo saques e invasões de propriedades privadas (*sic*). Antes, por 13 votos a 8, a CPMI da Terra rejeitou o documento do relator, deputado João Alfredo (Psol-CE)". Disponível em: http://www.srb.org.br/modules/news/article.php?storyid=1576.

promove-se um discurso conciliador, "adaptado" à falta ou precariedade de recursos penitenciários e aos reclamos dos setores minimalistas do direito penal. Busca-se, assim, "contentar" os dois setores mais expressivos do direito penal pátrio. Nesse sentido, basta ver os benefícios trazidos pela Lei 9.714, *pela qual muito raramente algum crime do colarinho branco fica excluído da "pena alternativa"* (geralmente, pagamento de cestas básicas, "penalização" essa, aliás, visivelmente desmoralizada de há muito): toda pena que não ultrapassa quatro anos pode ser substituída por prestação de serviços à comunidade, cestas básicas, etc. Na medida em que, na prática, dificilmente algum crime dessa espécie tem pena concretizada que ultrapasse esse patamar, tem-se institucionalizada a impunidade, mormente se examinarmos o tratamento dado aos demais delitos que não afetam bens supraindividuais. Note-se que o *favor legis* previsto na Lei 9.714 – nitidamente elaborada no contexto aqui explicitado – atinge, inclusive, os crimes de tráfico de entorpecentes. Ou seja, um crime é hediondo e, ao mesmo tempo, passível de receber substituição da pena...![8]

---

[8] Pior do que isso é a justificativa para a inclusão do tráfico de entorpecentes no rol dos crimes *"cometidos sem violência ou grave ameaça e cuja pena concretizada não ultrapasse os quatro anos"* (Lei 9.714). Com efeito, sedimentou-se a tese de que não seria justo que alguém que alcance um cigarro de maconha a um amigo (portanto, para a dogmática jurídica enquadrável no tipo do art. 12 da Lei de Tóxico) não receba o benefício da substituição. A tese poderia ser correta, não fosse ter deixado de lado a contradição principal do problema. Explicando: há um equívoco da comunidade jurídica sobre o significado do tipo penal previsto no aludido artigo 12. De pronto, deveria ser óbvio que a velha Lei 6.368, por ser de origem anterior à Constituição de 1988, necessita passar por uma *releitura constitucional*. Ora, quando a Lei 6.368 entrou em vigor, o tráfico (art. 12) não era crime hediondo, categoria esta que somente ingressou em nosso universo jurídico a partir de 5 de outubro de 1988. Conseqüentemente, quando a Lei dos Crimes Hediondos *alçou o crime de tráfico à categoria de hediondos*, a nova Lei e a própria Constituição estabeleceram *um novo fundamento de validade à antiga lei*. Ou seja, a partir da transformação do tráfico de entorpecentes em crime hediondo, o conceito de tráfico *não é mais o mesmo* que o do antigo texto da Lei; o tráfico, agora, *é o tráfico hediondo*, exsurgente do novo *topos* hermenêutico-constitucional. Desnecessário e totalmente despiciendo remeter, aqui, o leitor a Kelsen, porque sobejamente conhecido pela comunidade jurídica, naquilo que se chama de princípio da recepção das normas, assim como também a Ferrajoli, na discussão da dicotomia vigência-validade, em que a primeira é secundária em relação à segunda, *a qual sempre será aferida a partir da confrontação com a Constituição*. Isto significa dizer que, se simples "consumidores", "possuidores" ou "pequenos traficantes" são processados (e condenados) por crime de tráfico, é porque o tipo penal está sendo aplicado de forma indevida e equivocada. Falta, pois, *in casu*, um olhar constitucional e constitucionalizante. Mais ainda, *é preciso ter presente que, em face do crescimento da criminalidade, está ocorrendo a banalização da criminalização, representada pela equivocada aplicação da lei penal*, onde não se obedece (mais) nem sequer à legalidade formal (conceito analítico de delito). Dito de outro modo, se o Estado estabeleceu que o crime de tráfico de entorpecentes deveria ser alçado à categoria de hediondo – e, registre-se, tal classificação não foi nem sequer questionada no e pelo Poder Judiciário –, é porque o crime de tráfico coloca em xeque a sociedade (e não a saúde individual enquadrável na relação interindividual!!!). Logo, não há como entender a existência de "traficantes bagatelares". Pequeno traficante ou traficante bagatelar é uma contradição em si mesmo! Ver, para tanto, Streck, Lenio Luiz. "As (novas) penas alternativas à luz da principiologia do Estado Democrático de Direito e do Controle de Constitucionalidade". In: Nei Fayet Júnior; Simone Prates Miranda Corrêa (org.). *A Sociedade, A Violência e o Direito Penal*. Porto Alegre: Livraria do Advogado, 2000, p. 121-144.

Em sentido oposto ou no mínimo em uma linha acentuadamente crítica em relação à dogmática jurídico-penal dominante, há os que defendem uma intervenção cada vez menor do direito penal, não importando a natureza dos crimes. Seus defensores aludem que o aumento das penas e da repressão acarreta aumento da criminalidade.[9] Os juristas que perfilham esse entendimento – com forte influência da doutrina de Luigi Ferrajoli – aceitam apenas a existência de bens jurídicos de "carne e osso". Embora preocupados – *registre-se, de forma acertada, diligente e democrática* – com o arbítrio estatal e com as mazelas e misérias do direito penal e do processo penal, tais juristas incorrem igualmente em um paradoxo, porque, ao repudiarem o uso do direito penal para o enfrentamento das infrações que lesam bens jurídico-sociais, *deixam de lado esse importante mecanismo para o alcance daquilo que o próprio Ferrajoli denominou de "direitos sociais máximos"*, circunstância que possibilita, em um segundo momento, a partir da implantação da justiça social, um "direito penal mínimo", igualmente por ele proposto.

Nesse sentido, entendo que o enunciado "direito penal mínimo – direito social máximo" traduz-se em uma equação que desembarca tardiamente em países de modernidade tardia, onde não houve *welfare state*. E, convenhamos, mesmo nos países em que o Estado Social foi/é uma realidade, o direito penal continua a ser utilizado no combate de crimes que tratam de bens jurídicos "sociais" (supraindividuais), ou seja, na Europa ninguém tem dúvidas, por exemplo, de que os crimes fiscais e outros desse jaez devem ser punidos com rigor. Dito de outro modo: direito penal

---

[9] Muitos criminólogos, especialmente os que fundamentam teoricamente suas pesquisas e estudos no paradigma da reação social, poderão afirmar que o aumento da criminalidade tem ocorrido exatamente em função da ampliação do sistema normativo repressor. Mas esta é uma afirmação de difícil sustentação, e cuja validade é altamente questionável e duvidosa. Ela pode ser tomada como verdadeira para as condutas que passaram, por exemplo, a ser consideradas como delituosas, após a promulgação da Constituição Federal de 1988, por força de normas incriminadoras que surgiram como instrumentos jurídicos de regulamentação infraconstitucional penal de dispositivos presentes no texto da Magna Carta brasileira. Entretanto, *a mesma afirmação não pode ser alçada a uma condição equivalente de veracidade quando referente à criminalidade tradicional, à econômica, à tributária, e às violações criminais a uma série de outros bens que já eram anteriormente protegidos pela legislação penal*. Estes nichos de condutas delinquenciais já previstos normativamente como tal, e que tiveram um salto quantitativo nos últimos anos, têm suas causas numa pluralidade de fatores que as mais diversas ciências que se imbricam com o direito penal no estudo do crime têm buscado apontar. Alguns números da realidade brasileira ilustram bem a atual situação de crise institucional vivida pelo Estado no combate à criminalidade. É apavorante a quantidade de crimes violentos cometidos no Brasil. Segundo dados do Ministério da Justiça que abrangem o triênio 1999-2001, obtidos junto às Secretarias Estaduais de Segurança Pública e ao IBGE, ocorreram neste período, somente nas capitais estaduais, 64.138 mortes violentas (1999 – 21.189, 2000 – 21.360, 2001 – 21.589), sendo agregados neste conjunto homicídios dolosos, homicídios culposos de trânsito, outros homicídios culposos, lesões corporais seguidas de morte, roubo seguido de morte, morte suspeita e resistência seguida de morte. Se forem consideradas somente os homicídios dolosos, os números são da mesma forma assombrosos. A mesma estatística aponta um total de 40.604 delitos desta espécie praticados no período e nos mesmos locais antes mencionados. Ver a respeito a página da *web* do Ministério da Justiça do Governo Federal brasileiro, a saber: http://www.mj.gov.br/Senasp/senasp/estat_homicidio_dolos.htm

mínimo e direito social máximo é um paradoxo em países de modernidade tardia.

Finalmente, há um terceiro grupo de juristas que defende um direito penal fulcrado eminentemente no papel dirigente que a Constituição fornece para a proteção de bens jurídicos, circunstância que terá reflexos na visão acerca do processo penal. Esse grupo propugna por uma atuação mais forte do direito penal no terreno da repressão das condutas que lesam bens jurídicos de feição supraindividual. Para estes – e aqui me incluo – o direito penal seria (também) um importante instrumento de transformação da sociedade, espécie de "braço armado da Constituição", nas palavras de Paulo Ferreira da Cunha: "não armado para servir a ela, mas para, imbuído dos seus princípios, servir a sociedade. Ou seja, não é direito de duplicação, mas direito que fundamentalmente estrutura a ordem jurídica e lhe dá uma especial feição. Isto é: não se trata apenas do conhecido fenômeno de constitucionalização do direito penal, mas do reconhecimento do mesmo como matéria que, não sendo de Direito Constitucional próprio sensu, é juridicamente constitucional, ou fundante".[10]

Trata-se de uma postura que visa a agregar às conquistas do direito penal clássico as perspectivas exsurgentes do novo paradigma constitucional, isto é, o direito deve ser capaz de algo que vá muito além de servir de proteção contra os arbítrios estatais. Sem abrir mão da proteção contra qualquer forma de arbítrio, buscam-se fórmulas capazes de proteger a cidadania "positivamente", isto é, proteção não significa somente proteção negativa, mas, também, proteção positiva, a partir de atitudes estatais tendentes a proteger os direitos fundamentais. Nesse contexto, também o direito penal pode servir de contributo para o resgate das promessas da modernidade, por exemplo, para, como *ultima ratio*, o combate às condutas lesivas à cidadania, que corroem as estruturas da sociedade, como a corrupção, a lavagem de dinheiro, a sonegação de tributos, o tráfico de entorpecentes.

2.1. Os reflexos do debate no campo do processo penal e das garantias constitucionais

As questões discutidas anteriormente produzem profundos reflexos no campo do processo penal, uma vez que as duas primeiras posições (a dogmática-repressivista que aponta suas baterias contra a criminalidade convencional e a exacerbadamente liberal que aposta na minimização do direito penal) *trabalham tão-somente na perspectiva de um garantismo negativo*, isto é, o direito (penal-processual) serviria apenas para proteger o indivíduo contra os excessos do Estado. Nesses dois primeiros grupos, a liberdade de conformação do legislador é ampla quando se trata de leis descriminadoras

---
[10] Cunha, Paulo Ferreira da. *A Constituição do Crime*. Coimbra: Coimbra Ed., 1998, p. 89 e 90.

e concessivas de garantias processuais, mesmo que à revelia da Constituição. No fundo, trata-se de uma espécie de retorno a Rousseau: não há limites à vontade geral, o que se pode perceber, por exemplo, pela concessão do *favor legis* no caso do REFIS (Lei 10.684), na (des)classificação de crimes como abuso de autoridade, sonegação de tributos, desobediência, invasão de domicílio noturna, atentado ao pudor mediante fraude (para citar apenas esses) para crimes de menor potencial ofensivo (Lei 10.259/01) ou, ainda, pela defesa, durante décadas, de dispositivo que possibilitava a extinção de punibilidade do crime de estupro, nas hipóteses de casamento da vítima (art. 107, VIII, do Código Penal, agora derrogado).[11] Não houve, ao que se sabe – exceção feita ao caso da Lei do REFIS, em que o Procurador-Geral da República interpôs ação direta de inconstitucionalidade –, qualquer reação doutrinário-jurisprudencial contra a validade constitucional de tais leis e dispositivos. Afinal, como se afirma no "mundo jurídico", "lei vigente é lei válida"...!

Desse estado da arte, é possível depreender que a matriz com apego exacerbado ao liberalismo penal, com uma orientação epistemológica privilegiadora de uma lógica de apreensão e subsunção da realidade em abstrações redutoras, encontra-se em dificuldades para legitimar o saber produzido a partir de suas bases filosóficas frente à nova complexidade criada pelas manifestações delinqüenciais hodiernas. Esta situação coloca em questionamento a hegemonia liberal de justificação dos modelos penais,[12] o que tem gerado uma resistência contundente por setores da dogmática mais tradicional, que ferozmente têm sustentando a necessidade de manutenção do paradigma penal do Esclarecimento.[13]

Nesse sentido, a lição de Gisele Cittadino, para quem o pensamento jurídico brasileiro é marcadamente positivista e comprometido com a defesa de um sistema de direitos voltado para a garantia da autonomia privada dos cidadãos. Uma cultura jurídica positivista e privatista atravessa não apenas os trabalhos de autores vinculados à área do direito privado, mas também caracteriza a produção teórica de muitos dos nossos publicistas. Em todos estes autores, a defesa do sistema de direitos se associa prioritariamente aos direitos civis e políticos e menos à implementação dos direitos econômicos e sociais, inclusive pelo fato de que defendem uma concepção menos participativa do que representativa da democracia. Em outras pala-

---

[11] Sobre esses assuntos, remeto o leitor ao meu artigo Bem jurídico e Constituição: Da proibição de excesso (*Übermassverbot*) à proibição de proteção deficiente (*Untermassverbot*) ou de como não há blindagem contra normas penais inconstitucionais. In: *Boletim da Faculdade de Direito de Coimbra*. Coimbra: FDUC, vol. LXXX, 2004.

[12] Sobre a influência do iluminismo jurídico-penal lusitano na formação da cultura penal brasileira, ver a respeito Neder, Gizlene. *Iluminismo jurídico-penal luso-brasileiro. Obediência e submissão*. Rio de Janeiro: Freitas Bastos, 2000.

[13] Ver, para tanto, Streck e Coppeti, op. cit.

vras, a cultura jurídica brasileira está majoritariamente comprometida com um liberalismo do *modus vivendi*. Se tivéssemos que associar a uma determinada matriz política, certamente falaríamos mais de Hayek e Nozick do que de Rawls e Dworkin, muito embora as fontes talvez sejam outras.[14]

Ou seja, essa disputa teórica baseia-se em esquemas conceituais fundamentais, fixados atemporalmente, pela referência a textos com padrões de autoridade que fornecem exemplos paradigmáticos usados na instrução de neófitos sobre como entender e estender conceitos, como utilizar as expressões estabelecidas e como transitar através de uma multiplicidade de usos possíveis. Esta postura teórica não tem ficado restrita aos círculos acadêmicos, mas muito adiante disto, tem influenciado significativamente as posturas práticas adotadas por grande parte dos operadores jurídicos, o que, como veremos, inclui os tribunais (no caso, há forte incidência no Superior Tribunal de Justiça).

Por último, entendo que não deve haver dúvida sobre o fato de que, do modelo constitucional brasileiro, é possível extrair um novo perfil para o direito penal e processual penal. E isto é facilmente detectável pelos seguintes aspectos:

a) o primeiro, refere-se às necessidades sociais de proteção de determinados bens e valores, circunstância que pode ser extraída sem muita dificuldade da textura constitucional;

b) o segundo, referente ao rol de bens com relevância constitucional e as indicações formais criminalizadoras presentes na Carta Magna, que dá nítida mostra do papel a ser desempenhado pelo direito penal no modelo constitucional adotado em 1988;

c) o terceiro, relativo à legislação produzida após a promulgação da Constituição brasileira de 1988 e a sua (in)adequação ao projeto constitucional.

Quanto ao primeiro aspecto, não há qualquer dúvida de que, pela graduação quantitativa e qualitativa atingida pela criminalidade em nosso País, a intervenção reclamada social e cientificamente está muito distanciada de um patamar mínimo. Pelo segundo aspecto, da análise dos indícios formais axiológico-normativos constitucionalizados desvela-se uma tendência de ampliação da esfera de intervenção estatal penal, não só pela recorrente presença de indicações ampliadoras do direito penal manifestamente expressas na Carta Magna, mas também pela ampliação de rol de bens que foram elevados ao patamar constitucional e que, em razão disto, podem, com legitimação constitucional, ser tutelados penalmente. Basta ver, por exemplo, neste sentido, as disposições contidas nos seguintes incisos do

---

[14] Ver a respeito, Cittadino, Gisele. *Pluralismo, Direito e Justiça Distributiva. Elementos da Filosofia Constitucional Contemporânea.* Rio de Janeiro: Lúmen Júris, 1999, p. 14.

art. 5º da CF/88: XLI (prevê punição a qualquer discriminação atentatória dos direitos e liberdade fundamentais); XLII (prevê a criminalização do racismo e veda a fiança e a prescrição a este crime); XLIII (dispõe sobre a inafiançabilidade e insuscetibilidade de graça ou anistia a uma série de crimes); XLIV (prevê a inafiançabilidade e a imprescritibilidade de crime de ação de grupos armados, civis e militares, contra a ordem constitucional e o Estado Democrático). Também a disposição constante no § 3º do artigo 225 que prevê a criminalização e a penalização das condutas lesivas ao meio ambiente enquadra-se neste grupo de indicações constitucionais criminalizadoras e ampliadoras da intervenção estatal penal.

Por outro lado, é preciso considerar que a Constituição Federal de 1988 ampliou significativamente o rol de bens elevados a tal categoria em relação aos textos constitucionais anteriores, especialmente no referente à ordem social, o qual praticamente somente abriga disposições tutelares de bens não-individuais. A simples positivação de tais valores indica senão a imposição de proteção penal, pelo menos a possibilidade de extensão do sistema penal para a guarida de tais bens.

Disso resulta, sem dúvida, um deslocamento histórico do princípio da intervenção estatal penal de uma posição minimalista para uma situação de adequação de sua magnitude numa relação direta com a gama de bens constitucionalizados merecedores de tutela jurídica. Por fim, em relação ao terceiro ponto denunciador da desconformidade do princípio da intervenção penal mínima ao modelo jurídico brasileiro, basta verificar o conteúdo de toda a legislação que contém disposições incriminadoras surgida pós-88. Por isto tudo, a posição que defendo em relação à intervenção estatal no corpo do direito penal e processo penal é a da intervenção constitucionalmente necessária e adequada à realização das promessas da modernidade incumpridas em um país de modernidade tardia como o Brasil.[15]

3. O Processo Penal no contexto da necessidade social de proteção de determinados bens e valores. A segurança como direito fundamental do cidadão. O dever estatal de utilizar medidas adequadas à consecução desse desiderato

Parece não haver dúvida acerca da validade da tese garantista clássica no processo penal: diante do excesso ou arbítrio do poder estatal, a lei coloca à disposição do cidadão uma infinidade de *writs* constitucionais, como o *habeas corpus* e o mandado de segurança, para citar apenas estes. As garantias substantivas no campo do direito penal (proibição de analogia,

---

[15] Nesse sentido, ver Streck e Copetti, op. cit.

a reserva legal, etc.) recebem, no processo penal, a sua materialização a partir dos procedimentos manejáveis contra abusos, venham de onde vierem. São conquistas da modernidade, representadas pelos revolucionários ventos iluministas e respaldadas pelo textos constitucionais dirigentes e compromissórios. Isso é ponto inegociável, pois.

Contra o poder do Estado, há que se lançar mão de todas as garantias constitucionais. Trata-se daquilo que pode ser denominado de "garantismo negativo". É a proteção do cidadão contra os abusos cometidos pelos agentes estatais (*Übermassverbot*). Há, nesse aspecto, uma certa pressuposição de que o Estado se coloque como adversário ou até mesmo como inimigo da cidadania e da sociedade. Mas essa pressuposição é apenas *juris tantum*, e não *jure et jure*.

Com efeito, parece também não haver dúvida no sentido de que os abusos cometidos por agentes estatais podem trazer conseqüências diferentes, *dependendo do modo como são praticados*. Assim, o abuso de direito cometido por um juiz ou um policial contra um cidadão pode ser corrigido pela via de *habeas corpus*. É, pois, um ato abusivo do Estado contra um interesse individual.

Entretanto, pode ocorrer que determinado ato (abusivo) acarrete conseqüências para o restante da sociedade, isto é, em relação aos demais cidadãos, como no caso da concessão de *habeas corpus* ou liberdade provisória feita de forma equivocada, inconstitucional. Para ser bem específico: uma decisão judicial equivocada pode colocar em risco um bem jurídico fundamental dos demais membros da sociedade, isto é, a segurança pública.

O que fazer, nessas circunstâncias? A Constituição e o sistema processual-penal proporcionam apenas a proteção em uma determinada direção? Não há uma mão dupla nesse trato com o *status libertatis*? Creio que esta discussão ainda carece de uma reflexão mais aprofundada em *terrae brasilis*. O certo é que não podemos adotar posturas ingênuas, facilmente superáveis, senão no âmbito do direito, pela psicanálise, pela filosofia e pela ciência política. Na verdade, não nos atentamos suficientemente para o fato de que

> a segurança pessoal é uma variável das mais importantes a serem consideradas nas estratégias de respeito aos direitos humanos. E segurança – tanto quanto saúde, educação, trabalho, etc. – *é um benefício que um Estado democrático deve aos seus cidadãos*. Sem ela, voltamos ao chamado "estado de natureza" – que talvez seja menos idílico do que pintaram os contratualistas da nossa predileção.[16]

---

[16] Cfe. Oliveira, Luciano. *Segurança: Um direito humano para ser levado a sério*. Em Anuário dos Cursos de Pós-Graduação em Direito nº 11. Recife, 2000, p. 244/245.

Essa problemática atinge em cheio o cotidiano das práticas jurídicas. Para exemplificar: o Superior Tribunal de Justiça e parte considerável dos tribunais da República vêm sedimentando entendimento de que o Ministério Público não é parte legítima para interpor mandado de segurança em matéria criminal que acarrete "prejuízos" ao acusado. Assim, na hipótese de concessão (indevida) de liberdade provisória ou progressão de regime (Lei de Execução Penal), para ficar nestes dois exemplos, o Ministério Público é parte ilegítima para buscar efeito suspensivo do recurso interposto. Neste caso, o ato judicial não poderia ser cassado em instância superior através de medida acautelatórias.

Assim, a questão que se coloca é:

– decisões concessivas de liberdade provisória ou concessivas de progressão de regime carcerário, em flagrante contrariedade à lei processual-penal (e, portanto, à Constituição),[17] estão imunes (blindadas) a remédios de urgência para corrigi-las?

– as garantias constitucionais estão dirigidas tão-somente à proteção de interesses individuais *contra* o Estado?

– se o sistema possui medidas acautelatórias (de urgência) para proteção do cidadão, qual a razão que justifica a não admissão do uso de instrumentos de urgência para proteção dos interesses dos demais cidadãos?

Colocando o problema de uma forma mais objetiva: como resolver um caso em que decisão judicial,[18] de forma indevida e ilegal, restabeleceu, *contra legem*, o livramento condicional de um condenado por roubo, estupro e atentado violento ao pudor, flagrado, no período de prova, praticando novo assalto à mão armada? Atos desse jaez (a indevida concessão de livramento condicional) não são passíveis – em pleno Estado Democrático de Direito – de controle jurisdicional, em que nenhum ato pode ficar imune de apreciação judicial?

Por que negar ao Ministério Público o uso do mandado de segurança para dar efeito suspensivo ao recurso interposto, quando se sabe que um agravo em execução não tem efeito suspensivo, sendo que, além disto, levará vários meses para ser apreciado em segundo grau? A resposta dos tribunais tem sido exarada nos moldes dos julgados a seguir delineados:

---

[17] Todo ato de jurisdição é um ato de jurisdição constitucional. Qualquer interpretação é sempre interpretação constitucional. Não há interpretação sem aplicação. Uma lei é constitucional, ou lei não será.

[18] Ver Mandado de Segurança em matéria Criminal nº 70.008.316.606 – Tribunal de Justiça do Rio Grande do Sul, onde a 5ª Câmara Criminal assim decidiu: "À UNANIMIDADE, JULGARAM O IMPETRANTE (O MINISTÉRIO POÚBLICO) *CARECEDOR DE AÇÃO* E DECLARARAM EXTINTO O PROCESSO, SEM JULGAMENTO DO MÉRITO, FORTE NO ART. 267, INC. VI, DO CPC." A Desa. Genacéia da Silva Alberton, todavia, denegou a ordem por outro fundamento (entendeu não estar presente o requisito do "direito líquido e certo"), afirmando que o Ministério Público tem legitimidade para manejar mandado de segurança para conferir efeito suspensivo ao recurso de agravo em execução. Cfe.: http://www.tj.rs.gov.br/site_php/consulta/consulta_julgamento.php?entrancia=2&comarca=700&num_processo=70008316606.

RECURSO ORDINÁRIO EM MANDADO DE SEGURANÇA. CONCESSÃO DE INDULTO. MINISTÉRIO PÚBLICO: ILEGITIMIDADE. EFEITO SUSPENSIVO EM AGRAVO EM EXECUÇÃO. PRECEDENTES DO SUPERIOR TRIBUNAL DE JUSTIÇA.

O Ministério Público não tem legitimidade para impetrar mandado de segurança almejando atribuir efeito suspensivo ao recurso de agravo em execução, porquanto o órgão ministerial, em observância ao princípio constitucional do devido processo legal, não pode restringir o direito do acusado ou condenado além dos limites conferidos pela legislação, mormente se, nos termos do art. 197, da LEP, o agravo em execução não possui efeito suspensivo. Precedentes do STJ. (...) Unanimidade. ROMS 12200/SP- STJ.

CRIMINAL. *HABEAS CORPUS*. REMIÇÃO. LEGALIDADE DO CÔMPUTO DOS DIAS REMIDOS. SUPRESSÃO DE INSTÂNCIA. NÃO-CONHECIMENTO. *HABEAS* DE OFICIO. AGRAVO EM EXECUÇÃO CONTRA LIVRAMENTO CONDICIONAL. MANDADO DE SEGURANÇA PARA CONFERIR EFEITO SUSPENSIVO AO RECURSO. IMPROPRIEDADE DO MANDAMUS. AUSÊNCIA DE DIREITO LÍQUIDO E CERTO. ATO ILEGAL PASSÍVEL DE RECURSO OU CORREIÇÃO. CONSTRANGIMENTO ILEGAL CONFIGURADO. ORDEM NÃO CONHECIDA. HC CONCEDIDO DE OFÍCIO.

Hipótese em que se sustenta a legalidade do cômputo dos dias remidos, com o fim de restabelecer a decisão concessiva do livramento condicional à paciente. Tema que não foi analisado em 2º. Grau de jurisdição.

A análise do pleito implicaria em indevida supressão de instância. Concessão de *habeas corpus* de ofício, pela verificação de ilegalidade no julgamento proferido pelo Tribunal *a quo*.

O mandado de segurança não se presta para atribuir efeito suspensivo a agravo em execução interposto pelo Ministério Público contra decisão que concede benefício na execução da pena. Precedentes. (...) HC 32088/SP.- STJ

MANDADO DE SEGURANÇA IMPETRADO PELO MINISTÉRIO PÚBLICO VISANDO EFEITO SUSPENSIVO A AGRAVO EM EXECUÇÃO. DESCABIMENTO. O PRESENTE REMÉDIO DESTINA-SE A PROTEGER O CIDADÃO QUE SOFRA VIOLAÇÃO POR PARTE DE AUTORIDADE (ART. 1º DA LEI 1.522/51). SE O ATO DA AUTORIDADE COATORA É FAVORÁVEL AO CIDADÃO, NÃO DISPÕE, VIA DE CONSEQÜÊNCIA, O MINISTÉRIO PÚBLICO DE LEGITIMIDADE PARA INTENTERA O WRIT. (...) (MS n. 70005087077- Segunda Câmara Criminal do TJ/RS).

Registre-se, mais recentemente, o episódio ocorrido no Estado do Rio Grande do Sul, envolvendo o apenado Dilonei Melara, condenado a 60 anos de reclusão. Amparado na nova redação da Lei 10.792/03, que alterou substancialmente o art. 112 da Lei de Execuções Penais, na medida em que dispensou (*sic*) a feitura dos laudos técnicos, antes tidos como condição de possibilidade para aferição das condições para progressão de regime, o apenado, *munido de atestado de bom comportamento* fornecido pelo administrador do presídio (*sic*), requereu a progressão do regime fechado para o semi-aberto. O Juiz da Vara de Execuções de Porto Alegre deferiu o pedido, fazendo um mero exercício de subsunção (espécie de *easy case*).[19] Inconformado com o indevido deferimento da progressão de regime, o Ministério Público interpôs agravo em execução, ingressando, ao mesmo tempo, com Mandado de Segurança buscando efeito suspensivo para o referido agravo. Embora o Tribunal de Justiça tenha concedido o *mandamus*, o Superior Tribunal de Justiça cassou a decisão, com base na ausência de legitimidade do Ministério Público para manejar mandado de segurança em tais hipóteses.[20]

Casos como esses[21] dão uma adequada amostra das aporias que circunscrevem o sistema jurídico brasileiro. Ou seja, pela jurisprudência do Superior Tribunal de Justiça, é vedado ao Ministério Público buscar – via mandado de segurança – a correção de atos judiciais que demandem urgência, em face de *periculum in mora pro societate*. Ora, não vejo como sustentar a tese – na era pós-metafísica da intersubjetividade e da proteção de bens jurídicos supraindividuais – da impossibilidade da existência, em sede de direito penal, do *periculum in mora* a favor da sociedade. Não fosse por outras razões apontadas no presente texto, bastaria que se examinasse o art. 5º, *caput*, da Constituição do Brasil, que alça a segurança ao *status* de direito fundamental. Parece evidente a possibilidade da ocorrência de *periculum in mora pro societate* na hipótese, v.g., de evidente erro judicial na soltura de determinado indivíduo, considerado manifestamente perigoso. Não fosse assim e estaríamos frente a figura do juiz cuja decisão não é passível de imediata correção.

3.1. Os fundamentos do leading case do Superior Tribunal de Justiça que veda o uso de writ constitucional

Os argumentos que fundamentam a posição do Superior Tribunal de Justiça – seguida por outros tribunais – podem ser resumidos a partir do

---

[19] Sobre a crítica à indevida e equivocada distinção entre *easy e hard cases*, ver, Streck, Lenio Luiz. *Verdade e Consenso: Constituição, Hermenêutica e Teorias Discursivas*. Rio de Janeiro, Lumen Juris, 2006.
[20] Ver, nesse sentido, HC 37856 – Superior Tribunal de Justiça, Rel. Min. Laurita Vaz. Com informações de: http://www.stj.gov.br/webstj/Noticias/detalhes_noticias.asp?seq_noticia=11725.
[21] Fora do âmbito do STJ, há decisões no sentido da concessão, como o acórdão n. 70005065495 – TJ/RS, *verbis*: MANDADO DE SEGURANÇA. UTILIZAÇÃO EM MATÉRIA CRIMINAL. POSSIBILIDADE. INEXISTÊNCIA DE PERICULUM IN MORA NA DECISÃO JUDICIAL. Não existem impedimentos na utilização do mandado de segurança em matéria criminal, desde que demonstrando o "fumus boni juris" e o "periculum in mora", bem como a falta de recurso específico ou ausência de efeito suspensivo aquele manejado pela parte. Desta forma, é possível acolher esta ação, quando impetrado pelo interessado, requerendo a outorga do efeito mencionado (suspensivo) a recurso em sentido estrito ou agravo de execução. No caso em concreto, não se concede a segurança. não há nenhum perigo a sociedade no deferimento, por ora, do livramento condicional ao apenado. Tanto o laudo do EOC, como a administração penitenciaria são favoráveis a concessão do benefício, mostrando que o condenado esta em condições de retornar a sociedade. Mandado conhecido, denegando-se a segurança. Unânime. (Mandado de Segurança nº 70005065495, Sexta Câmara Criminal, Tribunal de Justiça do RS, Relator: Sylvio Baptista Neto, julgado em 24/10/2002).

leading case capitaneado pelo então Min. Luís Vicente Cernicchiaro, quando do julgamento do *habeas corpus*, HC nº 6.466/SP. Em resumo, os fundamentos são os seguintes:

a) As partes da relação processual vinculam-se ao princípio da igualdade. No campo processual penal, submetidos ao tratamento conferido ao Ministério Público e ao acusado. O Direito, entretanto, não se esgota ao impor a igualdade. *Consagrou-se também o princípio da proporcionalidade; em breve, pode ser enunciado como tratamento igual para os casos iguais e desigual para os desiguais.*

b) Em se projetando esse princípio para o processo penal, cumpre esta observação: o procedimento é escolhido para ensejar à acusação e à defesa desenvolver as respectivas teses. Aí, tem-se a igualdade. E teleologicamente, decorre do princípio da presunção de inocência, impedindo qualquer constrangimento ao exercício do direito de liberdade do réu.

c) Se ocorrer, no curso do processo, qualquer decisão ofensiva a esse direito, o acusado poderá valer-se também das ações constitucionalizadas a fim de preservá-lo imediatamente (não faz sentido o processo visar a garantir o direito de liberdade e transformar-se em causa de agressão).

d) Diferente, porém, quanto ao Ministério Público, restrito ao devido processo legal (Princípio da Legalidade), ou seja, só pode provocar restrição a direito do acusado, nos modos e limites colocados em lei.

e) As situações do agente do Ministério Público e do acusado, quanto ao procedimento, evidenciam o princípio da igualdade. Em se considerando, contudo, a desigualdade, ou seja, somente o acusado corre o risco de restrição ao direito de liberdade, *incide o princípio da proporcionalidade*, voltada para tratamento desigual frente a situações desiguais. Nessa linha, o Ministério Público fica restrito às regras do procedimento. Não poderá valer-se do Mandado de Segurança para, exemplificativamente, obter efeito suspensivo a recurso que não o tenha. É carecedor do direito de ação.

Os demais tribunais não têm acrescentado razões de fundo que desbordem da assumida pelo Superior Tribunal de Justiça.

3.2. Em busca de uma resposta. O perfil do direito e do Estado no (novo) modelo de Estado Democrático de Direito: ultrapassando as posturas liberais-clássicas

Tomando por base uma perspectiva liberal-clássica (ou de perfil exacerbadamente liberal) sobre o direito (e sobre a função do Estado), seria possível concordar com a tese de que ao Ministério Público é vedado o uso de instrumento do quilate do mandado de segurança. Afinal, não parece difícil sustentar a tese esgrimida pelo Superior Tribunal de Justiça, pela qual somente o acusado corre o risco de restrição à liberdade, incidindo, por isto, o princípio da proporcionalidade enquanto proteção contra os excessos estatais (o que aqui denomino de garantismo negativo). Sob esse viés, também não faria sentido o processo garantir o direito de liberdade e, ao mesmo tempo, transformar-se em causa de agressão ao cidadão (sic).

Entretanto, essa posição – presente, aliás, em boa parte da doutrina penal brasileira – *não leva em conta a evolução do Estado e o papel do direito no interior dos diversos modelos que conforma(ra)m a teoria do Estado*. Com efeito, é evidente que a perspectiva liberal-clássica, própria do Estado em formação no longínquo século XIX, fundava-se na contraposição Estado-Sociedade, sendo a função da lei meramente ordenadora (o que não é proibido é permitido), a partir da tarefa-função de defender o débil cidadão contra a "maldade" do Leviatã. Afinal, a revolução francesa – berço do Estado Liberal – representava o triunfo do privado. A burguesia destronara o velho regime exatamente para recuperar o poder político do qual abrira mão para o fortalecimento do seu poder econômico, no nascedouro do Estado Moderno-Absolutista.

O perfil do Estado, a partir do triunfo liberal-burguês, será absenteísta. E não poderia ser diferente, ou seja, sua função é a de servir de guardião dos interesses da classe revolucionária, a burguesia. Em outras palavras: o público (Estado) era visto como algo "ruim", e, contra este "algo ruim e opressor", o indivíduo deveria ser protegido. Por isso, exsurge nitidamente o triunfo do privado e a pouca importância dada à Constituição, entendida como "código das relações privadas". Veja-se, a propósito, o tratamento dado ao problema da jurisdição constitucional pelo país berço da revolução burguesa, onde não há Tribunal Constitucional e tampouco controle jurisdicional da constitucionalidade das leis.

Passados mais de dois séculos, ainda é possível perceber as conseqüências desse período até mesmo em longínquas terras tropicais: em pleno modelo formal de Estado Democrático de Direito, a Constituição brasileira de 1988 ainda é vista como uma "mera carta de intenções".[22] Com efeito,

---

[22] Nem sequer se respeita a tese do Poder Constituinte, a ponto de o país assistir, em um misto de perplexidade e omissão, desde meados de 2005, a tentativa de reforma radical da Constituição, com propostas que vão desde uma Assembléia Constituinte exclusiva até uma Assembléia Revisora. No parlamento brasileiro tramita Proposta de Emenda Constitucional (PEC 157/03), pela qual, segundo o substitutivo proposto pelo relator, Dep. Michel Temer, será instalada, no dia 1º de fevereiro de 2007, Assembléia de Revisão Constitucional, formada pelos membros da Câmara dos Deputados e do Senado Federal, *em sistema unicameral e votação por maioria absoluta, em dois turnos*, com previsão de referendo popular. A tese adotada pelo Deputado relator é a de que devemos abandonar – e, para tanto, busca socorro em Manoel Gonçalves Ferreira Filho –, "*a teoria do Poder Constituinte, utópica e metafísica, que aponta apenas um paradigma* (rarissimamente seguido – sic)", sendo lícito, portanto, que se faça, agora, o que "o Congresso Nacional fez em 1985: *adotar uma Emenda que, alterando o processo de mudança formal da Constituição, permita o estabelecimento de uma outra. Mas que desta vez sejam os mais sábios os incumbidos de estabelecê-la.*". A tese revisional, além de antidemocrática, é absolutamente inconstitucional (veja-se o site www.ihj.org.br). Se aprovada a emenda, o Brasil será a primeira democracia a se autodissolver, cometendo um *haraquiri* institucional. Em dezoito anos,

muito embora tenhamos calcado nosso constitucionalismo no modelo norte-americano, mormente no que tange ao controle (difuso) de constitucionalidade, na prática, seguimos (cada vez mais) a vertente do constitucionalismo resultante da revolução burguesa de 1789, dando-se maior valor aos códigos do que à Constituição...! Talvez isto explique o nível de sonegação de tributos no País e o tipo de tratamento que é dado pelo direito penal (portanto, do Estado) a esse crime, o que faz com que seja mais grave furtar um botijão de gás do que sonegar um milhão de reais! Isto para dizer o mínimo!

Parece razoável afirmar, desse modo, que os juristas brasileiros não podem continuar a calcar sua atuação – no plano da construção do conhecimento jurídico (doutrina e jurisprudência) – em modelos de Estado e de direito ultrapassados pela evolução histórica. Ou seja, o velho modelo de Estado liberal-absenteísta – "contraposto" à sociedade, como se dela fosse inimigo, a partir de um modelo liberal-individualista – inexoravelmente dá lugar, no século XX, às novas formas de Estado e Constituição. Surge, pois, a função social do Estado, a partir do modelo de *Welfare State*, fórmula encontrada para superar a crise do liberalismo.

Já a partir do segundo pós-guerra, esse (novo) modelo ganha um *plus* normativo, representado pelo Estado Democrático de Direito, no interior do qual o direito assume uma feição transformadora. Dito de outro modo: no marco do Estado Democrático de Direito, às funções ordenadora e promovedora do Direito, próprias do modelos de Estado Liberal e Social, respectivamente, *agrega-se a função de potencial transformação social*. Mais do que isso, trata-se de uma revolução paradigmática de tal nível que, a partir dela, ocorre a superação do positivismo: a razão prática, até então afastada do direito, resgata os conflitos sociais, albergando-os no interior dos textos constitucionais.

Por isso, para bem compreendermos essa mudança de paradigmas, torna-se imperioso verificar como se alteram, paulatinamente, os papéis

---

passamos por crises econômicas, reformas constitucionais e um *impeachment*. Tudo na mais plena normalidade. Ao que tudo indica, a tentativa de reformar radicalmente a Constituição coloca esta como causadora da crise política e da corrupção. *Mutatis mutandis*, é como se o Código Penal fosse o culpado pelos furtos! E assim por diante. Ora, é preciso entender que só se pode convocar uma Assembléia Constituinte na hipótese de ruptura institucional, contra um regime político ditatorial, que deve ser grave, com as instituições inviabilizadas, povo na rua, economia em crise, etc. Não se dissolve, portanto, um regime democrático simplesmente porque se quer fazer outro. Aliás, como seria esse *outro*? A Constituição da República, nascida da ruptura institucional com um regime autoritário e excludente, é coisa séria, fruto de uma repactuação (*we the people...*), visando à construção democrática de uma sociedade livre, justa e solidária. Não foi por outra razão que nela foram previstas *cláusulas pétreas* e estabelecida uma forma especial de elaborar Emendas. É nesse sentido que a supremacia da Constituição democrática impede, como garantia dos direitos fundamentais, qualquer alteração que descumpra as normas nela previstas para reger uma reforma constitucional. Qualquer tentativa de convocação de Assembléia Constituinte, exclusiva ou revisora, deve ser denunciada, e a ela resistida, como sendo um golpe, um grave atentado contra o Estado Democrático de Direito.

institucionais dos poderes do Estado. E isto não pode ser deixado de lado na análise do papel do direito em *terrae brasilis*.

4. Do garantismo negativo ao garantismo positivo – uma nova visão do princípio da proporcionalidade, das garantias constitucionais e do direito processual penal

Como se pode perceber, nesta quadra do tempo, já não tratamos (apenas) de direitos individuais, e, sim, passamos (ou estamos) a tratar destes a partir de um processo em que se agregam os direitos de segunda e terceira dimensões. Não há cisão ou compartimentalização: há, sim, agregação. Nesse contexto, o papel do Estado passará a ser a de proteger, de forma agregada, a esse conjunto de dimensões de direitos. Às conquistas iluministas, soma-se a necessidade de proteção estatal pós-iluminista.

Mutatis mutandis, trata-se daquilo que Alessandro Baratta denominou de *política integral de proteção dos direitos*, o que significa definir o garantismo não somente em sentido negativo como limite do sistema positivo, ou seja, como expressão dos direitos de proteção relativamente ao Estado, *senão também como garantismo positivo.*[23]

Assim, a (ultra)passagem das fases anteriores do Estado implica um novo processo de proteção dos direitos, agora redimensionados a partir da complexidade social exsurgente dos sucessos históricos ocorridos no século XX.

É por isto que não se pode mais falar tão-somente de uma função de proteção negativa do Estado (garantismo negativo).[24] Parece evidente que não, e o socorro vem de Baratta, que chama a atenção para a relevante circunstância de que esse novo modelo de Estado deverá dar a resposta para as necessidades de segurança de todos os direitos, também dos prestacionais por parte do Estado (direitos econômicos, sociais e culturais) e não somente daquela parte de direitos denominados de prestação de proteção, em particular contra agressões provenientes de comportamentos delitivos de determinadas pessoas.

Perfeita, pois, a análise de Baratta: é ilusório pensar que a função do direito (e, portanto, por parte do Estado), nesta quadra da história, fique restrita à proteção contra abusos estatais (aquilo que denominamos de ga-

---

[23] Cfe. Baratta, Alessandro. La política Criminal y el Derecho Penal de la Constitución: Nuevas Reflexiones sobre el modelo integrado de las Ciencias Penales. *Revista de la Faculdad de Derecho de la Universidad de Granada*, n. 2, 1999, p. 110.

[24] Sobre o assunto, ver também Streck e Feldens. *A legitimidade da Função Investigatória do Ministério Público*, op. cit.

rantismo negativo). No mesmo sentido, o dizer de João Baptista Machado, para quem o princípio do Estado de Direito, nesta quadra da história, não exige apenas a garantia da defesa de direitos e liberdades contra o Estado: exige, também, a defesa dos mesmos contra quaisquer poderes sociais de fato. Desse modo, ainda com o pensador português, é possível afirmar que a idéia de Estado de Direito se demite da sua função quando se abstém de recorrer aos meios preventivos e repressivos que se mostrem indispensáveis à tutela da segurança, dos direitos e liberdades dos cidadãos.[25]

Na verdade, a tarefa do Estado é defender a sociedade, a partir da agregação das três dimensões de direitos – protegendo-a contra os diversos tipos de agressões. Ou seja, o agressor não é somente o Estado. Nem de longe o é! Veja-se, destarte, a agressão praticada pela criminalidade do colarinho branco, que obstaculiza, em grande parte, a realização de políticas públicas por parte do Estado, questão que fica mais patente (e dramática) em países como o Brasil.

Dito de outro modo – e aqui busco socorro em Klaus Roxin –, comentando às finalidades correspondentes ao Estado de Direito e ao Estado Social em Liszt, o direito penal serve, simultaneamente, para limitar o poder de intervenção do Estado e para combater o crime. Protege, portanto, o indivíduo de uma repressão desmedurada do Estado, *mas protege, igualmente, a sociedade e os seus membros dos abusos do indivíduo*. Estes são os dois componentes do direito penal: o correspondente ao Estado de Direito e protetor da liberdade individual, e o correspondente ao Estado Social e preservador do interesse social mesmo à custa da liberdade do indivíduo.[26]

Portanto, para uma avaliação mais aprofundada do problema, é necessário ter em conta essa superação do modelo clássico de garantismo negativo, que nada mais é do que uma leitura unilateral do princípio da proporcionalidade, como se este fosse apenas voltado à proteção contra os excessos e abusos do Estado (*Übermassverbot*), isto é, os fins e meios da legislação penal-processual penal devem ser examinados, no Estado Democrático de Direito, a partir de uma dupla via: a proteção contra o Estado, naquilo em que ele se excede, e a proteção contra este quando atua de forma deficiente.

Ou seja, nesta quadra do tempo, é preciso que tenhamos claro – e isto não deveria constituir maior novidade no plano do direito penal-processual constitucionalizado – que a noção de proporcionalidade

> não se esgota na categoria da proibição de excesso, já que vinculada igualmente a um dever de proteção por parte do Estado, inclusive quanto a agressões contra

---
[25] Baptista Machado, João. *Introdução ao Direito e ao Discurso Legitimador*. Coimbra: Coimbra Editora, 1998.
[26] Cfe. Roxin, Claus. *Problemas fundamentais de direito penal*. 3ª ed. Lisboa: Coleção Veja Universitária, 1998, p. 76 e segs.

direitos fundamentais provenientes de terceiros, de tal sorte que se está diante de dimensões que reclamam maior densificação, notadamente no que diz com os desdobramentos da assim chamada proibição de insuficiência no campo jurídico-penal e, por conseguinte, na esfera da política criminal, onde encontramos um elenco significativo de exemplos a serem explorados.[27]

Como se sabe, a Constituição determina – explícita ou implicitamente – que a proteção dos direitos fundamentais deve ser feita de duas formas: a uma, protege o cidadão[28] *frente ao Estado*; a duas, *através do Estado* – e, inclusive, através do direito punitivo – uma vez que o cidadão também tem o direito de ver seus direitos fundamentais protegidos, em face da violência de outros indivíduos. Não convence, desse modo, "a objeção de que não se possa deduzir de uma norma de direito fundamental garantidora de liberdade a obrigatoriedade do Estado de sancionar criminalmente. Se o Estado é obrigado, por meio de uma norma fundamental que encerra uma decisão axiológica, a proteger eficientemente um bem jurídico especialmente importante, também, contra ataques de terceiros, freqüentemente serão inevitáveis medidas com as quais as áreas de liberdade de outros detentores de direitos fundamentais serão atingidas".[29]

Isto significa afirmar – sem temor às inexoráveis críticas dos setores ainda atrelados a uma visão liberal (mais exacerbada ou menos exacerbada) acerca do papel do Estado (no plano do direito penal) – que este deve passar a ser compreendido a partir de uma nova perspectiva, não mais como um "inimigo" do cidadão e de seus direitos, mas, sim, como implementador dos direitos fundamentais-sociais.[30] Mais do que isso, o Estado torna-se protetor dos direitos fundamentais, circunstância, aliás, que pode ser observada com facilidade na Constituição brasileira, ao deixar assentado que o Brasil é uma República que visa a erradicar a pobreza, a construir a justiça social,

---

[27] Cfe. Sarlet, Ingo. *Constituição e Proporcionalidade: o direito penal e os direitos fundamentais entre proibição de excesso e de insuficiência.* In: Revista de Estudos Criminais n. 12, ano 3. Sapucaia do Sul, Editora Nota Dez, 2003, p. 86 e segs.

[28] Diga-se de passagem que a própria Constituição não estabelece direitos fundamentais absolutos. Há sempre a necessidade de que se realize o sopesamento diante da colisão de direitos. A liberdade individual deve estar sujeita a condições mínimas, razoáveis, de modo que o exercício deste direito não colida com o interesse público. Nesse passo, a Declaração Universal dos Direitos Humanos estatui: "Artigo 29: § 1º Toda pessoa tem deveres para com a comunidade, em que o livre e pleno desenvolvimento de sua personalidade é possível. § 2º No exercício de seus direitos e liberdades, toda pessoa estará sujeita apenas às limitações determinadas por lei, exclusivamente com o fim de assegurar o devido reconhecimento e respeito dos direitos e liberdades de outrem e de satisfazer às justas exigências ... da ordem pública e do bem-estar de uma sociedade democrática."

[29] Decisão do 1º Senado de 25.02.1975, proferida pelo Tribunal Constitucional da Alemanha, mostrando essa outra "face" do princípio da proporcionalidade, ao declarar nula legislação do parlamento que descriminalizava em parte a prática do aborto. No caso, o *Bundesverfassungsgericht* decidiu ser obrigatória a proteção jurídico-penal à vida intra-uterina sob determinados pressupostos (BverfG, Urteil v. 25.02.1975 – 1 BVF 1-6/74; tb. BverfG 88, 203, Urteil v. 28.05.93).

[30] Cfe. Cunha, Maria da Conceição Ferreira da. *Constituição e Crime.* Porto: Universidade Católica do Porto, 1995, p. 273 e segs.

etc. e que todos são iguais perante a lei, sem distinção de qualquer natureza, garantindo-se aos brasileiros e aos estrangeiros residentes no País a inviolabilidade do direito à vida, à liberdade, à igualdade, à segurança e à propriedade, etc.

Esta nova face do Estado e do Direito decorre também – e fundamentalmente – do fato de que a Constituição, na era do Estado Democrático de Direito (e Social) também apresenta uma dupla face, do mesmo modo que o princípio da proporcionalidade (*Übermassverbot* e *Untermassverbot*). Ela contém, ensina Ferreira da Cunha, os princípios fundamentais de defesa do indivíduo face ao poder estadual – os limites ao exercício do poder em ordem a eliminar o arbítrio e a defender a segurança e a justiça nas relações cidadão-Estado (herança, desenvolvida e aprofundada, da época liberal – da própria origem do constitucionalismo), em especial em relação ao poder penal. Mas, por outro lado, preocupada com a defesa ativa do indivíduo e da sociedade em geral, e tendo em conta que os direitos individuais e os bens sociais, para serem efetivamente tutelados, podem não bastar com a mera omissão estadual, não devendo ser apenas protegidos face a ataques estaduais, mas também em face a ataques de terceiros, ela pressupõe (e impõe) uma atuação estadual no sentido protetor dos valores fundamentais (os valores que ela própria, por essência, consagra).[31]

Dito de outro modo, o modelo de Estado Democrático de Direito implica a sujeição do político ao jurídico. As Constituições assumem um papel compromissório e dirigente. A liberdade de conformação legislativa fica sobremodo restringida, porque vinculada também materialmente ao texto constitucional. E as promessas da modernidade incumpridas passam a ter *status* constitucional, a partir da inserção no texto da Constituição a idéia de Estado Social (art. 3º.), que representa as possibilidades de resgate das promessas da modernidade incumpridas no país, em que a etapa do *Welfare State* não passou de um simulacro.

Por isto, a necessária crítica às posições do Superior Tribunal de Justiça e dos demais tribunais que negam o direito de o Ministério Público lançar mão do mandado de segurança para buscar efeito suspensivo em recursos em sentido estrito e agravos de execução.

Fundamentalmente, a posição do Superior Tribunal de Justiça – e os demais tribunais que o seguem – não leva em conta que o princípio da proporcionalidade (utilizado como fio condutor dos acórdãos), possui uma dupla face, isto é, um ato estatal pode violar o referido princípio por ser arbitrário (portanto, excessivo), como também pode violar o mesmo princípio quando houver uma deficiência na proteção estatal a determinado bem jurídico.

---

[31] Cfe. Cunha, op.cit., p. 273.

Ou seja, o Superior Tribunal de Justiça, na voz do acórdão paradigmático do então Ministro Vicente Cernicchiaro, trabalha apenas com a hipótese – para mim, a-histórica e atemporal – do garantismo negativo, em que a violação da proporcionalidade se dá pela proibição de excesso (*Übermassverbot*), esquecendo a relevante circunstância de que o Estado pode vir a violar o princípio da proporcionalidade na hipótese de não proteger suficientemente direitos fundamentais de terceiros (garantismo positivo), representado pela expressão alemã *Untermassverbot*.[32]

Este conceito, explica Carlos Bernal Pulido, refere-se à estrutura que o princípio da proporcionalidade adquire na proteção dos direitos fundamentais de proteção. A proibição de proteção deficiente pode ser definida como um critério estrutural para a determinação dos direitos fundamentais, com cuja aplicação pode-se determinar se um ato estatal – por antonomásia, uma omissão – viola um direito fundamental de proteção. Trata-se de entender, assim, que a proporcionalidade possui uma dupla face: de proteção positiva e de proteção de omissões estatais. Ou seja, a inconstitucionalidade pode ser decorrente de excesso do Estado, caso em que determinado ato é desarrazoado, resultando desproporcional o restado do seu sopesamento (*Abwägung*) entre fins e meios; de outro lado, a inconstitucionalidade pode advir de proteção insuficiente de um direito fundamental-social, como ocorre quando o Estado abre mão do uso de determinadas sanções penais ou administrativas para proteger determinados bens jurídicos. Este duplo viés do princípio da proporcionalidade decorre da necessária vinculação de todos os atos estatais à materialidade da constituição e tem como conseqüência a sensível diminuição da discricionariedade (liberdade de conformação) do legislador.[33]

Em face da prevalência do pensamento liberal no plano do direito penal-processual penal e da dificuldade própria representada pelo choque de paradigmas, a tese da proibição de proteção de insuficiência não tem recebido a devida recepção do pensamento jurídico brasileiro. Nesse senti-

---

[32] Sobre o debate acerca da validade da tese da proibição de proteção deficiente, veja-se, no Brasil, o livro de Luciano Feldens. *A Constituição Penal*. Porto Alegre, Livraria do Advogado, 2005, em que traz à lume o debate entre Karl-Eberhard Hain (Der Gesetzgeber in der Klemme zwischen Übermass – und Untermassverbot?, Deutches Verwaltungblatt (DVBL), 1973, Das Untermassverbot in der Kontroverse, Zeitschrift für Gesetzgebung (ZG), 1996) e Johanes Dietlein (das Untermassverbot in der Kontroverse, Zeitschrift für Gesetzgebung (ZG), 1996), posicionando-se amplamente a favor da utilização da *Untermassverbot* como recurso auxiliar para a determinação da medida do dever de prestação legislativa. Ainda no Brasil – em favor da tese –, Ingo Sarlet (Constituição e proporcionalidade: o direito penal e os direitos fundamentais entre a proibição de excesso e de insuficiência. *Revista da Ajuris*, ano XXXII, nº 98, junho/2005) e Lenio Streck (Bem jurídico e Constituição: Da proibição de excesso (*Übermassverbot*) à proibição de proteção deficiente (*Untermassverbot*) ou de como não há blindagem contra normas penais inconstitucionais. In: *Boletim da Faculdade de Direito de Coimbra*. Coimbra, FDUC, vol. LXXX, 2004).

[33] Cfe. Pulido, Carlos Bernal. *El principio de proporcionalidad y los derechos fundamentales*. Madrid: Centro de Estudios Politicos e Constitucionales, 2002, p. 798 e segs.

do, merece registro o julgamento do Recurso Extraordinário n. 418.376 pelo Supremo Tribunal Federal, em que se discutiu a aplicação da extinção da punibilidade prevista no (agora revogado)[34] inc. VIII do art. 107 do Código Penal. Referido dispositivo extinguia a punibilidade dos crimes sexuais (estupro e atentado violento ao pudor) na hipótese de casamento da vítima com o réu. Em face do dispositivo da Constituição (art. 226, § 3º), que equiparou a união estável ao casamento, determinado cidadão buscou, via recurso extraordinário, a extensão do favor legal, já que vivia concubinamente com a vítima. Três posicionamentos se formaram na Suprema Corte: o primeiro sustentava a aplicação do dispositivo por interpretação analógica, dando-lhe, assim, o máximo de eficácia; o segundo, defendido pela maioria, entendeu que as circunstâncias do fato (estupro de uma menina de 9 anos) impediam a concessão do *favor legis*, não podendo ser aplicada a interpretação jurisprudencial que estende o conceito de "casamento" para os casos de concubinato e união estável; apenas a terceira posição feriu a contradição principal do problema, *ao colocar em xeque a própria validade do dispositivo autorizador da extinção da punibilidade*, e o fez lançando mão – ao que consta, pela primeira vez no Supremo Tribunal Federal – da dupla face do princípio da proporcionalidade, através da invocação da "proibição deficiente" dos direitos fundamentais (*Untermassverbot*).[35]

---

[34] Pela Lei nº 11.106/05.

[35] No seu voto, o Min. Gilmar Mendes asseverou que, a se aceitar a extinção da punibilidade em face do favor legis previsto na norma penal, estar-se-ia a blindar, por meio de norma penal benéfica, situação fática indiscutivelmente repugnada pela sociedade, caracterizando-se típica hipótese de *proteção deficiente* por parte do Estado, num plano mais geral, e do Judiciário, num plano mais específico. Quanto à proibição de proteção deficiente, a doutrina vem apontando para uma espécie de garantismo positivo, ao contrário do garantismo negativo (que se consubstancia na proteção contra os excessos do Estado) já consagrado pelo princípio da proporcionalidade. A proibição de proteção deficiente adquire importância na aplicação dos direitos fundamentais, ou seja, na perspectiva do dever de proteção, que se consubstancia naqueles casos em que o Estado não pode abrir mão da proteção do direito penal para garantir a proteção de um direito fundamental. Nesse sentido, ensina o Professor Lenio Streck: "Trata-se de entender, assim, que a proporcionalidade possui uma dupla face: de proteção positiva e de proteção de omissões estatais. Ou seja, a inconstitucionalidade pode ser decorrente de excesso do Estado, caso em que determinado ato é desarrazoado, resultando desproporcional o resultado do sopesamento (*Abwägung*) entre fins e meios; de outro, a inconstitucionalidade pode advir de proteção insuficiente de um direito fundamental-social, como ocorre quando o Estado abre mão do uso de determinadas sanções penais ou administrativas para proteger determinados bens jurídicos. Este duplo viés do princípio da proporcionalidade decorre da necessária vinculação de todos os atos estatais à materialidade da Constituição, e que tem como conseqüência a sensível diminuição da discricionariedade (liberdade de conformação) do legislador." (Streck, Lenio Luiz. A dupla face do princípio da proporcionalidade: da proibição de excesso (*Übermassverbot*) à proibição de proteção deficiente (*Untermassverbot*) ou de como não há blindagem contra normas penais inconstitucionais. Revista da Ajuris, Ano XXXII, nº 97, março/2005, p.180) . No mesmo sentido, o Professor Ingo Sarlet: "A noção de proporcionalidade não se esgota na categoria da proibição de excesso, já que abrange, (...), um dever de proteção por parte do Estado, inclusive quanto a agressões contra direitos fundamentais provenientes de terceiros, de tal sorte que se está diante de dimensões que reclamam maior densificação, notadamente no que diz com os desdobramentos da assim chamada proibição de insuficiência no campo jurídico-penal e, por conseguinte, na esfera da política criminal, onde encontramos um elenco significativo de exemplos a serem explorados."(Sarlet, Ingo Wolfgang. Constituição e proporcionalidade: o direito penal e os direitos fundamentais entre a proibição de excesso e de insuficiência. *Revista da Ajuris*, ano

5. À guisa de conclusão: a dupla face da proporcionalidade como garantia contra decisões judiciais ilegais-inconstitucionais[36]

O julgamento do Supremo Tribunal Federal que, no *dictum* da decisão do Recurso Extraordinário nº 418.376, tratou da aplicação do princípio da proporcionalidade na sua versão de proibição de proteção insuficiente (*Untermassverbot*), estabelece novas possibilidades para a discussão da matéria. Trata-se, pois, de uma questão que envolve "escolhas" paradigmáticas. Em pleno paradigma do Estado Democrático (e Social) de Direito, a proteção dos direitos fundamentais reclama novas reflexões.

Inequivocamente, o Estado assume uma nova função, problemática que pode ser verificada, facilmente, pelo conteúdo do texto constitucional. Essa nova feição afasta o olhar de desconfiança para com o Estado, que passa de "tradicional inimigo dos direitos" a "protetor e promovedor da cidadania". Parece razoável afirmar, assim, que o direito penal e o direito processual penal não podem ficar imunes a esses influxos. Altera-se a feição do Estado; conseqüentemente, altera-se o direito (não mais ordenador e nem simplesmente promovedor: agora é transformador, bastando, para tanto, examinar o texto da Constituição).

A toda evidência, tais questões devem ser refletidas a partir da questão que está umbilicalmente ligada ao Estado Democrático de Direito, isto é, a concretização de direitos, o que implica superar a ficcionalização provocada pelo positivismo jurídico no decorrer da história, que afastou da discussão jurídica as questões concretas da sociedade. Na verdade, sob pretexto de proteger o indivíduo contra os arbítrios do Estado, o direito – mormente o penal e o processual penal – institucionalizou-se como protetor das camadas dominantes da sociedade. Não se pode olvidar que, se o Estado era visto como adversário dos direitos fundamentais, essa mediação "protetora" era feito por esse mesmo Estado. Daí a revolução copernicana provocada pelo novo constitucionalismo compromissório e dirigente, estabelecendo uma profunda transformação nas relações sociais. Os textos constitucionais passaram a dar guarida às promessas da modernidade contidas no modelo do Estado Democrático (e Social) de Direito. Isso implicou a introdução de valores, abrindo espaço para a própria positivação dos princípios.

XXXII, nº 98, junho/2005, p. 107.) Dessa forma, para além da costumeira compreensão do princípio da proporcionalidade como proibição de excesso (já fartamente explorada pela doutrina e jurisprudência pátrias), há uma outra faceta desse princípio, a qual abrange uma série de situações, dentre as quais é possível destacar a dos presentes autos. Conferir à situação dos presentes autos o *status* de união estável, equiparável a casamento, para fins de extinção da punibilidade (nos termos do art. 107, VII, do Código Penal) não seria consentâneo com o princípio da proporcionalidade no que toca à proibição de proteção insuficiente."

[36] Quando refiro a dicotomia (i)legal-(in)constitucional, faço-o tão-somente para reforçar a argumentação, uma vez que, à toda evidência, uma lei só é válida se for constitucional; caso contrário, lei não é.

Dito de outro modo, o direito, nos quadros do Estado Democrático (e Social) de Direito, é sempre um instrumento de transformação, porque regula a intervenção do Estado na economia, estabeleceu a obrigação da realização de políticas públicas, além do imenso catálogo de direitos fundamentais-sociais. Em síntese, o fenômeno do (neo)constitucionalismo proporciona o surgimento de ordenamentos jurídicos constitucionalizados, a partir de uma característica especial: a existência de uma Constituição "extremamente embebedora" (pervasiva), invasora, *capaz de condicionar tanto a legislação como a jurisprudência e o estilo doutrinário, a ação dos agentes públicos e ainda influenciar diretamente nas relações sociais.*[37]

Na medida em que a Constituição de 1988 estabelece um novo paradigma no campo jurídico-político, exsurgindo o Estado Democrático de Direito como um *plus* normativo em relação às fases/dimensões estatais anteriores (Estado Liberal e Estado Social), torna-se absolutamente relevante (re)discutir o perfil a ser assumido pelas instituições encarregadas da defesa da ordem jurídica – entendida esta em sua dimensão material – a partir do que dispõe o núcleo político da Carta. Inolvidável, nesse diapasão, que novos paradigmas engendram novos olhares, clamam por novas interpretações.

Nesse sentido, há se indagar acerca do alcance da normatividade da Constituição, seu papel dirigente e suas perspectivas compromissórias. Ultrapassando posturas enciclopedistas, a partir do aprendizado das lições do "Debate de Weimar", parece-nos evidente que uma teoria da Constituição deve estar umbilicalmente ligada à teoria do Estado. Conseqüentemente, a evolução do Estado deve ser analisada em paralelo à trajetória do Direito e das Constituições. Desse modo, resta cristalino que *o Direito não se imuniza aos saltos paradigmáticos do Estado.* O perfil nitidamente intervencionista que caracterizou o Estado Social e que continua presente no atual estágio do Estado Democrático de Direito aponta para um Direito de conteúdo não apenas ordenador (Estado Liberal) ou promovedor (Estado Social), mas, sim, potencialmente transformador.

É inegável que a noção de constitucionalismo compromissório e dirigente teve a função de trazer para o âmbito da Constituição temáticas que antes eram reservadas à esfera privada e do campo dos direitos individuais. Daí que a nova Constituição – assim como o constitucionalismo do segundo pós-guerra – publiciza o "espaço privado" dos direitos individuais, alargando sobremodo a abrangência da proteção estatal. Isso, a toda evidência, produz uma profunda alteração no âmbito da proteção dos direitos fundamentais. O Estado, a partir dos textos compromissórios e dirigentes, trouxe

---

[37] Consultar, nesse sentido, Ricardo Guastini. La constitucionalización del ordenamiento jurídico. In *Neoconstitucionalismo(s)*. In: Carbonel, Miguel (Org.). *Neoconstitucionalismo(s)*. Madrid: Trotta, 2003.

para si uma dupla proteção dos direitos fundamentais: no sentido negativo, contra os excessos; no sentido positivo, contra as omissões.

Por tudo isso, não tenho receio em afirmar que, diante de uma decisão judicial que venha a conceder, de forma indevida, liberdade a determinado indivíduo contra disposição processual-penal (portanto, quando presentes requisitos que recomendem a sua manutenção na prisão, na conformidade do que determina o Código de Processo Penal), é perfeitamente cabível, porque constitucional, o manejo do mandado de segurança, para garantir a ordem constitucional, uma vez que a decisão que concedeu a liberdade é nula de pleno direito.

Trata-se, fundamentalmente, de resolver uma aparente "aporia" em nosso sistema jurídico. Afinal, por que negar ao Ministério Público[38] o uso do mandado de segurança para dar efeito suspensivo ao recurso interposto, quando se sabe que um agravo em execução não tem efeito suspensivo, levando, além disto, meses para ser apreciado em segundo grau? A argumentação de que o mandado de segurança somente pode ser utilizado a favor do cidadão (portanto, do "débil", como diriam alguns penalistas pátrios) não se sustenta em face da dupla face do princípio da proporcionalidade.

Parece evidente que, no caso, a devida proporcionalidade deve ser analisada pelo viés da proibição de proteção deficiente (*Untermassverbot*). Uma decisão judicial pode ser inconstitucional porque viola direitos e garantias fundamentais do cidadão (deixando-o preventivamente preso acima do prazo permitido), mas pode, também, ser inconstitucional porque exarada contra a Constituição, ao conceder, por exemplo, de forma inconstitucional, liberdade a determinado cidadão, com o que estará protegendo deficientemente a segurança dos demais cidadãos.

Nestes casos, entendo que, mais do que um direito de fazer uso do único remédio cabível para restabelecer a legalidade, *tem, o Ministério Público, o dever constitucional de agir*. Repita-se: como deixar sem correção – através de um remédio eficaz – um ato judicial que agride frontalmente a ordem jurídica? Os demais membros da sociedade podem ficar reféns de uma decisão judicial inconstitucional, quando o sistema jurídico coloca à disposição mecanismos para correção de decisões abusivas (seja em que direção tenham sido proferidas)?

---

[38] A proteção dos direitos fundamentais no novo paradigma do Estado Democrático implica compreender o novo perfil do Ministério Público. Com efeito, de um Ministério Público protetor dos interesses individuais, na moldura de uma Sociedade liberal-individualista, salta-se para um novo Ministério Público, que claramente deve assumir uma postura intervencionista em defesa do regime democrático e dos direitos fundamentais-sociais. Defender o Estado Democrático de Direito nem de longe pode ser um conceito vazio; *o significado material desse novo paradigma de Estado é que deve nortear a atuação da instituição ministerial*. E qual é o desiderato do constituinte, ao assumir o paradigma (potencialmente transformador) do Estado Democrático de Direito? A resposta é facilmente encontrável no texto constitucional, desde que compreendido em sua materialidade.

Portanto, há que se fazer uso – em determinados casos – de medidas que garantam a eficácia de futuros provimentos judiciais. Caso contrário, o princípio constitucional que trata da segurança, que também é um preceito fundamental, pode tornar-se letra morta.

Desse modo, sempre que um ato judicial se mostrar contrário ao princípio constitucional que assegura a proteção aos particulares contra agressões (imediatas ou potenciais) provenientes de comportamentos delitivos de determinadas pessoas (no caso, o agente beneficiado de indevida liberdade, nas suas diversas formas), *é cabível o uso do mandado de segurança para dar efeito suspensivo ao recurso interposto,* remédio apenas de efeito mediato contra o abuso judicial – que se dá, nestes casos, por violação de proteção insuficiente.

Não se olvide que o agravo, no seu nascedouro, era tido como um recurso de julgamento quase imediato, não sendo, na época, necessário o efeito suspensivo. Atualmente, todavia, um recurso como o agravo pode demorar alguns meses para ser julgado, tempo em que o recorrido permanece "solto" (ou seja, fruindo o benefício concedido em afronta ao sistema penal-processual-constitucional).

Aliás, quando do nascimento da tese de conferir efeito suspensivo a recursos que não o possuíam, através do mandado de segurança, nunca se afirmou que a concessão do *writ* era contra determinada lei (o que violaria a Súmula 266 do STF). Na verdade, quando o segundo grau concede o *writ* mandamental – conferindo efeito suspensivo, por exemplo, a um agravo em execução – *está corrigindo um ato judicial que violou a devida proporcionalidade* (lembremos, aqui, a importância do necessário sopesamento entre fins e meios, ínsito ao citado princípio).

Repita-se: é o ato ilegal do magistrado que estará sendo corrigido. Para evitar malentendidos, é preciso ter presente que a concessão do *writ* não é contra o acusado, mas, sim, contra a ilegalidade/inconstitucionalidade cometida pelo magistrado. Desnecessário dizer que uma decisão inconstitucional é nula; írrita; nenhuma. *Portanto, a concessão do mandado de segurança será para restaurar a constitucionalidade.* Nada mais do que isso. Ou seja, não há que se falar na "exigência" de violação de direito líquido e certo, isto é, de que, para a concessão do *writ*, deveria ser provado esse requisito. O direito líquido e certo é o da ordem constitucional. Há um direito líquido e certo do cidadão em relação aos próprios juízes, no sentido de que não cometam arbitrariedades (portanto, inconstitucionalidades). Simples, pois.

Numa palavra: não há qualquer óbice constitucional à utilização do mandado de segurança para conceder efeito suspensivo a agravo de execução. A tese de que o uso do *writ* estaria violando o princípio da proporcionalidade *esbarra na própria dupla face que o citado princípio possui, isto é, o princípio não somente trata dos excessos estatais como também das deficiências (omissões) estatais.*

Isto significa admitir que o Estado Democrático de Direito provoca profundas alterações paradigmáticas, detectáveis e compreendidas a partir de um adequado olhar hermenêutico. Nesse sentido, calha examinar a problemática a partir da diferença (ontológica)[39] entre texto e norma (ou, se assim se quiser, entre vigência e validade). Com efeito, muito embora o mandado de segurança mantenha o mesmo texto (significado de base) em várias constituições, parece evidente que seu sentido (norma) vem sofrendo alterações. *Texto e norma não são a mesma coisa*. O mesmo texto pode gerar várias normas. E a passagem do tempo passa a ser o condicionante da alteração do sentido do texto.

Ora, o mandado de segurança da Constituição de 1988 não é o mesmo mandado de segurança do longínquo ano de 1951. O mesmo ocorre com o conceito de direito adquirido ou coisa julgada. Os sentidos de tais institutos devem ser relidos em conformidade com a complexidade social que conforma não mais os velhos direitos de índole liberal-individualista, mas que hoje são agregados aos direitos de novas dimensões (sociais e transindividuais).

Se antes o Estado e os seus instrumentos legais-institucionais tinham a tarefa de proteger apenas os direitos liberais de índole individual contra a "maldade" (*sic*) do Estado (absenteísta), hoje esse Estado – que passou por profundas transformações – deve se preocupar com essas novas dimensões. É por isto que Baptista Machado e Barata vão chamar a atenção para o fato de que a tarefa deste novo Estado deve dar resposta para as necessidades de segurança de todos os direitos, incluindo-se, nesse, rol, *também, os prestacionais por parte do Estado (direitos econômicos, sociais e culturais) e não somente daquela parte de direitos denominados de prestação de proteção, em particular contra agressões provenientes de comportamentos delitivos de determinadas pessoas.*

---

[39] A relação entre "texto" e "norma" deve ser entendida, nos limites destas reflexões, a partir da diferença ontológica (*ontologische Differenz*). Assim, diferentemente do que pensam alguns teóricos do direito, texto e norma não existem separadamente. Este é o ponto de estofo da própria compreensão do fenômeno hermenêutico: não basta distinguir texto e norma. Esta simples distinção transforma a norma em um mero enunciado lingüístico, enfim, paradoxalmente, em um "mero texto". Texto e norma, insisto, são diferentes, sendo que essa diferença é necessariamente ontológica (no sentido da ontologia fundamental trabalhada por Heidegger). Por isto, o texto *só é na (sua) norma,* e a norma *só é no (seu) texto. Nem cisão e nem identificação (equiparação): apenas a diferença*, pois. Daí que o texto não existirá (ou subsistirá) como texto, ou, em outras palavras, o texto não existe na sua "textitude". A norma é que será condição de possibilidade do texto. Portanto, a norma não pode ser vista: é ela que dá o sentido ao texto, sendo, pois, o produto da interpretação do texto (atribuição de sentido – *Sinngebung*). E este "produto" ocorre na *applicatio* (Gadamer). É momento uno; indivisível. Ou seja, é porque não interpretamos por partes, em etapas (*subtilitas intelligendi, subtilitas explicandi e subtilitas applicandi*), é que o ato aplicativo acontece em uma unidade em que o sentido se manifesta, fazendo com que o texto possa ser compreendido.

Assim, quando o Estado-juiz concede liberdade a um indivíduo de forma ilegal/inconstitucional, está, na verdade, incorrendo na violação da Constituição naquilo que esta garante a segurança para todos (art. 5º. caput). Nesse sentido, a percuciente assertiva de Ingo Sarlet, para quem resulta inequívoca vinculação – e isto vale tanto para o direito penal como para o processo penal – entre os deveres de proteção (isto é, a função dos direitos fundamentais como imperativos de tutela) e a teoria da proteção dos bens jurídicos fundamentais, como elemento legitimador da intervenção do Estado nesta seara, assim como não mais se questiona seriamente, apenas para referir outro aspecto, a necessária e correlata aplicação do princípio da proporcionalidade e da interpretação conforme a Constituição. Com efeito, para a efetivação de seu dever de proteção, o Estado – por meio de um dos seus órgãos ou agentes – pode acabar por afetar de modo desproporcional um direito fundamental (inclusive o direito de quem esteja sendo acusado da violação de direitos fundamentais de terceiros). Tais hipóteses correspondem às aplicações correntes do princípio da proporcionalidade como critério de controle de constitucionalidade das medidas restritivas de direitos fundamentais. Por outro lado, o Estado – também na esfera penal – poderá frustrar o seu dever de proteção atuando de modo insuficiente (isto é, ficando aquém dos níveis mínimos de proteção constitucionalmente exigidos) ou mesmo deixando de atuar, hipótese, por sua vez, vinculada (pelo menos em boa parte) à problemática das omissões inconstitucionais.[40]

Destarte, não é a concessão de um mandado de segurança para possibilitar o recolhimento do indivíduo indevidamente solto que estará violando o princípio da proporcionalidade, *mas, sim, estará violando o princípio da proporcionalidade naquilo que se entende por proibição de proteção deficiente.* Para ser mais claro: isto ocorre quando o Estado-juiz não protege suficientemente os direitos fundamentais dos demais cidadãos da República, os quais, por isso, passam a ter, deste modo, o direito líquido e certo de não serem molestados.

Em síntese: quando se está diante de uma visível violação de dever do Estado de respeitar o preceito que trata da garantia fundamental à segurança da sociedade (ou, se se quiser, de terceiros), o Estado deve colocar à disposição do Ministério Público mecanismos para corrigir anomalias. Ou isso, *ou estaríamos deixando blindada (imune) qualquer decisão judicial que trate de indevida concessão de liberdade a apenados que a ela não fazem jus.* E, convenhamos, no Estado Democrático de Direito *não pode haver blindagem contra decisões judiciais ilegais/inconstitucionais.*

Seria absolutamente desarrazoado que, sob pretexto de garantirmos o direito fundamental à liberdade do cidadão, impedíssemos a utilização de

---
[40] Cfe. Sarlet, op. cit. (grifei).

remédio eficaz contra decisões que, por vezes, à revelia da lei, concedem liberdade a quem a ela não faz jus, como se a devida proporcionalidade tivesse apenas uma via...! Ou como se os equívocos e as inconstitucionalidades fossem cometidas apenas contra o indivíduo. Vejam-se, a propósito, os recentes episódios que envolveram a "revolta" dos detentos comandada pelos presidiários da facção do crime organizado denominada PCC...!.

Numa palavra final: por vezes, parece que esquecemos – e o alerta é do pesquisador e professor de Sociologia Jurídica da Universidade Federal do Pernambuco, Luciano Oliveira – da relevante circunstância de que a segurança é, ela também, direito humano:

> E não estou falando retoricamente, estou falando textualmente... Entretanto, geralmente nos esquecemos disso. Na verdade, tão raramente nos lembramos disso que seria o caso de perguntar se algum dia "soubemos" de tal coisa – isto é, que *a segurança, a segurança pessoal, é um dos direitos humanos mais importantes e elementares*. E, como disse, estou falando textualmente, com base nos documentos fundamentais dessa tradução, sejam as Declarações inaugurais da Revolução Francesa de fins do Século XVIII, seja a Declaração da ONU de 1948. Está lá, já no artigo 2º da primeira Declaração dos Direitos do Homem e do Cidadão de 1789: os direitos "naturais e imprescritíveis do homem" são "a liberdade, a propriedade, a segurança e a resistência à opressão" – grifei. Declaração tipicamente burguesa, dir-se-ia. Mas é bom não esquecer (ou lembrar) que em 1793, no momento em que a Revolução empreende uma guinada num sentido social ausente na primeira – uma guinada a esquerda, na linguagem de hoje –, uma nova Declaração aparece estabelecendo, em idêntico artigo 2º, praticamente os mesmos direitos: "a igualdade, a liberdade, a segurança, a propriedade" (in Fauré, 1988: 373). Mais adiante, o artigo 8º definia: "A segurança consiste na proteção acordada pela sociedade a cada um de seus membros para a conservação de sua pessoa, de seus direitos e de suas propriedades".

E acrescenta o jurista pernambucano:

> Cento e cinqüenta anos depois a Declaração Universal dos Direitos Humanos da ONU – na qual figuram, ao lado dos direitos civis da tradição liberal clássica, vários direitos sócio-econômicos do movimento socialista moderno – repetia no seu artigo 3º: *Todo indivíduo temo o direito à vida, à liberdade e à segurança pessoal*. E no entanto, esse é um direito meio esquecido. No mínimo, pouco citado. Ou, então, citado em contextos onde o titular dessa segurança pessoal aparece sempre como oponente de regimes ditatoriais atingido nesse direito pelos esbirros de tais regimes. Dou um exemplo significativo: numa publicação patrocinada pela UNESCO em 1981, traduzida entre nós pela Brasiliense em 1985, seu autor, ao comentar esse direito dá como exemplo o caso de Steve Biko, ativista político negro torturado e morto pela polícia racista da África do Sul em 1977. E comenta: "O caso Steve Biko é apenas um exemplo bem documentado de uma situação em que o Estado deixou de cumprir sua obrigação de assegurar e proteger a vida de um indivíduo e em que violou este direito fundamental que, infelizmente, tem sido violado pelos governos em muitas partes do mundo" (Levin, 1985: 55 e 56).

Sua conclusão é contundente:

por razões que são, reconhecemos, compreensíveis, a segurança pessoal como direito humano, quando aparece na literatura produzida pelos militantes, é sempre segurança pessoal de presos políticos, ou mesmo de presos comuns, violados na sua integridade física e moral pela ação de agentes estatais. *Ora, com isso produz-se um curioso esquecimento: o de que o cidadão comum tem também direito à segurança, violada com crescente e preocupante freqüência pelos criminosos. Lemos tanto Rousseau, que esquecemos Hobbes...!*[41]

É neste contexto que se inserem as presentes reflexões. E para não haver mal-entendidos, *faço minhas as duas advertências enfáticas de Oliveira sobre o assunto*:

– *a primeira* é a de que, com isto, não estou aderindo ao conhecido e, no contexto em que é dito, estúpido *slogan* "e os direitos humanos da vítima" – com o que os inimigos dos direitos humanos procuram desacreditar a dura luta a seu favor num país como o Brasil;

– já a *segunda* remete ao fato de que de forma alguma estou considerando com a mesma medida as violações de direitos humanos perpetrados por regimes ditatoriais e as violências praticadas por bandidos – mesmo se ambos são celerados.

Referências bibliográficas

ARANGO, Rodolfo. Hay respuestas. *correctas en el derecho?* Bogotá: Siglo del Hombre, 1999.
BARATTA, Alessandro. La política Criminal y el Derecho Penal de la Constitución: Nuevas Reflexiones sobre el modelo integrado de las Ciencias Penales. *Revista de la Faculdad de Derecho de la Universidad de Granada*, n. 2, 1999.
BAPTISTA MACHADO, João. *Introdução ao Direito e ao Discurso Legitimador*. Coimbra: Coimbra Editora, 1998.
CITTADINO, Gisele. *Pluralismo, Direito e Justiça Distributiva. Elementos da Filosofia Constitucional Contemporânea*. Rio de Janeiro: Lúmen Júris, 1999.
CLÈVE, Clèmerson Merlin. Investigação criminal e Ministério Público. Jus Navigandi, Teresina, a. 8, n. 450, 30 set. 2004. Disponível em: http://jus2.uol.com.br/doutrina/texto.asp?id=5760. Acesso em: 03 mai. 2006.
CUNHA, Maria da Conceição Ferreira da. *Constituição e Crime*. Porto: Universidade Católica do Porto, 1995.
CUNHA, Paulo Ferreira da. *A Constituição do Crime*. Coimbra: Coimbra Editora, 1998.
DREYER, Ralf. *Derecho y justicia*. Bogotá: Temis, 1994.
FELDENS, Luciano. *A Constituição Penal*. Porto Alegre: Livraria do Advogado, 2005.
GUASTINI, Ricardo. La constitucionalización del ordenamiento jurídico. In: Carbonel, Miguel (Org.). *Neoconstitucionalismo(s)*. Madrid: Trotta, 2003.
NEDER, Gizlene. *Iluminismo jurídico-penal luso-brasileiro. Obediência e submissão*. Rio de Janeiro: Freitas Bastos, 2000
OLIVEIRA, Luciano. Segurança: Um direito humano para ser levado a sério. Em *Anuário dos Cursos de Pós-Graduação em Direito* nº 11. Recife, 2000

---

[41] Cfe. Oliveira, op. cit.

PULIDO, Carlos Bernal. *El principio de proporcionalidad y los derechos fundamentales.* Madrid: Centro de Estudios Politicos e Constitucionales, 2002

ROXIN, Claus. *Problemas fundamentais de direito penal.* 3ª ed. Lisboa: Coleção Veja Universitária, 1998

SARLET, Ingo. Constituição e Proporcionalidade: o direito penal e os direitos fundamentais entre proibição de excesso e de insuficiência. In: *Revista de Estudos Criminais* n. 12, ano 3. Sapucaia do Sul: Editora Nota Dez, 2003

―――. Constituição e proporcionalidade: o direito penal e os direitos fundamentais entre a proibição de excesso e de insuficiência. *Revista da Ajuris*, ano XXXII, nº 98, junho/2005

STRECK, Lenio Luiz. Jurisdição *Constitucional e Hermenêutica – uma nova crítica do Direito.* 2ª ed. Rio de Janeiro: Forense, 2005.

―――. *Hermenêutica Jurídica E(m) Crise.* 6ª ed. Porto Alegre: Livraria do Advogado, 2005.

―――. *Ciência Política e Teoria Geral do Estado.* 5ª ed. Porto Alegre: Livraria do Advogado, 2006.

―――. *Tribunal do Júri – Símbolos e Rituais.* 4ª ed. Porto Alegre: Livraria do Advogado, 2005.

―――. Bem jurídico e Constituição: Da proibição de excesso (*Übermassverbot*) à proibição de proteção deficiente (*Untermassverbot*) ou de como não há blindagem contra normas penais inconstitucionais. In: *Boletim da Faculdade de Direito de Coimbra.* Coimbra, FDUC, vol. LXXX, 2004.

―――. *Verdade e Consenso: Constituição, Hermenêutica e Teorias Discursivas.* Rio de Janeiro: Lumen Juris, 2006.

―――; COPPETI, André. O Direito Penal e os Influxos Legislativos pós-Constituição de 1988: um modelo normativo e eclético consolidado ou em fase de transição? *Anuário do programa de Pós-Graduação em Direito da UNISINOS-RS.* São Leopoldo, 2003.

―――; FELDENS, Luciano. *Crime e Constituição. A legitimidade da função investigatória do Ministério Público.* 3ª ed. rev. e ampliada. Rio de Janeiro: Forense, 2006.

ZAGREBELSKI, Gustavo. *El derecho dúctil.* Madrid: Trotta, 1999.

— 4 —

Um direito penal do inimigo: o direito penal soviético

LUIZ LUISI

Sumário: 1. O direito penal do inimigo; 2. A presença do direito penal do inimigo na história do direito penal; 3. O direito penal soviético; 3.1. O Código Penal Russo de 1922; 3.2. O Código Penal Russo de 1926; 4. O Projeto Krylenko; 4.1. A introdução oficial; 4.2. Os princípios gerais; 4.3. Os crimes particularmente perigosos; 4.4. As medidas eliminatórias de classe; 4.5. Os crimes menos perigosos; 4.6. As medidas de reação coativos-educativas. 4.7. Disposições relativas à vigência; 5. Reservas críticas ao projeto Krylenko; 6. O projeto Schirwindt; 7. Os projetos Krylenko e Schirwindt, e a crise política na URSS; 8. O insuperável conflito entre o direito penal do inimigo e o estado democrático de direito.

1. O direito penal do inimigo

Um dos temas presentes na doutrina penal contemporânea é o pertinente ao chamado "Direito Penal do Inimigo". Günther Jacobs foi o primeiro a usar a expressão *direito penal do inimigo* em conferência pronunciada em 1985, em Frankfurt, então como advertência, procurando demonstrar sua existência no direito penal vigente.

Em 1999, em palestra na Conferência do Milênio, em Berlim, Jacobs voltou ao tema e se posicionou no sentido da necessidade de um direito penal direcionado aos cidadãos, e um outro direito penal para o inimigo. E em um pequeno, mas denso, trabalho publicado em 2003, advoga a necessidade de se consolidar tal direito.[1]

Segundo a precisa lição de Manuel Cancio Meliá, três são as características fundamentais do direito penal do inimigo, a saber: 1) um amplo

---

[1] JACOBS, Günther e MELIÁ, Manuel Cancio. *Direito Penal do Inimigo. Noções e Críticas.* Porto Alegre: Livraria Advogado, 2005, tradução: André Luis Callegari e Nereu José Giacomolli.

adiantamento da punibilidade, ou seja, a tipificação de fatos antecedentes, e mesmo simplesmente preparatórios, à lesão do bem jurídico. Ou, em outras palavras, a criminalização no estado prévio à lesão do bem jurídico tutelado; 2) as penas cominadas, inclusive as relativas aos crimes obstáculos são desproporcionalmente altas, fortemente gravosas; 3) as garantias processuais são relativizadas e mesmo suprimidas.[2]

É de se enfatizar, ainda, que o direito penal do inimigo tem sua básica fundamentação no entendimento de que o inimigo não pode ser tratado, em virtude da extrema gravidade e persistência de sua atividade criminal, como pessoa. Na linguagem textual de Jacobs, "quem não presta uma segurança cognitiva suficiente de um comportamento pessoal, não só não pode esperar ser tratado ainda como pessoa, mas o Estado não deve trata-lo como pessoa, já que o contrário vulneraria o direito à segurança das pessoas". Portanto, concluiu o mestre tedesco: "seria completamente errôneo demonizar aquilo que se tem denominado direito penal do inimigo".[3] Destarte, esse direito penal trata os infratores "como sujeitos que não respeitaram os mínimos de convivência condensados nas normas penais, e que devem ser desautorizados através da pena senão como inimigos, como meras fontes de perigo que devem ser neutralizadas de qualquer modo, custe o que custar".[4]

O direito penal em causa tem suscitado ásperas críticas. Cornelius Prittwitz, professor em Frankfurt, sustenta que "o dano que Jacobs causou com suas reflexões e seu conceito de direito penal do inimigo é visível. Regimes autoritários adotaram entusiasmados a legitimação filosoficamente altissonante do direito penal e processual contrário ao Estado de Direito".[5] O professor espanhol Eduardo Demetrio Crespo entende que o direito penal do inimigo "não pode ser o direito penal característico de um Estado de Direito". E mais: "o direito penal do inimigo toda vez que fixa objetivos primordiais no combate de determinados grupos de pessoas, abandona o princípio básico do direito penal do fato, convertendo-se em uma manifestação das tendências autoritárias do já historicamente conhecido direito penal do autor".[6]

Todavia, a mais significativa crítica ao direito penal do inimigo deve-se a Manuel Cancio Meliá quando escreve: "portanto a questão de se pode

---

[2] MELIÁ, Manuel Cancio. "Derecho penal" del inemigo y delitos de terrorismo. Algunas consideraciones sobre la regulación de las infracciones en materia de terrorismo en el Código penal español después de la LO 7/2000. In: *Jueces para la Democracia*, Madrid, julho, 2002, p. 21.

[3] JACOBS, Günther. Op. cit. , p. 42 e 47.

[4] MELIÁ, Manuel Cancio. Op. cit. , p. 20.

[5] PRITTWITZ, Cornelius. O Direito Penal entre o Direito Penal do risco e o Direito Penal do inimigo: tendências atuais em Direito Penal e Política Criminal. In: *Rev. Brasileira de Ciências Criminais*, vol. 47, São Paulo, p. 41 e segs.

[6] CRESPO, Eduardo Demétrio. Do Direito Penal Liberal ao Direito Penal do Inimigo. *In: Ciências Penais*, vol. 1, São Paulo, 2004, p. 12.

haver direito penal do inimigo fica resolvida negativamente. Precisamente, desde a perspectiva de um entendimento da pena e do direito penal com base na prevenção geral positiva, a reação que reconhece excepcionalidade a infração do *inimigo*, mediante uma troca de paradigma de princípios e regras de responsabilidade penal é disfuncional de acordo com o conceito de direito penal".[7]

André Luís Callegari e Nereu José Giacomolli sustentam que os paradigmas preconizados pelo direito penal do inimigo mostram aos seus inimigos toda incompetência estatal ao reagir com irracionalidade ao diferençar o cidadão *normal* do *outro*". E mais: "...há de se preservar as garantias constitucionais substanciais e formais, sob pena de não ser direito penal legítimo. A supressão e a relativização das garantias constitucionais despersonalizam o ser humano fomentando a metodologia do terror, repressiva de idéias, de certo grupo de autores, e não de fatos".[8]

2. A presença do direito penal do inimigo na história do direito penal

Não é incorreto afirmar que o direito penal do inimigo não constitui, no essencial, algo novo. Está presente ao longo da história do direito penal. É possível demonstrar, em um breve escorço histórico, a constante presença de um direito penal mais gravoso distinto de um direito penal menos rigoroso.

Em Atenas, Dracon não estabeleceu esta diferença porque a legislação penal por ele elaborada previa a pena de morte para todos os delitos. Porém, como assinala Alessandro Levi, em obra clássica,[9] essa situação não perdurou, e o direito penal ateniense reconheceu a necessidade de mitigar a pena para certos delitos. No entanto, nos crimes contra os deuses e as instituições do Estado, a pena continuava a ser a mais severa, ou seja, a de morte. E, no concernente a tais delitos, a responsabilidade era objetiva, desconsiderada a intenção do infrator. Estes delinqüentes eram, portanto, em Atenas, os inimigos.

No mundo romano, o delito de *perduellio*, ou seja, o delito de traição à pátria em suas variadas hipóteses,[10] era, tanto na repressão ordinária como na repressão extraordinária, sancionado com a pena de morte, mediante a

---
[7] MELIÁ, Manuel Cancio. Op. cit., p. 21.
[8] CALLEGARI, André Luís; GIACOMOLLI, Nereu José. Prólogo III a JACOBS, Günther. e MELIÁ, Manuel Cancio. *Direito Penal do Inimigo*. Noções e Críticas, p. 17 e 18.
[9] LEVI, Alessandro. *Delitto e Pena nel Pensiero dei Greci*. Milão: Fratelli Bocca Editori, 1908, p. 205.
[10] GIORDANI, Mario Curtis. *Direito Penal Romano*. 3ª ed. Rio de Janeiro: Lumen Juris, p. 70 e 71.

fustigação e decaptação com o machado.[11] O *perduellis* era, no universo jurídico penal romano, o inimigo da pátria. Não se lhe reconhecia a condição de pessoa.

No direito penal medieval, consolidado nas Ordenações Européias dos séculos XV a XVII - das quais pela sua brutal severidade se destacam as Ordenações Portuguesas Afonsinas, Manoelinas e Filipinas – tinham, nos livros, pertinentes aos delitos como inimigos a serem punidos com morte cruel (a vivicombustão, precedida de torturas) os hereges, os apóstatas, os feiticeiros, os pederastas, afora os autores dos crimes de lesa majestade, previstos em numerosas hipóteses.

Pode-se afirmar que na história da humanidade deve-se ao iluminismo, especialmente a Beccaria, ter reconhecido a todos os delinqüentes a condição inarredável de pessoa. Ao condenar a tortura (e as Ordenações européias previam seu uso em normas com riquezas de detalhes), ao insurgir-se contra a legitimidade da pena de morte, pela primeira vez, em milênios de história da humanidade, embora a admitindo para os crimes políticos, ao preconizar a aplicação das penas de forma moderada, e nos estritos limites de sua necessidade para a prevenção de novos delitos, e outros postulados similares, o Marquês Lombardo, em seu *Dei Delitti e Delle Pene,* afirmou que não existe liberdade toda vez que "as leis permitem que, em alguns casos, o homem deixe de ser pessoa e se torne coisa".[12]

Embora a pregação iluminista tenha gerado um novo e humanizado direito penal, já no século XIX, pouco mais de 100 anos da publicação do pequeno grande livro do nobre milanês, Raffaele Garofalo já sustentava que para os delinqüentes "temíveis", para os quais inexistiam medidas capazes de fazer cessar sua "temibilidade", a única solução seria a eliminação de suas vidas. Para estes criminosos, sustentava, o magistrado napolitano, não há outra alternativa.[13]

Na primeira metade do século XX, os totalitarismos nazista e bolchevique usaram o direito penal para justificar, com duvidosa "legalidade", a eliminação física de centenas de milhares de seus "inimigos". Os judeus e os não-arianos em geral eram os inimigos do nazismo. Os burgueses e contra-revolucionários eram os inimigos de Lênin e de Stálin.

A contemporânea versão do direito penal do inimigo surge dentro dos Estados Democráticos de Direito, daí porque válida a observação de Manuel Cancio Meliá ser necessário considerar, "as diferenças estruturais entre os sistemas políticos daqueles momentos históricos e o atual".[14]

---

[11] Ibidem, p. 71.

[12] BECCARIA, Cesare. *Dei Delitti e delle Pene*. Texto italiano na publicação organizada por Francisco P. Laplaza, Buenos Aires: Arayú Editora, 1955, p. 407.

[13] GAROFALO, Raffaele. *La Criminologia*, Madrid: Daniel Jorro Editor, 1912, tradução para o espanhol de Pedro Borrojo, p. 498.

[14] MELIÁ, Manuel Cancio. Op. cit.

3. O direito penal soviético

Embora considerando a correta advertência de Manuel Cancio Meliá, por ocorrente dentro de um sistema político diferente e exemplo paradigmático de um direito penal do inimigo, a legislação penal elaborada na União Soviética, após a vitória dos bolcheviques, e que perdurou até fins do século XX, teve como ponto culminante um frustrado projeto elaborado por uma comissão presidida por N. V. Krylenko.

Tão logo vitoriosa a revolução comunista, sobrevieram, em 24.11.1917 e 22.03.1918, decretos que mantinham vigentes a legislação tzarista, no que não se opunha a consciência socialista revolucionária do direito. Em 30 de novembro de 1918, foi banida a aplicação da legislação imperial, inaugurando-se um período de total arbitrariedade. Os juízes deviam orientar-se tão-somente "pela idéia do direito socialista". A realização desse tipo de justiça penal foi em grande parte delegada às Comissões Extraordinárias, às quais incumbia reprimir "a contra revolução, a especulação e a sabotagem".[15]

Este ilimitado arbítrio sofreu relativas limitações com a promulgação de um elenco de princípios destinados a servir de critérios em matéria penal. Essas normas foram editadas em 12 de dezembro de 1919, tendo por título "Princípios Fundamentais do Direito Penal da R. S. F. S. R.". Os referidos "princípios" continham unicamente normas da parte geral do direito penal e se compunham de uma introdução e oito seções, a saber: 1) sobre o direito penal; 2) sobre a justiça penal; 3) sobre os delitos e as penas; 4) sobre as etapas da execução do delito; 5) sobre a coparticipação; 6) sobre as classes de penas; 7) sobre as condenações condicionais; 8) sobre a área de eficácia do direito penal. Também, nas mencionadas normas, encontra-se uma definição do delito em seu art. 5º, segundo o qual "o delito é uma violação da ordem das relações sócias protegido pelo direito penal". E, também, no art. 10 consta que a pena "deve ser conveniente e desprovida de todo caráter de tortura e não deve causar ao delinqüente sofrimentos inúteis e desnecessários".[16]

Inexiste, nos princípios em causa, qualquer menção dos delitos em espécie e, obviamente, as penas correspondentes. No concernente, às sanções, eram enumeradas, como exemplificativas, cerca de 15 tipos diferentes. Dentre elas, as privativas da liberdade, trabalhos forçados sem privação da liberdade, declaração de ser inimigo da revolução ou do povo.

---

[15] ASÚA, L. Jimenez. *Derecho Penal Sovietico*. Buenos Aires: Tipográfica Editora Argentina, 1947, p. 53 e 54.
[16] ZDRAVOMÍSLOV, B. V., KÉLINA, S.G e Outros. *Derecho Penal Soviético*, parte general, Bogotá: Editorial Temis, 1970, tradução para o espanhol de Jorge Guerrero e Nina de la Mora, p. 29 e 30.

Sobre esse período que só termina com a edição do primeiro código penal soviético, definido como "fosco e desolador", escreveu N.S. Timascev (professor na Universidade Petrogrado), ter sido uma época que "os cidadãos russos viveram em condições tais de que não se tem notícia na história dos povos civilizados. Foram deixados ao arbítrio dos órgãos da justiça, os quais não se achavam vinculados na sua atividade nem sequer a um elenco sumário de delitos, ou seja, a nenhum código penal." O arbítrio já ilimitado – prossegue o professor russo – era ainda agravado "pela existência a margem dos Tribunais dos órgãos das chamadas Comissões Extraordinárias (CECA), ou seja, da polícia política".[17]

Neste período, o direito penal foi, basicamente, instrumento de luta contra os opositores do comunismo, isto é, contra os "inimigos" do regime. Nesse sentido, é aclarador o texto publicado no jornal oficial *Lazis*: "nós não guerreamos as pessoas; nós pretendemos é aniquilar a burguesia como classe. O que nos interessa no concernente ao delinqüente é a sua classe, a sua origem social, a sua cultura etc. São essas questões que decidem a sorte do imputado".[18]

3.1. O Código Penal Russo de 1922

Em 1º de junho de 1922, começa a vigência do primeiro código penal soviético. No seu art. 6º, o delito é definido como "toda ação ou omissão socialmente danosa que ameaça os princípios do governo soviético, e seu ordenamento jurídico, fundado no poder dos operários e dos camponeses, até o advento do comunismo". Prevê penas privativas de liberdade, multa, exílio, trabalhos forçados, entre outros. Também é prevista a internação de deficientes mentais e menores em estabelecimentos para tratamento.

A pena de morte não está no elenco das penas e nem prevista para qualquer delito na parte especial. Todavia, no art. 33, está disposto que "para os processos em tramitação nas Comissões Extraordinárias enquanto não haja revogação pelo Comitê Executivo Central Pan Russo será aplicado o fuzilamento para os delitos em que esteja prevista a pena máxima".

Quando da condenação ao fuzilamento do almirante Schtschastny, o procurador N.V. Krylenko sustentou que o então comandante da marinha soviética não fora literalmente condenado à pena de morte, mas ao fuzilamento, que seria, "uma medida de prevenção".[19]

Embora se tenha procurado sustentar que não havia pena de morte na União Soviética antes de 1926, numerosíssimos foram os fuzilamentos nes-

---

[17] TIMASCEV, N.S. LEvoluluzione del diritto penale soviético. In: *Rivista Italiana di Diritto Penale*, ano IV, 1932, Padova: Cedam, p. 178.
[18] Ibidem, p. 178.
[19] ASÚA, L. Jimenez. Op. cit., p. 104.

se período. Segundo Brunowski, de 1917 a 1927, foram fuzilados de 6.000 a 6.500 pessoas por ano, mas o mesmo Brunowski noticia que, segundo dados oriundos do partido comunista da União Soviética teriam ocorrido, nesse período, de 250.000 a 300.000 fuzilamentos. Mais elevados são os números de Sorokin, que noticia terem ocorrido mais ou menos 600.000 mortes pela CESA (polícia política), sem qualquer procedimento judicial.[20]

A parte especial do código de 1922 começa com os crimes contra o Estado e, inclusive, constam do seu elenco crimes contra a propriedade. A eutanásia, ou seja, o homicídio cometido por compaixão e por solicitação do que é morto, está isento de pena. O aborto não é penalmente punido se for realizado em hospitais públicos e por médicos, desde que o feto não tenha mais de três meses. No entanto, o aborto é punível quando não há o consentimento da vítima.

3.2. O Código Penal Russo de 1926

Em novembro de 1926, é editado um novo código penal que passou a vigorar em 1º janeiro de 1927. Na sua longa vigência até 1961, foi grande o número de alterações.

Repetindo disposição do código anterior, dispunha a nova lei penal em seu art. 16 que, "quando algum ato não estiver expressamente previsto no presente código, o fundamento e a extensão de sua responsabilidade se determinará pelos artigos relativos de índole análoga". Sem dúvida, a consagração da analogia. No entanto, é de salientar-se que representou um avanço relativamente ao período anterior, porque a aplicação analógica tinha por base disposições do código, já que, até a edição do código penal de 1922, o juiz soviético era mais que um intérprete da lei, mas o verdadeiro legislador guiado quase exclusivamente pela consciência jurídica socialista e pelo interesse revolucionário.

É de enfatizar-se que o art. 6º dispunha que "não se considerará como delito o fato que, reunindo algumas das características de um artigo da parte especial do presente código, careça de perigosidade social, por sua manifesta insignificância e por ausência de conseqüências nocivas". Norma pioneira consagradora do princípio da insignificância.

As sanções penais, chamadas de medida de defesa social, são correcionais e médicas. Dentre as correcionais, estão previstas a pena privativa da liberdade de prisão, o internamento nos campos de trabalho correcionais, em lugares longínquos da Rússia. Também elenca a declaração de inimigo dos trabalhadores com perda da cidadania da República Federada e ao mes-

---

[20] ASÚA, L. Jimenez. Op. cit., p. 104.

mo tempo da URSS, e expulsão obrigatória de seu território. Esta pena só poderia ser imposta por prazo ilimitado. No texto original do código de 1926, estava previsto, na alínea "b" do art. 27, uma agravante assim redigida: "a prática de um delito por uma pessoa que, de qualquer modo, no passado tivera ou tinha relações com as classes exploradoras do trabalho alheio". Também previa uma atenuante na alínea "b" do art. 48, segundo o qual a pena seria minorada quando o crime fosse cometido "por operários ou aldeões dedicados ao trabalho". Tais dispositivos foram revogados em fevereiro de 1927, mas a agravante foi revigorada por lei datada de 20 de março de 1930, chamada lei de "repressão de classe".[21]

Na parte especial, está prevista expressamente a pena de morte, mas tendo sempre como alternativa as sanções privativas da liberdade ou "a declaração de inimigo dos trabalhadores" ou outras medidas de defesa social de caráter correcional.

Consagra, ainda, o código de 1926, a responsabilidade subjetiva, dispondo que as sanções penais só seriam aplicáveis quando o delito houvesse sido cometido com dolo ou com culpa.

É pacífico que o direito penal soviético – e isto estará presente ainda no código de 1960 – tem, como alvo principal, os inimigos da classe trabalhadora e do Estado soviético. H. Donnedieu de Vabres refere, com inteiro acerto, ser "o delito na concepção bolchevique o ato de oposição dos inimigos de classe e da construção socialista".[22] N. V. Krylenko, em discurso pronunciado perante o Comitê Executivo Central Pan Russo em 28 de outubro de 1928, sustentou: "nosso princípio é o da justiça de classe. Nosso fim, formar uma organização suficientemente flexível para atender as necessidades de nossa política social e judicial".

Nesta perspectiva, os revolucionários mais radicais se manifestaram insatisfeitos com a legislação penal vigente. E, em nome da pureza ideológica, liderados pelo referido N. V. Krylenko, que era promotor, quiseram fazer do direito penal uma arma muito mais extremada a serviço da classe operária, da que já se configurava nos códigos de 1922 e 1926.

Pouco tempo depois da entrada em vigor do código de 1926, N. V. Krylenko já postulava a sua substituição devido ao seu ecletismo e a manutenção de uma série de regras característica do direito penal burguês. Tendo como companheiro o jusfilósofo E. S. Paschukanes, promoveu uma campanha visando a acabar com os restos da jurisprudência capitalista e a construir um direito penal rigorosamente obediente ao pensamento marxista. Procurando realizar este propósito, em 10 de junho de 1930, foi publicado um projeto de código penal na *Soviéskaja Iustisja*, órgão oficial do

---
[21] ASÚA, L. Jimenez. Op. cit., p. 61.
[22] VABRES, H. Donnedieu. *La politique criminelle des Etats autoritaires*. Paris: Sirei Editora, 1938.

Comissariado do Povo para Justiça. Obra de uma Comissão presidida pelo referido N. V. Krylenko, tendo como integrantes, além do filósofo-jurista E. S. Paschukanes, os juristas Klimov, Berman, Bulatow, Kusmin e Etrin.

4. O Projeto Krylenko

O projeto em causa tem 71 artigos. Precede-o uma "introdução oficial". A primeira seção, do artigo 1º ao 20, dispõe "Os Princípios Gerais". A segunda, do artigo 21 ao 41, prevê os Delitos Particularmente Perigosos e as Medidas Eliminatórias de Classe. A terceira, do artigo 42 ao 69, elenca os Delitos Menos Perigosos e as Medidas de Reação Coativas-Educativas. Os artigos 70 e 71 contêm regras relativas à aplicação do Código.[23]

4.1. A introdução oficial

Na introdução se sustenta, procurando justificar a necessidade de um novo Código Penal, que os Códigos de 1922 e 1926 não conseguiram "livrar-se das formas jurídicas herdadas da burguesia". Trouxeram dos Códigos burgueses o princípio da repressão proporcional ao fato e os princípios dos precisos elementos constitutivos do crime.

O projeto pretende superar a presença burguesa na legislação penal por um Código adequado para servir "na luta do proletariado para a edificação do socialismo durante o período transitório, e enquanto não for esmagada a oposição das classes depostas". Para colimar tais propósitos, o projeto pretende erradicar a proporcionalidade da pena à gravidade do fato. e ter na perigosidade social (leia-se: política) o único fundamento da responsabilidade penal. Prescinde de uma parte especial, como presente nos Códigos burgueses, e, também, nos Códigos russos de 1922 e 1926, limitando-se a prever um elenco "orientador" e meramente exemplificativo dos crimes mais perigosos, para os autores dos quais se faz necessária a efetiva exclusão da sociedade, com medidas eliminatórias de classe. É acrescido, outrossim, um amplo elenco "orientador" de medidas coativo-educativas para os agentes dos crimes menos perigosos. Na aplicação da lei penal, o projeto outorga ao "juiz proletário" poderes arbitrários, que chegaram a ser definidos como "monstruosos".[24]

---

[23] O projeto Krylenko foi traduzido para o italiano por Corrado Perris e publicado na íntegra na *Revista La Giustizia Penale*, 2ª parte, Roma, 1932, p. 1768 e segs. A versão italiana é a usada neste trabalho.
[24] NAPOLITANO, Tommaso. *Evoluzione del Diritto Penale Soviético dall'otobre 1917 ai giorni nostres*. In: La Giustizia Penal, 2ª parte, XXXVIII, Roma, 1932, p. 1070 e segs.

4.2. Os princípios gerais

Na seção 1ª do projeto, estão dispostos os "Princípios Gerais". Neles se estabelece, como fim da política penal do proletariado, no período de transição do capitalismo ou comunismo, o defender a ditadura do proletariado e as formas socialistas de vida contra qualquer inimigo de classe e contra as infrações cometidas por integrantes "instáveis do próprio ambiente dos trabalhadores". Esses objetivos são obtidos através de medidas de caráter eliminatório para os inimigos de classe e para os que não integram nenhuma classe, e com o uso de medidas coativo-educativas para os trabalhadores e camponeses.

No artigo 2º, são definidas como socialmente perigosas as ações ou omissões que ameaçam a estabilidade da ditadura do proletariado, e, ainda, os que obstaculizam a consolidação e o desenvolvimento da organização socialista, e desorganizam a ordem instituída nas relações sociais da sociedade socialista em formação. No artigo seguinte, distingue as ações socialmente perigosas em ações particularmente perigosas e em ações menos perigosas. As primeiras constituem atentados contra ditadura do proletariado e as conquistas da revolução, e que abalam "as condições fundamentais da vida coletiva, da administração do Estado e da edificação socialista". Os seus autores devem ser considerados *inimigos de classe*, ou seja: pessoas inadaptáveis às condições da vida coletiva de trabalho, tornando necessária a aplicação de medidas eliminatórias de classe. As ações menos perigosas desorganizam a ordem socialista, e as condições de vida coletiva, e tornem necessário se apliquem aos seus autores medidas coativa-educativas.

Todas as medidas eliminatórias de classe como as coativa-educativas não visam a apenar ou a compensar, e nem devem causar ao condenado sofrimentos supérfluos. O objetivo dessas medidas é somente o de defesa do Estado proletário e da organização da sociedade socialista.

Para a aplicação das medidas, não se faz necessária a prática efetiva de um delito, bastando que tenham vínculos com ambientes criminais e pela sua atividade anterior "fazem seriamente temer que possam cometer novos delitos" (artigo 6º). Aos juízes proletários, se outorga o poder de declararem perigosas ações não-subsumíveis no elenco exemplificativo dos delitos e de aplicarem as medidas que entenderem necessárias. O projeto confere, ainda, aos juízes, poderes para deixar de aplicar as sanções, quando, embora, reconhecendo a prática do delito, entendam que tal espécie, no momento da sentença, não é mais perigosa.

Ainda na área dos princípios gerais, são previstas as causas que impedem a aplicação das medidas de eliminação de classe e coativas-educativas. A primeira se configura quando o acusado não é perigoso e inexistem motivos para temer que venha a cometer novos crimes. Exclui, ainda, a aplicação das medidas se o agente agiu no "estado de defesa necessário do regime soviético, da personalidade e dos direitos da pessoa que se defende e de terceira pessoa". Figuram, outrossim, como excludentes, ser o agente menor de 16 anos, ter realizado a conduta delituosa em estado de doença mental. Em tais hipóteses, aplicam-se medidas especiais mormente de caráter médico.

Todas as espécies de concurso de agentes e todos os atos preparatórios de um crime devem ser examinados pelo juiz com os mesmos critérios reguladores do delito consumado. Nesses casos, deve ser considerada a perigosidade dos agentes, desconsiderando-se as nuances objetivas do concurso e dos atos preparatórios. Se ocorrente a desistência, o juiz deve considerar a sua motivação e pode absolver ou condenar o acusado.

4.3. Os crimes particularmente perigosos

A segunda seção prevê, em um primeiro capítulo, os delitos particularmente perigosos e, no segundo capítulo, as sanções para tais delitos, isto é: as medidas eliminatórias de classe.

Os chamados delitos particularmente perigosos se dividem em: a) contra revolucionários; b) contra o ordenamento público; c) contra a economia; d) contra o trabalho; e) contra os deveres profissionais; f) contra a pessoa; g) contra o patrimônio. Ademais, "aqueles que constituem sobrevivência da vida tradicional".

Os delitos contra revolucionários estão previstos em dez incisos do artigo 22. E são equiparados a esses delitos cerca de onze outros, dispostos em onze incisos do artigo 23.

Os delitos contra revolucionários se caracterizam por serem condutas direcionadas "conscientemente" e objetivamente aptas para destruir e enfraquecer a ditadura do proletariado, danificar a edificação socialista e as fundamentais conquistas políticas, econômicas e nacionais da revolução proletária, e, ainda, a capacidade defensiva e a segurança externa da União das Repúblicas Socialistas Soviéticas Russas.

Dentre os delitos propriamente contra revolucionários são de referir-se, "a consumação de atos terroristas contra os representantes do regime soviético e os expoentes das organizações revolucionárias dos operários e dos camponeses", bem como "a propaganda e agitação que instigam a derrubada, a danificação, o enfraquecimento do poder soviético e o cometimento de delitos contra revolucionários".

Entre os crimes equiparados aos delitos contra revolucionários são de referir-se o da organização de bandas armadas, ou delas participar nos atentados por elas organizados como ainda em agressões com o objetivo de apossar-se de bens patrimoniais alheios, acompanhados de homicídio ou de violência perigosa para vida da vítima; e o do contrabando cometido sistematicamente ou que tenha causado ao Estado um dano de considerável valor.

Onze são os delitos particularmente perigosos contra o ordenamento público, dentre estes, o de ameaça de homicídio ou de destruição de patrimônio contra um funcionário ou um trabalhador público em razão da atividade de serviço ou de sua função pública; e o da organização e a direção de seitas religiosas fanáticas que imponham mutilações físicas ou que procedam de modo evidentemente imoral relativo aos membros destas seitas.

Os delitos particularmente perigosos contra a economia são, dentre outros, os que "lesam a construção socialista do proletariado através da violação da política econômica, em variados aspectos"; o do descumprimento fraudulento por particulares das obrigações contratuais ajustadas com instituições estatais ou sociais que acarretem ou possam resultar grave dano para as mesmas; e, ainda, o da "violação sistemática das normas reguladoras das operações com moedas".

Os chamados delitos de serviço particularmente perigosos são os praticados por funcionários que, motivados pela obtenção de lucros e outros objetivos pessoais, foram consumados sistematicamente e causaram, ou poderiam ter causado, um dano relevante ao Estado, à coletividade dos operários e camponeses e aos particulares. É de se enfatizar que, segundo precisa linguagem do § 1º do artigo 46, "funcionário é quem ocupa um cargo permanente ou temporário em uma instituição ou estabelecimento, ou em uma organização pública que tenha direitos e deveres dispostos em uma lei ou estatutos". Dentre os delitos de serviço, colacionam-se, o peculato, a corrupção em todas as suas formas e qualquer consciente deliberação dos juízes que dê origem a uma sentença, uma decisão ou uma providência injusta.

No elenco dos delitos contra a vida e a dignidade da pessoa, particularmente perigosos, estão o homicídio, a instigação ao suicídio ou a tentativa de suicídio com o uso de meio cruel ou qualquer outro, o estupro mediante violência física ou ameaça, ou valendo-se de uma situação de debilidade da vítima, a relação sexual com pessoas que não atingiram a maturidade social, e a corrupção de menores. O aborto realizado profissionalmente por pessoa que não tenha a preparação técnica necessária, ou feito em condições totalmente contrárias às regras sanitárias, mesmo que o agente tenha a preparação técnica. Vale dizer que o aborto realizado por profissional tecnicamente habilitado, quando presentes as condições sanitárias, não constitui um crime.

Dentre os delitos particularmente perigosos contra o patrimônio, figura o abigeato, desde que cometido sistematicamente. A usura também está prevista, sendo definida como o "perceber sistematicamente do dinheiro ou de bem patrimoniais empenhados, juros maiores que os consentidos pela lei". A destruição ou danificação de bens patrimoniais através de incêndio ou processo de perigo comum se elenca como crime desde que possam vir a causar uma calamidade pública, ou vítimas humanas. O estelionato é definido como o "haver fraudulentamente bens patrimoniais ou direito sobre tais bens, ou qualquer outra vantagem pessoal, que tenha como conseqüência uma grave diminuição do patrimônio das instituições estatais ou sociais, ou que tenha sido realizado profissionalmente, ou com métodos marcadamente audazes".

Os crimes que representam "a sobrevivência da vida tradicional" são em número de cinco. Em sendo delitos particularmente perigosos, implicam a exploração dos pobres por parte de "grupos da população economicamente mais forte e que são conseqüência de formas da vida tradicional ainda não erradicadas e de tradições nacionais, costumes e preconceitos religiosos." São exemplos desses crimes o de assalto armado a uma tribo, raça família ou pessoa motivado por ódio racial, ou por vingança de sangue; o de instigação ao ódio racial ou a vingança de sangue por elementos da população ora privilegiada pelos *kulaki* (camponeses ricos) ou por religiosos a fim de aumentar sua influência; o de rapto violento de mulher, o constrangimento violento de uma mulher para manter matrimônio ou forçar a continuidade da coabitação matrimonial.

4.4. As medidas eliminatórias de classe

Estão previstas como sanções para os delitos particularmente perigosos, como já se referiu, as medidas chamadas eliminatórias de classe. São em número de cinco, a saber: a) o fuzilamento e a declaração de fora-da-lei; b) o encarceramento; c) a segregação em campos de concentração para trabalhos correcionais em uma localidade remota com o sucessivo domicílio obrigatório em um local determinado depois de cumprida a medida no campo de concentração; d) o desterro com trabalhos forçados ou sem trabalhos forçados; e) o confisco do patrimônio.

O fuzilamento, prevê o projeto, é uma medida excepcional de defesa vigente enquanto não for abolida pelo Comitê Central da URSS, e somente se aplica aos crimes contra revolucionários e aos estes equiparados.

A declaração de fora-da-lei comina-se nos mesmos casos em que é aplicável o fuzilamento, aos acusados revéis. A pessoa declarada fora-da-lei se presa, é fuzilada por determinação dos órgãos administrativos próximos ao lugar da prisão, após identificada, e sem a intervenção judicial.

O encarceramento tem a duração de cinco anos e, uma vez cumprido, pode ser imposto ao acusado o domicilio obrigatório em uma determinada localidade.

A segregação em campo de concentração em localidade remota tem um prazo de três anos. Mas, na hipótese de que a perigosidade seja acentuada, a reclusão no campo de concentração pode estender-se até cinco anos. Esta sanção causa a perda: dos direitos políticos e do direito de ser investido em cargos de responsabilidade; do direito a graus honoríficos, condecorações e outras distinções.

Depois de cumprido o prazo de segregação no campo de concentração com trabalhos correcionais, o condenado é obrigado a residir em um domicílio sito em localidade remota especificamente designada pelo prazo de cinco anos.

O desterro, com ou sem trabalhos forçados, consiste no domicílio obrigatório do condenado em local remoto da União Soviética, vedada a locomoção além dos limites da localidade, sem a devida autorização. O prazo de duração do desterro é de cinco anos. Em implicando também trabalhos forçados, caberá às autoridades do território do desterro determinar quais sejam esses trabalhos.

O confisco do patrimônio é aplicável tanto como medida autônoma como medida acessória para qualquer delito particularmente perigoso. Consiste na desapropriação sem indenização do patrimônio do sentenciado, mas não pode incidir nos objetos de uso doméstico, nos instrumentos de produção, nos alimentos, e nem em soma de dinheiro inferior ao salário médio mensal de um operário qualificado do local onde se deve aplicar a medida.

Se os delitos particularmente perigosos são cometidos com abuso no exercício de uma determinada atividade ou profissão, o juiz poderá proibir ao condenado o exercício de tal atividade ou profissão por cinco anos, contados a partir do término do cumprimento da medida de segregação em campo de concentração.

4.5. Os crimes menos perigosos

Na terceira seção, estão previstos, como já mencionado, em seu primeiro capítulo, os delitos menos perigosos. Em seu segundo capítulo, estão dispostas as medidas de reação coativos-educativas. Conforme já se fez referência, os delitos menos perigosos se caracterizam por desorganizar o ordenamento socialista e as condições de vida coletivas. E são contra a ordem pública, contra o trabalho, contra a economia, contra os deveres profissionais, contra o patrimônio e contra a pessoa.

Cerca de dezenove delitos são previstos como menos perigosos contra a ordem pública. Entre eles, o da falsificação e uso ilegal de documentos que podem oferecer vantagens ou direitos, a comunicação de notícias falsas aos órgãos que supervisionam o registro de atos do estado civil, o hasteamento da bandeira da URSS sem ter o direito de usá-la.

Relativamente aos delitos menos perigosos contra a economia estão elencados cerca de dezesseis. Dentre estes, o da violação das regras estabelecidas para o comércio entre as instituições e estabelecimentos soviéticos, o arbitrário aumento de preços dos objetos de grande consumo, o desfrute ilegal do subsolo cometido profissionalmente ou repetidamente.

Os crimes contra o trabalho são em número de seis. Entre eles, do empregador impedir o desenvolvimento das atividades das organizações profissionais para defesa do trabalho e para o aprimoramento do nível cultural e político dos trabalhadores; o da recusa de assumir no serviço uma pessoa reintegrada na própria ocupação pelo juiz, ou por juízo arbitral. E, também, o não-pagamento do valor estabelecido pelo juiz ou pela comissão arbitral.

Os delitos de serviços menos perigosos, ou seja, contra os deveres profissionais, em número de onze, são ações ou omissões de funcionários que constituem violações de suas obrigações, ou no uso ilegal da situação funcional, desde que tenham, ou podiam ter, como conseqüência, um prejuízo efetivo para os interesses do Estado soviético, para as coletividades operária e camponesa, ou tenha causado dano aos direitos e aos interesses de particulares, e não se incluam entre os particularmente perigosos. Elencam-se como delitos de serviço menos perigosos o de comportar-se com má-fé ou negligentemente nos seus serviços; a publicação de notícias por um funcionário, não sujeitas a publicidade, e de seu exclusivo conhecimento, em razão de suas funções atuais ou anteriores.

Os chamados delitos menos perigosos para a vida e a dignidade pessoal dos cidadãos estão previstos em número de quatorze. Dentre eles, o homicídio por imprudência, a rixa em estado de embriaguez, o homicídio provocado pela violência ou ofensa grave por parte da vítima; a difamação, ou seja, a difusão de notícia que sabe ser falsa ou desonrosa para outra pessoa; a injúria cometida por atos, palavras, por carta, ou por meio da imprensa; o aborto realizado por pessoa sem a necessária preparação médica, ou que embora tenha tal preparo, o tenha realizado em condições sanitárias inadequadas, salvo se não constitua a espécie prevista como particularmente perigosa; a negativa de assistência médica, sem relevantes razões, ao doente, por parte do pessoal médico.

São delitos patrimoniais menos perigosos, dentre os sete previstos, a apropriação indébita, o furto, a receptação, a usura, salvo se não se caracterizem como particularmente perigosos.

Dentre os delitos menos perigosos que representam sobrevivência da vida tradicional estão o da bigamia e o da poligamia, quando existente lei que as proíba, o impedir uma mulher que tenha idade para casar de contrair matrimônio segundo a própria vontade.

4.6. As medidas de reação coativos-educativas

Para sancionar os delitos menos perigosos, são elencadas cerca de dezesseis medidas de reação coativos-educativas, a saber: a) internação em colônias correcionais de trabalho preferivelmente em localidades remotas, ou em qualquer caso, fora dos limites da residência do condenado; b) a internação em colônias correcionais de trabalho nos limites da região de residência do sentenciado; c) a internação em colônias correcionais de trabalho para menores, de 16 a 18 anos; d) trabalhos forçados sem internação em instituições especiais nos limites de residência do condenado; e) trabalhos forçados no local de serviço do condenado; f) troca obrigatória de trabalho; g) residência em local especificamente indicado; h) transferência obrigatória nos limites de uma determinada localidade; i) limitação de direitos; j) licenciamento de um determinado emprego ou trabalho e a proibição de ocupar-se em um determinado trabalho; k) a obrigação de reparar o delito; l) a censura e a reprovação pública; m) medidas educativas em organizações públicas; n) tratamento obrigatório e internação em institutos médicos educativos.

As medidas correcionais educativas de internação em locais remotos são de dois anos, e as localizadas em região de residência do condenado têm a duração de um ano. A medida de residência em localidade determinada é de três anos. A de trabalho forçado sem internação não pode ultrapassar seis meses. O afastamento de uma localidade tem a duração de um mínimo de um ano e um máximo de três anos. A limitação de direitos consiste na privação por um a três anos do direito de ser investido em cargo de responsabilidade ou eletivas nas instituições e organizações do Estado. O licenciamento de um emprego ou de um trabalho determinado e a proibição de se ocupar em uma determinada atividade profissional são aplicadas por tempo não superior a cinco anos. A multa se aplica exclusivamente com a finalidade disciplinar e não pode ser inferior a cinco rubros. O seu montante é estabelecido tendo em conta a situação social e patrimonial da pessoa multada. Para os operários e os empregados, e para as pessoas a estas equiparadas, a multa não pode superar um mês de salário. A obrigação de reparar o dano é imposta quando o juiz entendê-la oportuna por razões de caráter educativo. Pode ser autônoma ou acessória. A medida de censura e reprovação pública consiste na publicação destas por ordem do juiz. E pode ser na imprensa ou por qualquer outro modo. O tratamento obrigatório e internação em um instituto médico educativo são aplicados como medidas fundamentais toda vez que fique acertado que a pessoa é doente e cometeu o delito por causa de seu estado mórbido a exigir um tratamento médico.

Pode, no entanto, o juiz aplicar a cura obrigatória como medida acessória ainda que reconheça que a doença não tenha sido determinante da conduta delituosa, mas esteja presente uma certa perigosidade social.

4.7. Disposições relativas à vigência

Os dois últimos artigos do projeto tratam dos limites da aplicação do Código Penal. O artigo 70 consagra o princípio da territorialidade dispondo que o Código Penal tem vigência relativamente tanto aos nacionais quanto aos estrangeiros que cometeram delitos no território russo. Mas tem vigência, também, para aqueles que cometeram delitos fora do território russo, mas se encontrem presos, à disposição da justiça soviética. Por sua vez, o artigo 71 dispõe que, para os estrangeiros que gozam do direito de extraterritorialidade, a questão da competência para julgá-los é decidida por via diplomática.

5. Reservas críticas ao Projeto Krylenko

O declarado propósito de um Código Penal sem parte especial, pode-se dizer que o projeto Krylenko o teria elaborado em termos. Se forem tomadas como parâmetros as partes especiais dos Códigos Penais burgueses, inclusive os soviéticos de 1922 e 1926, onde há uma clara separação das duas partes dos Códigos, uma geral e outra especial, o projeto Krylenko não as contempla. Se considerarmos a linguagem dos tipos penais previstos nas partes especiais dos Códigos, há uma evidente diferença com o usado pelo projeto para elencar os delitos, pois neste se quer sejam tão-somente exemplificativos, e não taxativos.

Todavia, Krylenko e seus colegas, na elaboração do polêmico projeto, dispuseram em seções separadas os princípios gerais, os delitos particularmente perigosos e os menos perigosos, e destacaram as medidas a serem aplicadas às duas classes de delitos. E o mais relevante é que o projeto prevê cerca de 146 "exemplos" de delitos, sendo 65 particularmente perigosos e 81 menos perigosos. Destarte, de certo modo, embora com disposições e linguagem diferenciada dos Códigos em geral, há, no projeto Krylenko, uma parte voltada aos princípios gerais e outras mais extensas com os "exemplos" de crimes.

Pode-se, sem muito rigor técnico, afirmar que o projeto Krylenko tem uma parte geral constituída dos princípios básicos e uma especial, onde são previstos os crimes e as penas.

Também com relação à mensuração das penas, o projeto Krylenko fixa a duração de certas medidas. A medida do encarceramento é fixada em cinco anos. A de segregação em campo de concentração em local remoto é de três anos, com subseqüente domicílio obrigatório de cinco anos.

O dolo, a culpa e elementos subjetivos estão amiudadamente explicitados em diversos "exemplares" delituosos. Está previsto o homicídio por imprudência no elenco dos crimes menos perigosos, no art. 47, § 1º. No art. 28, § 1º, se pune, também o homicídio, dentre os particularmente perigosos, ou seja, como crime doloso. Por sua vez, prevê-se como exemplo de crime contra revolucionário, no art. 27, § 7º, alínea "a", o dano *consciente* causado às instituições ou estabelecimentos estatais. Também está disposto como exemplo de delito "o comportar-se com má-fé ou *negligentemente* nas próprias funções", no art. 46, § 9º.

Valem esses registros para constatar que o projeto Krylenko, embora nos seus altissonantes objetivos de construir uma legislação penal sem os vícios dos Códigos burgueses, mormente os relativos à mensuração das penas, a uma parte especial, e a responsabilidade baseada apenas na perigosidade social, não se pode afirmar tenha conseguido atingir plenamente tais objetivos.

L. Jimenez de Asúa entende que no projeto Krylenko a dosimetria das penas não desapareceu, enfatizando que todas as medidas de privação da liberdade têm prazo determinado. E, ainda, segundo lembra Asúa, o projeto Krylenko pretendia afastar a idéia da responsabilidade moral, segundo a doutrina já anteriormente sustentada por Paschukanis, um dos co-autores do projeto.[25] Mas é inegável a presença do dolo e da culpa em vários dos exemplos delituosos.

Difícil é encontrar na história do pensamento jurídico pós-beccariano, um projeto que dá ao juiz um verdadeiro salvo-conduto para o "mais desenfreado e cego arbítrio".[26] A única restrição ao arbítrio do juiz está no princípio de classe, pois a possibilidade de não aplicar a lei, ou de criá-la, tem como critério a perigosidade social, vinculada obrigatoriamente ao interesse do proletariado e à construção da sociedade socialista.

O projeto Krylenko se guia, portanto, pelo fundamental propósito de "exasperar a luta contra os inimigos de classe". E com qualquer meio "deve ser perseguido aquele que cometendo ações socialmente perigosas atente, direta ou indiretamente contra a ordem instaurada pelo regime".[27]

---

[25] ASÚA, L. Jimenez. Op. cit., p. 70.
[26] NAPOLITANO, Tommaso. Op. cit., p. 1076.
[27] Ibidem.

6. O Projeto Schirwindt

Mais ou menos na mesma época, apareceram dois outros projetos de Código Penal: um conhecido como projeto Krassikof e Vinokurof, e outro, como projeto Schirwindt.

Sobre esses projetos, assim se manifestou N. V. Krylenko: "Schirwindt e seu grupo redigiram um projeto de lei por oportunismo jurídico e o mesmo fizeram Krassikof e Vinokurof; mas a única diferença é que estes últimos, não obstante os erros de gramática, pelo menos apresentaram um projeto por eles elaborado, enquanto Schirwindt se reuniu com professores burgueses, aos quais concedeu as maiores faculdades, e com eles deu combate a Komakademus"[28] (academia comunista).

Todavia, o projeto Schirwindt, além de mais moderado, embora adotando no fundo a mesma postura do direito penal para o inimigo, conserva uma boa estrutura técnica. Não elimina a parte especial. Divide os crimes em contra a ditadura do proletariado; contra os Órgãos do Estado; contra os serviços públicos; contra a defesa bélica; contra a administração da justiça; contra a economia e a política financeira; contra a defesa do trabalho; contra o dinheiro público; contra a segurança pública; contra a pessoa e os bens dos particulares e contra a política cultural.

O projeto Schirwindt prevê o fuzilamento para os crimes contra a ditadura do proletariado, mas específica a quais, dentre esses crimes, é aplicável tal pena. E com relação aos demais, usa uma técnica original, pois na parte especial explicita quais das penas elencadas na parte geral, não são aplicáveis a cada grupo de delitos.

Outro aspecto a ser ressaltado no projeto Schirwindt está em acentuar mais a perigosidade do delinqüente que a perigosidade da ação, como no projeto Krylenko. Porém, os dois projetos são relativamente iguais ao darem um amplo arbítrio ao juiz. Para Schirwindt, o juiz não fica vinculado ao mínimo ou ao máximo das medidas sancionatórias. E pode mesmo deixar de aplicá-las, uma vez que entenda não ser o acusado socialmente perigoso, ou quando entre o fato e a execução da medida, este perder sua perigosidade.[29]

7. Os Projetos Krylenko e Schirwindt, e a crise política na URSS

Os dois projetos, o de Schirwindt e o de Krylenko, se inserem na luta entre as conflitantes correntes políticas que marcaram aquele período da

---

[28] NAPOLITANO, Tommaso. Op. cit., p. 1076.
[29] Sobre o projeto Schirwindt, é de se consultar o texto a respeito de L. Jimenez de Asúa. Op. cit., p. 71 e segs.

vida soviética. De um lado, os radicais a exigir mais fidelidade aos ideais motivadores da revolução na construção da nova sociedade. Em oposição, os mais moderados, articulados com o oficialismo. Esta luta seria decidida em favor destes últimos nos famosos processos ocorridos em Moscou em 1937, quando foram expurgados, ou melhor, sentenciados ao fuzilamento, os opositores de Stálin, entre os quais companheiros da primeira hora, com participação marcante nas jornadas de outubro de 1977 e nas lutas contra L. Trotzki.[30] Neste confronto, também Kylenko e Paschukanes levaram a pior. Foram acusados de trotzkismo[31] e desapareceram da cena jurídica.

No Código Penal russo de 1960, persiste o direito penal do inimigo, pois o dissidente político tem que ser eliminado da sociedade. O fuzilamento continua presente para diversos crimes contra o Estado, tais como a traição à pátria, a espionagem, o terrorismo e o bandoleirismo.

8. O insuperável conflito entre o direito penal do inimigo e o estado democrático de direito

Não se pode negar razão a G. Jacobs quando sustenta a existência, nas legislações penais dos contemporâneos Estados Democráticos de Direito de um direito penal do inimigo. Basta ter presente as leis editadas nestes últimos decênios, como a legislação dita emergencial na Itália, relativamente ao terrorismo e à criminalidade organizada, bem como a legislação espanhola de enfrentamento das organizações terroristas que atuam em seu território, e outras tantas leis visando a enfrentar o *inimigo* presente sob vestes diversas, mas com práticas delituosas da maior gravidade.

O problema, todavia, está em não poder ser enfrentado no Estado Democrático de Direito o *inimigo* com um direito penal diferenciado de tipos abertos e imprecisos, com abusiva antecedência da tutela penal relativamente ao bem jurídico protegido, e com penas extremamente duras. Portanto, com desrespeito aos princípios da legalidade, da humanidade e do devido processo legal. Esta involução não se justifica. Em primeiro lugar, por carência de resultados práticos, pois o *inimigo* continua cada vez mais atuante. E principalmente porque o Estado Democrático de Direito tem como seu pilar fundamental a afirmação da essencial dignidade do ser humano. E negar a qualquer ser humano esta essencialidade, por ser um inimigo que em suas constantes e brutais práticas delituosas atenta gravemente contra o Estado Democrático de Direito, implica invalidar o próprio Estado, pois nega valia a seu fundamento, ou seja, a dignidade ôntica de todos os seres

---

[30] ASÚA, L. Jimenez. Op. cit., p. 125 e segs.
[31] Ibidem, p. 76.

humanos. Não é possível admitir como legítimo o Direito Penal do Inimigo nas legislações dos Estados Democráticos de Direito. É mister expurgá-lo por manifestamente conflitante com os princípios fundamentais que embasam os Estados Democráticos de Direito. O Direito Penal do Inimigo só tem condições de vicejar nos Estados totalitários, como ocorreu no mundo soviético.

— 5 —

A concretização dos direitos constitucionais: uma leitura dos princípios da ofensividade e da proporcionalidade nos delitos sexuais

ANDRÉ LUÍS CALLEGARI

Sumário: 1. Introdução. Posição do Tribunal de Justiça do RS e do Superior Tribunal de Justiça; 2. Direito penal e eficiência: a falsa idéia da resolução dos conflitos; 3. O princípio da proporcionalidade; 4. Proporcionalidade e direitos fundamentais; 5. O principio da ofensividade; Bibliografia.

1. Introdução. Posição do Tribunal de Justiça do RS e do Superior Tribunal de Justiça

É cediço que cada vez mais se impõe a doutrina de proteção de bens jurídicos, como missão primordial do Direito Penal,[1] ainda que outros autores não coloquem expressamente esta missão em seus textos, afirmando a proteção ou garantia das expectativas normativas,[2] ou, ainda, os valores de ato da consciência jurídica.[3] Em face da concepção de proteção de bens

---

[1] ROXIN, Claus. *Derecho Penal*. Parte General. Tomo I. Traducción de Diego-Manuel Luzón Peña, Miguel Díaz y Garcia Conlledo y Javier de Vicente Remesal. Madrid: Civitas, 1997, p. 52; JESCHECK, Hans-Heinrich. *Tratado de Derecho Penal*. Parte General. 4ª ed. Traducción de José Luis Manzanares Samaniego. Granada: Editorial Comares, 1993, p. 6.

[2] JAKOBS, Günther. *Derecho Penal*. Fundamentos y teoría de la imputación. Traducción de Joaquin Cuello Contreras y Jose Luis Gonzalez de Murillo. Madrid: Marcial Pons, 1997, p. 44 e ss., para quem a missão do Direito Penal consiste na manutenção da vigência das normas.

[3] WELZEL, Hans. *Derecho Penal Alemán*. Traducción de Juan Bustos Ramírez y Sergio Yáñez Pérez. Santiago: Editorial Jurídica Comares, 1993, p. 3, onde o autor afirma que mais essencial que a proteção de determinados bens jurídicos concretos é a missão de assegura a real vigência (observância) dos

jurídicos, alguns tipos penais agora vêm recebendo um novo tratamento pela jurisprudência, o que, diga-se de passagem, há muito já deveria ter sido feito.

De acordo com isso, recentemente, a Sétima Câmara Criminal do Tribunal de Justiça do Rio Grande do Sul, ao julgar a Apelação-Crime nº 70011222296, tendo como Relator o Des. Nereu José Giacomolli, utilizou-se do fundamento do princípio da ofensividade.

No caso em comento, centrava-se a discussão nos delitos de estupro (art. 213, CP) e atentado violento ao pudor (art. 214, CP), delitos estes que possuem o mesmo apenamento e, ainda que estejam no mesmo capítulo do Código Penal, protegendo bens jurídicos idênticos, é dizer, a liberdade sexual, não poderiam receber o mesmo tratamento em todas as hipóteses. Assim, ao avaliar corretamente a situação, o órgão colegiado chegou à conclusão de que deve-se fazer distinção entre a conjunção carnal ou outro tipo de relação sexual e, os outros atos libidinosos, por exemplo, um simples "esfregão" ou "apalpadela", ou, ainda, um beijo lascivo. No primeiro caso, independente do ato sexual praticado, é certo que o apenamento pode ser o mesmo, porém, no segundo caso, acreditamos que não há proporção no apenamento.

Em sentido contrário, ao apreciar um fato em que se discutia a incidência do art. 214, o Superior Tribunal de Justiça acabou mantendo a condenação do acusado pela conduta que se traduziu em beijos lascivos no pescoço e alisar com a mão os seios da vítima.[4] O que se verifica, neste julgamento, é que o tribunal que deveria respaldar a validade e adequada aplicação da lei penal sequer faz menção à proporcionalidade das penas, equiparando, assim, as penas do estupro com as de uma conduta lasciva de beijos e toque nos seios da vítima.

É de se notar que o Superior Tribunal de Justiça, através de decisão proferida pela Quinta Turma, mantém as mesmas penas para um fato que não ofende de forma tão grave o bem jurídico com a mesma pena do estupro, sem qualquer sopesamento com o desvalor do resultado da conduta, em outras palavras, sem a devida proporcionalidade. E, o que é pior, há precedentes no mesmo sentido, citados pelo Ministro relator do processo.

---

valores de ato da consciência jurídica; eles constituem o fundamento mais sólido que sustenta o Estado e a sociedade.

[4] Nesse sentido, a ementa da decisão: "O crime de atentado violento ao pudor considera-se consumado quando caracterizado o contato físico entre o agressor e a vítima durante a prática de ato lascivo diverso da conjunção carnal. Na espécie, as condutas praticadas pelo recorrido foram beijos lascivos na região do pescoço e o ato de alisar com a mão os seios da vítima. Assim, a Turma deu provimento ao recurso reconhecendo como consumado o crime referido acima". Precedentes citados: REsp 505.940-RS, DJ 12/8/2003; REsp 578.169-RS, DJ 2/8/2004, e REsp 504.133-RS, DJ 11/10/2004. REsp 751.036-RS, Rel. Min. José Arnaldo da Fonseca, julgado em 28/9/2005.

2. Direito Penal e eficiência: a falsa idéia da resolução dos conflitos

Antes de entrarmos no tema objeto do estudo, devemos, a título de esclarecimento, mencionar que o Direito Penal não pode resolver todos os conflitos existentes. Por isso, sempre é importante trazer as considerações de Baratta sobre este tema, que deveria ser nota introdutória de todos os textos de Direito Penal, quando coloca em jogo a eficiência do Direito Penal e a eficiência do pacto social, principalmente quando entram em jogo determinadas normas de caráter meramente publicitário, mas que, em contrapartida, trazem, como reflexo, outras que suprimem direitos e garantias individuais.[5]

Fica claramente demonstrado, em nosso país, como as legislações próprias de emergência, que visam a "acalmar" a população ou "conter" um determinado tipo de criminalidade, trazem, porém, sob um manto cinzento, a supressão de direitos e garantias fundamentais preconizados na Carta Política. Veja-se, por exemplo, a Lei dos Crimes Hediondos, em que o caráter publicitário ganhou força, porém, não se demonstrou uma efetividade com a edição de referida lei.

Assim, segundo Baratta, o pacto social próprio da modernidade, o direito moderno e suas Constituições estão ligados à intenção de conter a guerra, de civilizar e de submeter às regras institucionais os conflitos políticos e sociais. No interior deste processo, a segurança dos cidadãos constitui a promessa central do Estado.[6]

A condição de validade e de eficácia do pacto é a eliminação da violência graças ao monopólio legítimo da força por parte do Estado imparcial. Baratta ressalva que, ao contrário, é sabido que o resultado histórico até agora, imediatamente depois da crise da modernidade, freqüentemente descrita nos discursos que se auto-qualificam "pós-modernos", é que o direito moderno, na intenção de conter a violência, terminou por ocultá-la, excluindo do pacto os sujeitos mais fracos, fazendo juridicamente invisível a violência estrutural na sociedade.[7]

Quando os conflitos assumem a dimensão da guerra civil, assistimos regularmente ao recíproco condicionamento entre a forma bélica de pensamento e de ação e de aquelas próprias da reação punitiva. O fenômeno se produz não só nos processos de criminalização informal, mas também nos processos institucionais próprios de um sistema penal (paralelo), que acom-

---

[5] Nesse sentido, HASSEMER, Winfried. *Crítica al Derecho Penal de Hoy*. Traducción de Patrícia Ziffer. Buenos Aires: AD-HOC, 1995, p. 49 e ss.
[6] BARATTA, Alessandro. Nuevas reflexiones sobre el modelo integrado de las ciencias penales, la política criminal y el pacto social, em *Criminología y Sistema Penal*. Buenos Aires: Editorial B de F, p. 175/176.
[7] Id., ibid., p. 176.

panha de maneira natural os conflitos armados. A força de ordem e o sistema penal legal assumem a forma da guerra; ao mesmo tempo, o *momento penal* se dilata desproporcionalmente, englobando as atitudes e as práticas das formações militares e paramilitares, dos grupos armados e das organizações terroristas ou criminais.[8]

Este fenômeno aparece quando se verifica um aumento crescente da criminalidade dita organizada pelos órgãos de controle formal, chegando-se à conclusão, errônea, de que a forma de combate deve ser idêntica à utilizada, ou seja, quanto mais força melhor. Podemos constatar isso quando verificamos as alterações legislativas supressoras de direitos fundamentais, ou, ainda, naquelas em que ocorre uma desproporção da pena em relação ao delito praticado.

Na medida em que os conflitos diminuem e se localizam no tempo e no espaço, tende a desaparecer o condicionamento recíproco entre guerra e pena, entre violência armada e violência punitiva. O sistema punitivo legal se impõe, então, sobre o sistema paralelo. A condição necessária para uma normalização do sistema penal legal é que o Estado possa exercitar um controle efetivo sobre o sistema paralelo, para impedir a continuidade da guerra e permitir que os conflitos sociais e políticos se demonstrem em forma não-violenta. A normalidade do sistema penal é uma conseqüência da validez ideal e do respeito efetivo do pacto social e, por conseguinte, da vigência da Constituição.[9]

A paz é, entretanto, condição necessária do pacto social, mas não suficiente; as outras condições necessárias se encontram na eficácia das normas que regulam a organização e a divisão dos poderes do Estado e garantem os direitos fundamentais dos cidadãos.[10]

Ocorre que o eficientismo penal constitui, na visão de Baratta, uma nova forma de *direito penal de emergência*, degeneração que acompanhou sempre a vida do direito penal moderno. O direito penal deixa de ser subsidiário, de constituir a *ultima ratio* de acordo com a concepção liberal clássica e se converte na *prima ratio*, uma panacéia com a qual se deseja enfrentar os mais diversos problemas sociais.[11]

Há uma idéia generalizada de que o direito penal pode cumprir determinadas funções que deveriam ser destinadas a outros ramos do ordenamento jurídico,[12] porém, como o Estado é ineficiente para a resolução de

---

[8] BARATTA, Alessandro. Op. cit., p. 176/177.
[9] Id., Ibid, p. 177.
[10] Id., Ibid, p. 177.
[11] Id., Ibid, p. 179.
[12] Nesse sentido, FIGUEIREDO DIAS, Jorge. Para uma dogmática do direito penal secundário. *Direito Penal Econômico e Europeu: Textos Doutrinários*. V. I. Problemas Gerais. Coimbra: Coimbra Editora, 1998, p. 44.

determinados problemas sociais, sempre se vale do instrumento ameaçador que constitui o direito penal. Na área fiscal, isso fica cristalino com a criação de tipos penais que visam unicamente a cobrança de tributos, claro, mediante a ameaça da pena estatal. Também, na regulação do trânsito de veículos, cada vez mais, se deixa de lado o direito administrativo para que o direito penal resolva o problema, ou seja, não há políticas públicas, mas há o velho e bom direito penal.

Desse modo, o direito penal se transforma em um instrumento, ao mesmo tempo, repressivo (com o aumento da população carcerária e a elevação qualitativa e quantitativa do nível da pena) e simbólico (com o recurso a *leis-manifesto*, através do qual a classe política reage à acusação de "afrouxamento" do sistema penal por parte da opinião pública, reação esta que evoca uma sorte de *direito penal mágico*, cuja principal função parece ser o exorcismo).[13]

No interior desse processo, o eficientismo penal tenta fazer mais eficaz e mais rápida a resposta punitiva, limitando ou suprimindo garantias substanciais e processuais que foram estabelecidas na tradição do direito penal liberal, nas Constituições e nas Convenções Internacionais.[14]

Assim, cada vez mais, verifica-se a utilização de tipos penais abertos, com a incriminação vaga e imprecisa de condutas, que chocam com o princípio da legalidade e da taxatividade, ferindo-se frontalmente os preceitos constitucionais; além disso, no que diz respeito à proporcionalidade das penas aplicadas, não há qualquer preocupação em relação ao bem jurídico tutelado. Na esfera processual, garantias são suprimidas e algumas leis invertem o ônus da prova,[15] cabendo ao acusado a prova de que não é culpado.

De acordo com a exposição que se extrai do texto de Baratta, chega-se à conclusão de que o passo seguinte só poderia redundar na expansão do Direito Penal, com a criminalização de estágios prévios ao início do delito, de criação de novos tipos penais, de supressão de garantias processuais, tudo em nome da eficiência do Direito Penal como resposta eficaz ao descontrole da sociedade, que, na realidade, se traduz no descontrole do Estado.

Essas considerações também se refletem na hora da aplicação da pena, pois, em nome da eficiência e resposta aos supostos conflitos sociais existentes, o que importa é o caráter publicitário da pena, desconsiderando-se a sua real necessidade, o que se traduz em proporcionalidade com o fato cometido e com a ofensa ao bem jurídico protegido.

---

[13] FIGUEIREDO DIAS, Jorge. Op. cit., p. 180.
[14] Id., Ibid.
[15] Ver a Lei nº 9.613/98, que trata da lavagem de dinheiro, onde se inverte o ônus da prova sobre a licitude dos bens apreendidos.

3. O princípio da proporcionalidade

O princípio da proporcionalidade, em sentido estrito, obriga a ponderar a gravidade da conduta, o objeto de tutela e a conseqüência jurídica. Assim, trata-se de não aplicar um preço excessivo para obter um benefício inferior: se se trata de obter o máximo de liberdade, não poderão ser previstas penas que resultem desproporcionais com a gravidade da conduta.[16]

Diante dessa argumentação, a primeira ponderação é se a intervenção do Direito Penal resulta rentável para obter a tutela do bem jurídico: se a matéria é própria do Direito Penal e se compensa a utilização do poder punitivo do Estado. É que, em relação à dignidade dos bens jurídicos, se depreende, de um lado, a necessidade de um reconhecimento constitucional e, de outro, uma materialidade suficiente no bem jurídico. Precisamente do princípio da proporcionalidade se depreende a necessidade de que o bem jurídico tenha a suficiente relevância para justificar um ameaça de privação de liberdade em geral, e uma efetiva limitação da mesma em concreto.[17]

Também se deve levar em consideração a gravidade da conduta, isto é, o grau de lesão ou perigo em que se expõe o bem jurídico, pois este tem que ser suficientemente importante para justificar a intervenção do Direito Penal. Assim, por importante que seja o bem jurídico, liberdade individual, no caso, um ataque ínfimo à mesma não pode justificar a intervenção do Direito Penal.[18]

De acordo com Mourullo, o princípio da proporcionalidade orienta para o ordenamento jurídico-penal a vigência do valor "liberdade", entendido genericamente como autonomia pessoal. Se tal autonomia se constitui, senão no principal, em um dos principais eixos axiológicos fundamentais do sistema democrático de organização e de convivência social, resultará que as normas penais, enquanto singularmente restritivas da liberdade, só encontraram legitimação em sua funcionalidade para gerar mais liberdade da que sacrificam. Em outro caso, elas serão qualificadas de normas injustificadas por desproporcionadas. Tal desproporção poderá provir da falta de necessidade da pena, no sentido de que uma pena menor ou uma medida não-punitiva podem alcançar os mesmos fins de proteção com similar eficácia.[19]

O segundo foco de desproporção não radica no excesso da pena em comparação com medidas de menor intensidade coativa, mas no excesso

---

[16] CARBONELL MATEU, Juan Carlos. *Derecho penal: concepto y princípios fundamentales*. 3ª ed. Valencia: Tirant lo Blanch, 1999, p. 210.
[17] Id., Ibid., p. 210.
[18] Id., ibid., p. 211.
[19] RODRÍGUEZ MOURULLO, Gonzalo. *Delito y Pena em al Jurisprudencia Constitucional*. Madrid: Civitas, 2002, p. 74.

derivado da comparação direta da pena com a lesividade da conduta. A este segundo tipo de análise interna da proporcionalidade, normalmente, denomina-se juízo de proporcionalidade em sentido estrito. Pressuposto, em qualquer caso, de ambos os juízos de proporcionalidade é que o bem jurídico-penal seja uma condição de liberdade – que a norma aporte, ademais de inconvenientes, vantagens em termos de liberdade – e que a pena seja qualitativamente idônea – que seja instrumental – para alcançar os fins de proteção perseguidos. Sem estes dois pressupostos, não pode haver ganhos em termos de liberdade que compensem as perdas de autonomia pessoal que, inexoravelmente, acarreta a intervenção penal.[20]

Diante desses argumentos, já é possível extrair que as condutas tipificadas nos arts. 213 e 214, CP, não podem ter o mesmo apenamento, ao menos para atos que não reflitam condutas graves de ataque à liberdade sexual. Isso porque um ataque mínimo ou ínfimo à liberdade sexual protegida no art. 214, CP, não pode ter a mesma pena do que se protege no art. 213, CP. Ainda que em tese o bem jurídico protegido seja a liberdade sexual, há uma desproporcionalidade enorme no apenamento de condutas que "atentariam" contra o mesmo bem jurídico.

Nesse sentido, ainda que o legislador tipifique, sob o nome de atentado violento ao pudor, as condutas que, mediante violência ou grave ameaça, façam com que alguém pratique ato libidinoso diverso da conjunção carnal, deve-se esclarecer que o tipo penal não pode ter o alcance que se lhe quer emprestar. Não é toda conduta dita como libidinosa que se encaixa no tipo penal em comento (art. 214, CP). Dentre as razões que se encontram para que não se possa enquadrar qualquer conduta neste tipo penal, refere-se, principalmente, a falta de proporcionalidade das penas previstas nos delitos dos artigos 213 e 214, CP. Como já foi dito, não é a mesma coisa manter relações sexuais de qualquer tipo, que encaixariam nos tipos previstos, e apenas passar a mão ou deitar-se sobre a vítima ainda com roupas, por exemplo.

Lenio Streck discorda também da igualdade de apenamento, porém o faz sob a ótica da filtragem constitucional do tipo, afirmando que, quando o art. 214 do Decreto-Lei nº 2.848 (Código Penal) entrou em vigor, o atentado violento ao pudor não era crime hediondo, categoria esta que somente ingressou em nosso universo jurídico a partir de 5 de outubro de 1988. Assim, quando a Lei 8.072 *alçou o crime de atentado violento ao pudor à categoria de hediondo*, a nova Lei e a própria Constituição estabeleceram *um novo fundamento de validade ao antigo Código Penal*. Ou seja, a partir da transformação do atentado em crime hediondo, o conceito de atentado *não é mais o mesmo* que o do antigo texto legal; o atentado, agora, é o

---

[20] RODRÍGUEZ MOURULLO, Gonzalo, p. 74/75.

atentado hediondo, violento, exsurgente do novo *topos* hermenêutico-constitucional.[21]

Nessa linha de argumetação, conclui Streck que se autores de "beijos lascivos" e "apalpadores" (não-violentos) são processados (e condenados) por crime de atentado violento ao pudor, é porque o tipo penal está sendo aplicado de forma indevida e equivocada. Falta, pois, na hipótese, um olhar constitucional e constitucionalizante. Ou seja, *é preciso ter presente que, em face do crescimento da criminalidade, está ocorrendo a banalização da criminalização, representada pela equivocada aplicação da lei penal*, onde não se obedece (mais) nem sequer à legalidade formal (conceito analítico de delito).[22]

Roxin, seguindo um critério similar, fala de danosidade social e comenta que uma conduta só pode estar proibida mediante imposição de uma pena quando resulta de todo incompatível com os pressupostos de uma vida em comum pacífica, livre e materialmente segura,[23] e, acrescentamos que esta conduta só pode estar proibida, ainda, mediante uma pena justa em face do que se protege.

É que o moderno Direito Penal não se vincula hoje à imoralidade da conduta, mas à danosidade social, é dizer, a sua incompatibilidade com as regras de uma próspera vida em comum. Disso se segue, ao contrário, que uma conduta imoral deve permanecer impune quando não altera a pacífica convivência.[24]

Sob o argumento da danosidade social, também se extrai do que leciona Roxin que uma conduta só deve estar incriminada quando for incompatível com a vida pacífica e isso significa que não se pode igualar as sanções penais de condutas que, do ponto de vista da danosidade, não atingem, de forma idêntica, o mesmo bem jurídico, ainda que estejam no mesmo capítulo do Código Penal brasileiro ou, que em tese, protejam o mesmo bem jurídico.

Por sua vez, Mir Puig refere que a importância social do bem merecedor de tutela jurídico-penal deve estar em consonância com a gravidade das conseqüências próprias do Direito Penal. Assim, o uso de uma sanção tão grave como a pena requer o pressuposto de uma infração igualmente grave. E ainda quando se mostra de acordo que os bens jurídicos protegidos devem ser os reconhecidos constitucionalmente, menciona que seria evidentemen-

---

[21] Parecer exarado na Apelação Criminal n. 70.012.433.421, 5ª Câmara Criminal, TJRS. Para aprofundar, ver STRECK, Lenio Luiz. *Jurisdição constitucional e hermenêutica: uma nova crítica do direito*. 2ª ed. Rio de Janeiro: Forense, 2004, p. 42 e ss.

[22] Parecer exarado na Apelação Criminal n. 70.012.433.421, 5ª Câmara Criminal, TJRS.

[23] ROXIN, Claus; *Introducción al Derecho Penal y al Derecho Penal Procesal*. Barcelona: Ariel Derecho, 1989, p. 21.

[24] Id., ibid.

te contrário ao princípio da proporcionalidade protegê-los de todo ataque, inclusive ínfimo, sem requerer um mínimo de afetação do bem.[25]

Voltamos a insistir que não se defende a descriminalização das condutas ofensivas ao pudor, mas a exata proporcionalidade entre a conduta realizada e a sanção imposta e, dentro dessa linha, não estamos de acordo que isso ocorra em relação aos artigos 213 e 214, CP com as respectivas sanções, que, são idênticas, sem qualquer valoração ao que de fato foi ofendido com a conduta realizada, em outras palavras, sem a proporcionalidade devida como forma razoável para estabelecer a pena. É que, em algumas hipóteses, que, em tese, estariam abarcadas pelo art. 214, CP, a pena seria desproporcional à conduta realizada, porque o bem jurídico tutelado não sofre a mesma agressão sexual grave que o legislador buscou coibir com a redação do tipo penal.

Nesse sentido, assinala Carbonell Mateu que a proporcionalidade também pode ser posta em relação com o princípio da igualdade: assim, resulta contrário a ambos os princípios a previsão da mesma pena para condutas de diferente transcendência.[26] E tal fato ocorre em algumas condutas que o art. 214, CP pretendeu abarcar, porque fica claro que determinados atos "sexuais" não podem receber a mesma pena que os atos relativos à conjunção carnal, porque algumas condutas, por mais imorais que sejam, diferem em muito do que se pretendeu proteger inicialmente, devendo-se apená-las mais levemente. Assim, nos casos em que ocorre o ato sexual, seja de conjunção carnal, seja um ato diverso (sexo oral, por exemplo), estamos de acordo que o apenamento possa ser o mesmo, ou seja, idêntico ao do previsto no art. 213, CP, porque, nestes casos, há proporcionalidade entre as condutas realizadas e o bem jurídico ofendido. Porém, noutros casos em que, em tese, o art. 214, CP abarcaria as condutas realizadas, acreditamos que o apenamento não pode ser o mesmo do que o previsto no art. 213, CP, devendo-se, conseqüentemente, desclassificar-se a conduta para outro tipo penal que abarque a conduta praticada e tenha uma pena proporcional.

4. Proporcionalidade e Direitos Fundamentais

A exigência da proporcionalidade (que as Constituições atuais habitualmente não proclamam de modo expresso) deve ser determinada mediante um juízo de ponderação entre a "carga coativa" da pena e o fim perseguido pela cominação penal. A ponderação deve ser efetuada "desde

---

[25] MIR PUIG, Santiago. *El Derecho penal en el Estado social y democrático de derecho*. Barcelona: Ariel Derecho, 1994, p. 162 e ss.
[26] CARBONELL MATEU, Juan Carlos, ob. cit., p. 213.

a perspectiva do direito fundamental e do bem jurídico que veio a limitar esse exercício", determinando se as medidas adotadas são ou não proporcionais à defesa do bem que dá origem à restrição.[27]

De acordo com Zulgadía Espinar, ainda que o princípio da proporcionalidade das penas não apareça expressamente na Constituição Espanhola, a doutrina entende que a exigência da proporcionalidade *abstrata* entre a gravidade do delito e a gravidade da pena com a que o mesmo se comina e a exigência de proporcionalidade *concreta* entre a pena aplicada ao autor e a gravidade do fato cometido possuem categoria constitucional, de acordo com o art. 15 da Constituição Espanhola.[28] [29]

Nesse sentido, afirmou-se que a proibição constitucional de penas desumanas e degradantes contém, implicitamente, um princípio de proporcionalidade das penas, já que só a pena proporcional à gravidade do fato cometido é humana e respeita a dignidade da pessoa, é dizer, não degradante. A história da humanização das penas é, em grande medida, a de sua progressiva adequação a uma proporcionalidade que não resulte lesiva do sentimento jurídico de cada época.[30]

Assim, ainda que o princípio da proporcionalidade se manifeste dentro do marco da culpabilidade, também tem transcendência na medida em que o Direito Penal constitui uma limitação de direitos fundamentais: entre as condições sob as quais é legítima a limitação de um direito fundamental se encontra, também, a proporcionalidade que deve existir entre a limitação e a importância do direito afetado. Portanto, o princípio da proporcionalidade obriga ao legislador a não ameaçar com imposição de penas de excessiva gravidade em relação ao bem jurídico protegido. Desta forma, o legislador está duplamente limitado com respeito à gravidade das penas: por um lado, não pode impor penas desumanas ou degradantes, por império da inviolabilidade da dignidade da pessoa e, por outro, deve estabelecer penas proporcionais à gravidade do delito que se sanciona.[31]

Essa orientação deve ter aplicação na interpretação dos tipos penais, principalmente quando protegem o mesmo bem jurídico e estabelecem sanções idênticas, porém desproporcionais à conduta realizada. Isso fica de-

---

[27] COBO DEL ROSAL, Manuel; VIVES ANTÓN, Tomás. *Derecho Penal*. Parte General. 5ª ed. Valencia: Tirant lo blanch, 1999, p. 88.

[28] ZULGADÍA ESPINAR, José Miguel. *Fundamentos de Derecho Penal*. 3ª ed. Valencia: Tirant lo blanch, 1993, p. 263.

[29] O artigo 15 da Constituição da Espanha diz o seguinte: "Todos tem direito à vida e a integridade física e moral, sem que, em nenhum caso, possam ser submetidos a tortura nem a penas ou tratos desumanos ou degradantes. Fica abolida a pena de morte, salvo o que possam dispor as leis militares para tempos de guerra".

[30] ZULGADÍA ESPINAR, José Miguel, ob. cit., p. 263.

[31] BACIGALUPO, Enrique. *Justicia Penal y Derechos Fundamentales*. Madrid: Marcial Pons, 2002, p. 96.

monstrado nos delitos contra a liberdade sexual, onde o legislador não se utilizou do critério da proporcionalidade para estabelecer as sanções previstas para as condutas descritas nos artigos 213 e 214 do Código Penal. Como veremos em seguida, as orientações dos tribunais constitucionais são no sentido de utilizar o critério da proporcionalidade também na medição da reprimenda penal.

Segundo Mourullo, a doutrina da proporcionalidade da jurisprudência constitucional tem dois pontos de partida. O primeiro, no sentido de que não constitui no ordenamento constitucional espanhol um cânon de constitucionalidade autônomo cuja alegação possa produzir-se de forma isolada a respeito de outros preceitos constitucionais, mas, no essencial, uma regra de tratamento dos direitos fundamentais: "é o dos direitos fundamentais o âmbito em que normalmente e de forma particular resulta aplicável o princípio de proporcionalidade" (STC 136/1999). "Assim este Tribunal vem reconhecendo em numerosos acórdãos em que se declarou que a desproporção entre o fim perseguido e os meios empregados para consegui-lo pode dar lugar a um ajuizamento desde a perspectiva constitucional quando essa falta de proporção implica um sacrifício excessivo e desnecessário dos direitos que a Constituição garante" (SSTC 62/1982).[32]

Citando ainda os acórdãos do Tribunal Constitucional espanhol, Mourullo refere que, concretamente, "em matéria penal, esse sacrifício desnecessário ou excessivo dos direitos pode produzir-se bem por resultar desnecessária uma reação de tipo penal ou por ser excessiva a quantia ou extensão da pena em relação com a entidade do delito (desproporção em sentido estrito). Nesta matéria, em que a previsão e aplicação das normas supõe a proibição de certo tipo de condutas através da ameaça da privação de certos bens – e, singularmente, no que é a pena mais tradicional e paradigmática, através da ameaça de privação da liberdade pessoal –, a desproporção afetará ao tratamento do direito cujo exercício fica privado ou restrito com a sanção" (STC 136/1999)[33]

O segundo ponto de partida, que conduz a um juízo de constitucionalidade extremamente cauteloso, está construído "pela potestade exclusiva do legislador para configurar os bens penalmente protegidos, os comportamentos penalmente repreensíveis, o tipo e a quantia das sanções penais, e a proteção entre as condutas que pretende evitar e as penas com as quais tenta consegui-lo. No exercício de dita potestade, o legislador goza, dentro dos limites estabelecidos na Constituição, de uma ampla margem de liberdade que deriva de sua posição constitucional e, em última instância,

---

[32] RODRÍGUEZ MOURULLO, Gonzalo, ob. cit., p. 76.
[33] Id., ibid.

de sua específica liberdade democrática. De acordo com isso que, em concreto, a relação de proporção que deva guardar um comportamento penalmente típico com a sanção que lhe corresponde será o fruto de um complexo juízo de oportunidade que não supõe uma mera execução ou aplicação da Constituição, e para o que deve atender não só ao fim essencial e direto de proteção ao que responde a norma, mas também a outros fins legítimos que possa perseguir com a pena e as diversas formas em que a cominação abstrata da pena e sua aplicação influem no comportamento dos destinatários da norma – intimidação, eliminação da vingança privada, consolidação das convicções éticas gerais, reforço do sentimento de fidelidade ao ordenamento, ressocialização, etc. – e que se classificam doutrinariamente sob as denominações de prevenção geral e de prevenção especial. Estes efeitos da pena dependem, por sua vez, de fatores tais como a gravidade do comportamento que se pretende dissuadir, as possibilidades fáticas de sua detecção e sanção e as percepções sociais relativas à adequação ente delito e pena" (STC 136/1999; SSTC 5/1996).[34]

Sintetizando este tópico e de acordo com o Tribunal Constitucional espanhol, o juízo de proporcionalidade tem o seguinte conteúdo: devemos indagar, em primeiro lugar se o bem jurídico pela norma questionada, ou melhor, se os fins imediatos e mediatos de proteção da mesma, são suficientemente relevantes, posto que a vulneração da proporcionalidade podia declarar-se já num primeiro momento de análise "se o sacrifício da liberdade que impõe a norma persegue a prevenção de bens ou interesses não só, por suposto, constitucionalmente proscritos, mas já, também, socialmente irrelevantes".[35]

Em segundo lugar, deverá indagar-se se a medida era idônea e necessária para alcançar os fins de proteção que constituem o objetivo do preceito em questão. E, finalmente, se o preceito é desproporcionado desde a perspectiva da comparação entre a entidade do delito e a entidade da pena. Desde a perspectiva constitucional, só caberá qualificar a norma penal ou a sanção penal como desnecessária quando, "a luz da razão lógica, de dados empíricos não controvertidos e do conjunto de sanções que o mesmo legislador estimou necessárias para alcançar fins de proteção análogos, resulta evidente a manifesta suficiência de um meio alternativo menos restritivo de direitos para a consecução igualmente eficaz das finalidades desejadas pelo legislador" (STC 55/1996). E só caberá catalogar a norma penal ou a sanção penal que inclui como estritamente desproporcionada "quando concorra um desequilíbrio patente e excessivo ou não razoável entre a sanção e a finalidade da norma a partir das pautas axiológicas constitucionalmente

---

[34] RODRIGUEZ MOURULLO, Gonzalo, ob. cit., p. 77.
[35] Id., ibid., p. 78.

indiscutíveis e de sua concreção na própria atividade legislativa" (STC 161/1997; STC 55/1996; STC 136/1999).³⁶

De acordo com o exposto, e baseado nas decisões do Tribunal Constitucional espanhol, parece claro que a pena imposta ao delito previsto no art. 214, CP, não é, em todos os casos, abarcados pelo tipo, necessária para os fins de proteção que ali estão previstos. Fica claro que, no tipo penal em comento (art. 214, CP), ocorre um desequilíbrio patente entre a sanção e a finalidade da norma a partir das pautas de valores, posto que a norma, ainda que pretenda abarcar os delitos contra a liberdade sexual, não pode estabelecer a mesma sanção para condutas que não são consideradas tão graves ao ponto de estarem contidas no mesmo tipo penal, ferindo, assim, a proporcionalidade da norma penal.

Assim, o princípio da proporcionalidade das penas deve operar em duplo âmbito: no legislativo (mandato dirigido ao legislador para que as penas abstratamente cominadas sejam proporcionais à gravidade dos delitos) e no judicial (mandato dirigido aos juízes e Tribunais para que as penas concretamente impostas aos autores dos delitos guardem também proporcionalidade com a gravidade do fato em concreto).³⁷ Neste ponto, fica claro que os juízes e os Tribunais deverão guardar a devida proporção ao aplicar a sanção em relação ao delito sexual cometido, mensurando a gravidade do delito, pois é evidente que, embora os delitos previstos nos artigos 213 e 214 do Código Penal prevejam a mesma pena em abstrato, nem sempre a gravidade da conduta é a mesma, o que deve levar o aplicador da lei a fazer esta ponderação.

5. O princípio da ofensividade

Como trabalhamos com a proteção de bens jurídicos, é correto afirmar que todo delito deve comportar a lesão ou colocação em perigo de um bem jurídico, exigindo que, no momento de aplicação da lei penal, o comportamento concreto que será julgado tenha lesionado ou colocado em perigo o bem jurídico. Neste sentido, fala-se de uma "dupla influência" do princípio da lesividade: por uma parte, sobre o legislador, que é o que elege o bem jurídico a tutelar; por outra parte, sobre o juiz, quem não se pode conformar com a subsunção formal do fato no comportamento descrito pela norma, mas que terá que comprovar que dito comportamento lesionou ou colocou em perigo o bem jurídico protegido através de dita norma e, no caso em que isso não ocorra, declarar sua atipicidade.³⁸

---

36 RODRÍGUEZ MOURULLO, Gonzalo, ob. cit., p. 78.
37 ZULGADÍA ESPINAR, José Miguel, ob. cit., p. 264.
38 AGUADO CORREA, Teresa. *El principio de proporcionalidad em Derecho Penal*. Madrid: Edersa, 1999, p. 202.

Segundo Carbonell Mateu, o princípio da ofensividade ou lesividade exige que não exista delito sem lesão ou colocação em perigo de um bem jurídico: *nullum crimen sine injuria*. No seio de uma concepção imperativa da norma, a exigência do bem jurídico para a tipificação de uma conduta é, certamente, um louvável desejo: desde o princípio da ofensividade, limita-se o poder punitivo do Estado, no sentido de que o legislador não deverá proibir a realização de condutas – nem obrigar a realização positiva – senão em virtude de que resultem lesivas para um bem jurídico.[39]

Desde a concepção valorativa da norma, o princípio da ofensividade, entendido como exigência de bem jurídico, não comporta limitação alguma: toda norma penal supõe uma valoração; por conseguinte, de toda norma penal se desprenderá, necessariamente, a existência de um bem jurídico. Somente se atendemos à dignidade desse bem jurídico, pode recobrar, o princípio da ofensividade, a sua razão de ser como limitador do poder punitivo do Estado.[40]

Ainda sobre o tema, refere Carbonell Mateu que não só a dignidade formal é necessária para afirmar o princípio da ofensividade, mas, também, a material, ou seja, deve-se tratar de um valor assumido socialmente, suscetível de ataque e destruição; isto é, de ser lesionado ou posto em perigo gravemente e necessitado de tutela penal. Assim, a valoração constitucional de um bem jurídico não implica em absoluto a necessidade de sua tutela penal: nem em aqueles casos onde a Constituição explicitamente encarrega ao legislador democrático a tutela penal do bem jurídico. Neste ponto, também vigem o princípio de intervenção mínima e o caráter subsidiário do Direito Penal.[41]

De acordo com o exposto e, alinhando-se ao Direito Penal mínimo, a intervenção punitiva só pode justificar-se a respeito de condutas transcendente, para os demais e que afetes, as esferas de liberdade alheias, sendo contrário ao princípio da ofensividade o castigo de uma conduta imoral, antiética ou antiestética que, em absoluto, invada as liberdades alheias e, especificamente, incida na liberdade de obrar dos demais. Desse modo, pode-se afirmar que a dignidade do bem jurídico tem um duplo requisito: formal – sua relevância constitucional – e material – sua interferência nas esferas de liberdade alheias.

Assim, o princípio da ofensividade descansa na consideração do delito como um ato desvalorado; isto é, contrário à norma de valoração. A antijuridicidade comportará o desvalor próprio do resultado, isto é, da lesão ou colocação em perigo do bem jurídico, e derivado de uma ação desvalorada,

---

[39] CARBONELL MATEU, Juan Carlos, ob. cit., p. 215.
[40] Idem, p. 215.
[41] Ibidem, p. 217.

ou seja, perigosa para a integridade do objeto ou dos objetos de tutela. A desvaloração vem dada, portanto, pela dupla consideração da ação e do resultado como objetos da mesma. E o princípio de ofensividade determinará a não-tipificação de condutas que não resultam perigosas para os bens jurídicos ou que não possam comportar lesão ou colocação em perigo de valores com relevância constitucional.[42]

Nesse sentido, opera, também, o caráter material da antijuridicidade, ou seja, não só como reveladora de uma conduta humana voluntária que contraria a ordem jurídica (antijuridicidade formal), mas como uma conduta humana que, ao contrariar a ordem jurídica, lesa ou expõe a perigo de lesão determinados bens jurídicos. E, dentro deste caráter material, onde se verifica o desvalor do resultado – na lesão ou exposição do bem jurídico – é que também se verifica a correta e justa medição da pena.[43] É que muitas condutas atingem o mesmo bem jurídico, porém, algumas se revelam de maior gravidade, ainda que o objeto de proteção seja o mesmo e a antijuridicidade material permitirá a graduação do injusto.

Nesse sentido, afirma Jescheck que a antijuridicidade material é, de pronto, o guia do legislador para estabelecer os tipos penais, assim como a idéia reitora dos órgãos dedicados à persecução penal quando têm de buscar o preceito aplicável no caso concreto. O ponto de vista da antijuridicidade material permite, ademais, escalonar o injusto segundo a sua gravidade e expressar as diferenças graduais na medição da pena. A contemplação material possibilita, também, a interpretação dos tipos atendendo aos fins e representações valorativas que lhes servem de base.[44]

A maior ou menor gravidade da lesão do bem jurídico, ou a maior ou menor perigosidade de seu ataque influenciam, decisivamente, na gravidade do fato. Dentro da margem de arbítrio judicial que a lei concede, isso pode servir de base à concreta determinação da pena.[45]

Isso fica latente no caso concreto dos delitos contra a liberdade sexual, onde o objeto de proteção no estupro (art. 213, CP) e atentado violento ao pudor (art. 214, CP) são os mesmos, é dizer, a liberdade sexual. Ocorre que no desvalor do resultado de algumas condutas pode-se, claramente, verificar que o bem jurídico não sofre a mesma lesão, devendo-se graduar corretamente a pena, ou, se for o caso, desclassificar o delito imputado ao acusado.

Embora o art. 214, CP, também abarque os delitos contra a liberdade sexual, nem todas as condutas que em tese ali se encaixam podem receber

---
[42] CARBONELL MATEU, Juan Carlos, ob. cit., p. 217/218.
[43] Nesse sentido, JESCHECK, Hans-Heinrich. *Tratado de Derecho Penal*. Parte General. 4ª Edición. Traducción de José Luis Manzanares Samaniego. Granada: Editorial Comares, 1993, p. 211.
[44] JESCHECK, Hans-Heinrich, ob. cit., p. 211.
[45] MIR PUIG, Santiago. *Derecho Penal*. Parte General. 4ª ed. Barcelona: PPU, 1999, p. 144.

a pena prevista pelo legislador. Isso se deve ao fato de que algumas condutas não ofendem o bem jurídico de maneira considerável para estarem protegidas por este tipo penal e tal fundamento fica cristalino pela quantidade de pena que lhe é destinada. Já se falou que algumas mais leves receberiam a mesma pena do que as previstas para o estupro, tendo em vista a proteção, em ambos os casos, do mesmo bem jurídico. Ocorre que um beijo, uma apalpadela, ou outra conduta menos atentatória não pode ser desvalorada como as que o legislador pretendia atingir. Veja-se que o desvalor do resultado difere em muito das condutas citadas em relação ao delito de conjunção carnal mediante violência ou grave ameaça. Portanto, não podem receber o mesmo apenamento.

De todo o exposto, espera-se que os tribunais apliquem corretamente o direito à espécie, no sentido de dar validade ao critério da proporcionalidade e da ofensa ao bem jurídico, refletindo-se, tudo isso, na correta medição da pena e, também, na correta tipificação[46] da conduta realizada. Assim, estaremos trabalhando de forma adequada com os critérios constitucionais que devem nortear a aplicação do Direito Penal.

Bibliografia

AGUADO CORREA, Teresa. *El principio de proporcionalidad en Derecho Penal*. Madrid: Edersa, 1999.
BACIGALUPO, Enrique. *Justicia Penal y Derechos Fundamentales*. Madrid: Marcial Pons, 2002.
BARATTA, Alessandro. Nuevas reflexiones sobre el modelo integrado de las ciencias penales, la política criminal y el pacto social, em *Criminologia y Sistema Penal*. Buenos Aires: Editorial B de F, 2004.
CARBONELL MATEU, Juan Carlos. *Derecho penal: concepto y princípios fundamentales*. 3ª ed. Valencia: Tirant lo blanch, 1999.
COBO DEL ROSAL, Manuel e VIVES ANTÓN, Tomás. *Derecho Penal*. Parte General. 5ª edición. Valencia: Tirant lo blanch, 1999.
FIGUEIREDO DIAS, Jorge. Para uma dogmática do direito penal secundário. *Direito Penal Econômico e Europeu*: Textos Doutrinários. V. I. Problemas Gerais. Coimbra: Coimbra Editora, 1998.
HASSEMER, Winfried. *Crítica al Derecho Penal de Hoy*. Traducción de Patrícia Ziffer. Buenos Aires: AD-HOC, 1995.
JAKOBS, Günther. *Derecho Penal*. Fundamentos y teoría de la imputación. Traducción de Joaquin Cuello Contreras y Jose Luis Gonzalez de Murillo. Madrid: Marcial Pons, 1997.
JESCHECK, Hans-Heinrich. *Tratado de Derecho Penal*. Parte General. 4ª edición. Traducción de José Luis Manzanares Samaniego. Granada: Editorial Comares, 1993.
MIR PUIG, Santiago. *Derecho Penal*. Parte General. 4ª ed. Barcelona: PPU, 1999.

---

[46] Nesse sentido, ver STRECK, Lenio Luiz. Parecer exarado na Apelação Criminal n. 70.012.433.421, 5ª Câmara Criminal, TJRS. Para aprofundar, ver STRECK, Lenio Luiz. *Jurisdição constitucional e hermenêutica: uma nova crítica do direito*. 2ª ed. Rio de Janeiro: Forense, 2004, p. 42 e ss.

——. *El Derecho penal en el Estado social y democrático de derecho*. Barcelona: Ariel Derecho, 1994.

RODRÍGUEZ MOURULLO, Gonzalo. *Delito y Pena em al Jurisprudencia Constitucional*. Madrid: Civitas, 2002.

ROXIN, Claus. *Derecho Penal*. Parte General. Tomo I. Traducción de Diego-Manuel Luzón Peña, Miguel Díaz y Garcia Conlledo y Javier de Vicente Remesal. Madrid: Civitas, 1997.

——. *Introducción al Derecho Penal y al Derecho Penal Procesal*. Barcelona: Ariel Derecho, 1989.

STRECK, Lenio Luiz. *Jurisdição constitucional e hermenêutica: uma nova crítica do direito*. 2ª ed. Rio de Janeiro: Forense, 2004.

WELZEL, Hans. *Derecho Penal Alemán*. Traducción de Juan Bustos Ramírez y Sergio Yáñez Pérez. Santiago: Editorial Jurídica Comares, 1993.

ZULGADÍA ESPINAR, José Miguel. *Fundamentos de Derecho Penal. 3ª ed. Valencia: Tirant lo blanch, 1993.*

— 6 —

O princípio da legalidade como limite do *ius puniendi* e proteção dos direitos fundamentais

NEREU JOSÉ GIACOMOLLI

Sumário: 1. O princípio da legalidade no Direito Penal; 1.1. Origens e antecedentes; 1.2. Conceituação; 1.3. Fundamentos; 1.4. Efeitos e garantias; 1.4.1. Nas fontes do direito penal; 1.4.2. No processo tipificador; 1.4.3. Na individualização da pena; 2. O princípio da legalidade no âmbito do processo penal; 3. Conclusões; 4. Referências bibliográficas.

1. O princípio da legalidade no Direito Penal

1.1. Origens e antecedentes

O princípio da legalidade em matéria de Direito Penal não é um postulado típico do Direito Romano, pois foi alheio à época do Império Romano e ao direito de Justiniano, com sua *Crimina Extraordinaria* e seus conceitos amplos, quase indeterminados. Tampouco corresponde ao Direito Romano da vontade, que se aplicava aos *delicta publicae* e não fazia distinção alguma em relação ao *iter criminis*, isto é, mantidas as proporções delimitadoras dos conceitos, nenhuma classe de tipicidade.[1]

No período medieval do Direito Romano, embora estivesse prevista uma certa medida de retroatividade, era absolutamente usual e normal castigar-se de acordo com os costumes, além de imperar o arbítrio judicial.[2]

O Direito Germânico antigo também desconhecia o princípio da reserva legal, pois se aproximava mais ao Direito Penal Germânico do fato que

---
[1] WELZEL, H., *Derecho Penal, Parte General*. Buenos Aires: Depalma, 1956, p. 26.
[2] ROXIN, C., *Derecho Penal, Parte General*. Madrid: Civitas, 1999, p. 141.

ao Direito Romano da vontade, pois aquele sempre aspirou a tipos precisos e claros, apesar de admitir o direito consuetudinário como fonte sancionadora, já que não existiam os pressupostos do princípio da legalidade estatal. Isto também vale para a Carta Magna de 1215, apesar das opiniões contrárias.[3]

A primeira formulação do princípio da legalidade não se encontra na Magna Carta, a qual contém a origem da denominada *rule of law* (garantia jurisdicional), própria do Direito Anglo-Saxão, mas num sentido diferente do princípio de legalidade penal do sistema continental (predomínio da lei sobre o órgão judicial). No sistema anglo-saxão, a "lei da terra", fundada no Direito Natural e aplicada pelos Juízes ordinários, chega a predominar sobre as leis criadas pelo Parlamento. As Constituições Americanas, citadas como exemplo de consagração das garantias dos indivíduos, admitiam os costumes e a analogia como fontes de Direito Penal. Além do mais, o mesmo Direito Anglo-Saxão permitiu os julgamentos dos crimes de guerra praticados na época do nazismo, sepultando a proibição dos costumes e da irretroatividade das normas penais incriminadoras. As primeiras manifestações positivas do princípio da legalidade penal apareceram com a Revolução Francesa.[4]

A *Constitutio Criminalis* de Carlos V (1532), também conhecida como Constituição Carolina, obrigou os órgãos judiciais a atuar conforme determinava a lei, como princípio. Entretanto, admitiu também, com uma certa cautela, uma punição extralegal, conforme os "bons costumes". Além disso, permitiu a aplicação analógica a "casos penais inominados". Todavia, essa limitada vinculação legal foi suprimida nos séculos XVI-XVIII, sobretudo com a admissão dos *Crimina Extraordinaria*, com a permissão de aplicar-se uma sanção penal sem lei, por iniciativa judicial.[5]

As origens histórica e política do princípio da legalidade estão nos ideais da Revolução Francesa, onde triunfou o liberalismo político, época do denominado "movimento ilustrado", como medida para combater o absolutismo.

Os novos ideais pregavam a necessidade da substituição da vontade individual do soberano e dos julgadores, por uma vontade geral, a qual deveria estar contida numa disposição normativa emanada do Poder Legislativo, com reconhecida legitimidade popular, vinculada aos poderes legais. Tais ideais preconizavam que o cidadão não podia mais ser um mero ins-

---

[3] Ver MIG PUIG, S., *Derecho Penal, Parte General*. Barcelona: PPU, 1998, p. 75 e WELZEL, H., op. cit., p. 26 e 27.
[4] Em CUELLO CONTRERAS, J., *El Derecho Penal Español. Curso de Iniciación, Parte General*, Madrid: Civitas, 1996, p. 146 e 147 e VIVES ANTÓN, T.S., *Derecho Penal, Parte General*. Valência: Tirant lo Blanch, 1999 (com COBO DE ROSAL, M.).
[5] Em ROXIN, C., Op. cit., p. 141.

trumento do poder, ou sujeito passivo do absolutismo monárquico, mas um partícipe e controlador deste poder, com direitos a certas garantias, como a ser submetido ao império da vontade popular e não à vontade particular dos detentores do poder. Ainda, como fundamento de um ideal democrático, as funções ou atribuições deveriam ser distribuídas entre os diversos órgãos do Estado.

É inegável que todas essas garantias eram, em sua essência, garantias formais, pois não se questionava o conteúdo substancial do Direito Penal, sua função e seus fins.[6] Mesmo assim, já se deixava assentado que os demais poderes, tanto o Executivo, quanto o Judiciário, não poderiam estabelecer preceitos ou sanções criminais, sob pena de desvirtuar o pacto social e a divisão das funções entre os diversos poderes. Até poderiam criar leis penais, mas sem legitimidade cidadã.

Assim, a origem política do princípio da legalidade vincula-se ao contrato social e assenta suas raízes na idéia de uma razão que harmonize a todas as pessoas, na exclusão da arbitrariedade estatal, na inviolabilidade da liberdade de toda pessoa, e na exigência de dar segurança e certeza ao direito.[7]

Entretanto, esses ideais de segurança jurídica e de certeza, no atual Estado de Direito, não podem ser utilizados como fundamento para a violação das garantias individuais dos cidadãos, seja na condição de suspeitos, de acusados, de processados ou de condenados, como sói acontecer com a aplicação de um Direito Penal máximo, de *prima ratio*.

O pensamento ilustrado pode ser sintetizado como uma necessidade do "governo das leis" frente ao "governo dos homens", a preponderância da razão, da representação popular e das normas. Para ser racional, uma normatização das relações sociais há que se afastar dos caprichos da vontade individual; ser igual para todos; ter sua origem na vontade geral e ser, finalmente, clara e compreensível a seus destinatários. As normas racionais são as que têm legitimidade na sociedade inteira, e não as de um déspota (origem), as que reconhecem o mesmo grau de liberdade a todos os cidadãos (conteúdo) e são entendíveis a todos, escritas, exaustivas e taxativas (forma). Do impossível monopólio da lei se passou, neste mesmo período, a seu primado e império.[8]

Por isso, a garantia política do princípio da legalidade informa que nenhum cidadão será submetido, por parte dos poderes do Estado, a crimes

---

[6] Vid. GARCÍA-PABLOS DE MOLINA, A., *Derecho Penal, Introducción*. Madri: Servicio de Publicaciones de la Facultad de Derecho de la Universidad Complutense, 2000, p. 320 e 321; MORALES PRATS., F, *Manual de Derecho Penal*. Pamplona: Aranzadi, 1999, p. 65 (com QUNTEROS OLIVARES, G., e PRATS CANUT, J.M.) e ROXIN, C., op. cit., p. 144 a 146 e 161.
[7] Em JESCHECK, H., *Tratado de Derecho Penal*. Granada: Comares, 1993, p. 117.
[8] Em ROXIN, C., *op. cit.*, p. 142 e VIVES ANTÓN, T.S., *op. cit.*, p. 68.

ou a penas que não tenham legitimidade popular.⁹ A nova filosofia era de que somente as leis podiam decretar as penas aplicáveis aos delitos. E essa autoridade deveria residir no poder do legislador, o qual representa a vontade de toda a sociedade, por força do contrato social.¹⁰

Assim, o princípio da legalidade surgiu para evitar os abusos do absolutismo, com a revolução burguesa, na época da ilustração, como postulado orientador do movimento codificador do direito continental, e como "um imperativo do Direito Penal liberal".¹¹

Observa-se que a Declaração de Direitos de Virgínia, de 12 de junho de 1976, afirmava que as leis com efeito retroativo são opressivas e não devem ser promulgadas. Invocando a *Magna Carta Libertatum*, o princípio da legalidade foi proclamado na Constituição Norte-Americana de 1774. Na Declaração dos Direitos do Homem de 1789, consta que ninguém será castigado por atos ou omissões que no momento em que foram cometidos não eram considerados delitos, segundo o direito nacional ou internacional, e tampouco se imporá uma pena mais grave que a aplicável no momento da prática da infração criminal.

A reserva legal também encontrou sua expressão no Código Penal austríaco de José II, em 1787, e no direito geral do território prusiano (*Allgemeines Landrecht*) de 1794, cuja fórmula latina se deve a Feuerbach (em sua *Lehrbuch* de 1801).¹²

Segundo Feuerbach, a existência do princípio da legalidade foi um pressuposto necessário para a concepção da pena, eis que entendia a sanção criminal com uma função de prevenção geral, alcançada por meio da coação psicológica, como uma prévia ameaça legal, clara e precisa. Além disso, não se pode esquecer que Feuerbach acreditava no império do direito natural frente ao direito positivo, ainda que entendesse que aquele emanava da razão *iusnaturalista*, ou que este se transformava num elemento decisivo para o Direito Penal, com uma formulação precisa dos conceitos, único modo de possibilitar um trabalho científico e uma legislação adequada. Assim, para ele, o princípio de legalidade era uma conseqüência do "*iusnaturalismo* racionalista: porque é fruto da razão e a lei é a essência e o fundamento do sistema jurídico".¹³ Por isso este princípio recebeu críticas de diferentes correntes científicas e políticas.

---

⁹ Em MIR PUIG, S., *op. cit.*, p. 76.
¹⁰ Em BECCARIA, C., *De los Delitos y de las Penas*. Madri: Alianza, 1998, p. 34.
¹¹ Em GARCÍA-PABLOS DE MOLINA, A., *op. cit.*, p. 320.
¹² Vid. ROXIN, C., *op. cit.*, p. 27 e WELZEL, H., *op. cit.*, p. 27.
¹³ Em MORALES PRATS, F., *op. cit.*, p. 66 e GARCÍA-PABLOS DE MOLINA, A., *op. cit.*, p. 325, quem, inclusive, faz referência ao incremento do princípio da legalidade por BELING, na tipicidade criminal.

Hoje, o princípio da legalidade, ainda que tenha a mesma fórmula dada por Feuerbach – *nullum crimen, nulla poena, sine lege* –, se destina a orientar a lei penal em direção ao ideal da justiça material, de manutenção do condenado na convivência social. Carrega em sua essência, também, a necessidade de proteção e de garantia ao cidadão frente à potestade punitiva, uma meta possível de ser atingida com uma limitação do poder de aplicar e de executar a lei penal. Em suma, de proteção e de garantia dos direitos fundamentais da pessoa.

No século XIX, este princípio foi incluído no Direito Penal de quase todos os Estados civilizados. Certa exceção fez o Direito Penal Dinamarquês (Código Penal de 1966), ao admitir a analogia para fundamentar a pena. O Direito Penal inglês baseia-se somente, em parte, no direito escrito – *statute law* – adotando, como regra, a tradição jurídica do Juiz – *common law* –, que submete fortemente o órgão jurisdicional ao precedente.[14]

Entretanto, os Códigos Penais da União Soviética de 1922 e de 1926 autorizaram a analogia, mas, em 1958, o princípio da legalidade foi reintroduzido nesta federação. Também, em 1935, na Alemanha, permitiu-se uma punição extralegal, baseada no "sentimento do povo", produzindo-se, naquela época, leis amplas e indeterminadas, até sua readmissão em 1946.[15]

Após a Segunda Guerra Mundial, os ordenamentos jurídicos dos Estados democráticos têm o princípio da legalidade como uma peça fundamental, tanto no sentido formal (garantia criminal, penal, penitenciária e jurisdicional), como em sua integração material (realização da justiça como garantia e proteção dos direitos fundamentais).

Na esfera internacional, o princípio da reserva legal está expressamente reconhecido na Declaração Universal dos Direitos Humanos de 1948, no Convênio Europeu para a Proteção dos Direitos Humanos de 1950 e no Pacto Internacional dos Direitos Civis e Políticos de 1966.

Por sua atualidade, não se pode esquecer que em 14 de dezembro de 1990, a Resolução 45/110 da Assembléia Geral da ONU estabeleceu que as medidas não-privativas de liberdade devem estar previstas em lei, e que o poder discricionário é exercido pela autoridade judiciária ou outra autoridade independente, competente em todas as fases do processo, assegurando-se a plena responsabilidade, de acordo com as normas legais.[16]

---

[14] ROXIN, C., *op. cit.*, p. 143 e WELZEL, H., *op. cit.*, p. 27.
[15] Em CUELLO CONTRERAS, J., *op. cit.*, p. 149, ROXIN, C., *op. cit.*, p. 143 e WELZEL, *op. cit.*, p. 27 e 28.
[16] Vid. SERRANO PASCUAL, M., *Las Formas Sustitutivas de la Prisión en el Derecho Penal Español*. Madri: Trivium, 1999, p. 109 a 116. Esta resolução diz respeito às regras mínimas da ONU para a elaboração das medidas não-privativas de liberdade. São também denominadas "Regras de Tokio" porque são originárias dos estudos feitos pelo Instituto de Ásia e Extremo Oriente para a Prevenção do Delito e Tratamento do Delinqüente.

1.2. Conceituação

Os princípios de proteção dos bens jurídicos fundamentais, da culpabilidade e o de legalidade, constituem os três pilares básicos do Direito Penal moderno.

A concepção meramente formalista da reserva legal, ou seja, da primazia da lei sobre os homens, sobre as instituições e sobre o Estado, além de colocar o primado da potestade punitiva acima do respeito aos direitos fundamentais dos indivíduos, de potencializar a defesa social em detrimento da defesa individual, não reflete sua essência, a qual tem raízes históricas que não podem cair no esquecimento.

Segunda esta concepção formalista, um fato somente constituirá uma infração criminal quando assim estiver previsto em uma norma legal, no momento em que foi praticado e, ainda, ao sujeito condenado se aplicará a espécie e a quantidade de pena prevista no tipo penal (arts. 5º, XXXIX, da CF e 1º do CP).

Assim, ninguém pode ser castigado por um fato que, no momento da conduta, não esteja previsto num preceito normativo como infração criminal, por mais nocivo, cruel ou hediondo que seja. Também, ao fato praticado somente pode ser aplicada a espécie de pena e a possível quantia já prevista no tipo penal transgredido, por mais ínfima que pareça. Deste modo, mesmo em sua concepção formal, este princípio "limita a intervenção estatal"[17] e "serve para evitar uma punição arbitrária e incalculável, ou baseada numa lei imprecisa ou retroativa",[18] ou seja, como uma garantia ao indivíduo.

Todavia, a adoção do princípio da legalidade não induz unicamente à incorporação a um sistema jurídico de normas legais escritas, claras, precisas (concepção formal), pois o Estado também pode atuar legalmente, implantando uma política criminal do terror e vingativa com suporte em disposições legais. Além da intrínseca "debilidade política",[19] a concepção formal da reserva legal permite que se considere infração criminal uma norma penal ilegítima, porque originária do Poder Executivo ou do Poder Judiciário.

Por isso, o conceito é mais amplo; sai da esfera estritamente formal do *nullum crimen, nulla poena, sine lege* (art. 5º, XXXIX, da CF) propiciador da aplicação do *ius puniendi*, para atingir, proteger e garantir os direitos fundamentais (arts. 1º, III, 5º, XLI, XXXV e LXVIII, da CF).[20]

---

[17] HASSEMER, W. *Fundamentos de derecho penal*. Barcelona: Bosch, 1984, p. 313.
[18] ROXIN, C. *Op. cit.*, p. 137.
[19] Em FERRAJOLI, L. *Derecho y Razón*. Madrid: Trotta, 1977, p. 23.
[20] Segundo STRECK, L L. *Hermenêutica Jurídica e(m) crise, uma exploração hermenêutica da construção do direito*. Porto Alegre: Livraria do Advogado Editora, 5ª ed., 2004, p. 38 a 55, há de ser rediscutido o papel do Poder Judiciário, a partir da noção de Estado Democrático de Directo, a qual

A essência, ou seu significado material está na própria evolução histórica do princípio, isto é, vincula-se à limitação do exercício do poder (inclusive o poder de punir), à divisão das funções públicas entre os poderes do Estado, ao pacto social que sustenta politicamente a convivência humana, e à soberania popular legitimadora das normas penais.

O poder de criar, de aplicar e de executar as leis criminais está limitado pelas disposições normativas criadas pelo Poder Legislativo, quem detém a legitimidade da cidadania para dizer quais são os fatos que constituem uma infração criminal e qual a pena aplicável nas hipóteses de transgressão do preceito criminal (art. 22, I, da CF). A incidência da sanção penal ocorrerá num processo criminal conduzido por um órgão jurisdicional predeterminado legalmente. Assim, a essência da legalidade penal está na legitimidade e na legitimação do exercício do poder de criar a lei e de aplicá-la com um sentido de garantia à cidadania.

Portanto, o princípio da legalidade, além de dar seguridade a um ordenamento jurídico, constitui-se em uma garantia protetiva dos jurisdicionados frente ao *ius puniendi*. Desta forma, os cidadãos podem saber de antemão, não só qual a conduta que está proibida, qual a sanção e quais são seus limites, mas principalmente que o acusador e o julgador não poderão, *sponte sua*, determinar os tipos criminais, as penas ou as espécies de medidas de segurança (art. 5º, XLVI e XLVII, da CF).

Este critério material é fundamental para garantir que os limites da liberdade dos indivíduos sejam os mesmos, e se apliquem a todos, sem exceção, e que, ao mesmo tempo, se determinem com precisão, tanto para os cidadãos, quanto para as instituições. Ainda, neste critério essencial se concentram as esperanças de que tanto o sistema como a aplicação da justiça penal sejam transparentes, controláveis e sinceros.[21]

Dito de outro modo, enfatizamos que o sentido material do princípio da legalidade informa que somente o Poder Legislativo tem competência para estabelecer os elementos de uma infração criminal, quais são suas sanções e sua limitação, por meio de um processo legislativo constitucional (art. 59 da CF).

Estas garantias interferem na descrição típica (garantia criminal), na delimitação da sanção (garantia penal) e em seu cumprimento (garantia de execução). Além destas garantias vinculadas essencialmente ao Direito Penal, este princípio reflete uma garantia de natureza processual ou, mais precisamente, jurisdicional, no sentido de que a satisfação de uma pretensão

está indissociavelmente ligada à realização dos Direitos Fundamentais, na perspectiva do modelo substancialista, a partir da Constituição Federal.

[21] Vid. HASSEMER, W., *Persona, Mundo y Responsabilidad, Bases para una Teoría de la Imputación en Derecho Penal*. Valência: Tirant lo Blanch, 1999, p. 24 e 25.

e da resistência processual, unicamente pode ocorrer no cenário do devido processo, com todas as garantias (art. 5º, LIII, LIV, LV, da CF, v.g.).

A natureza constitucional do princípio da legalidade, informador do Estado de direito, serve de norte a toda atividade dos operadores jurídicos, dentro do espírito das normas superiores da Constituição.[22] A transparência no processo de criação das normas penais, em sua aplicação e em sua execução, conduz a um ordenamento jurídico confiável aos cidadãos, livre de conveniências subjetivas e de concepções meramente formais.

Portanto, a limitação do princípio de legalidade atinge as normas incriminadoras, limitadoras da potestade punitiva, mas não as protetivas dos direitos e das liberdades fundamentais. Com isso, está plenamente justificado o reconhecimento de causas supralegais de exclusão de tipicidade, ilicitude ou de culpabilidade.

Dessa forma, a legalidade penal é um princípio constitucional, limitativo do poder do legislador, que terá que formular preceitos claros, precisos, determinados e de acordo com a Constituição, limitativo do poder jurídico do órgão acusador, que não poderá transpor as barreiras legais autorizadoras do exercício da pretensão acusatória, e limitador do poder jurídico dos Juízes e dos Tribunais, os quais estão impedidos de definir tipos penais ou de aplicar sanções criminais que não existiam no momento da conduta, garantindo-se, assim, a proteção dos direitos e das liberdades fundamentais.

Delimitados os significados formal e material do princípio da legalidade no âmbito do Direito Penal, é conveniente investigar quais são os seus fundamentos.

1.3. Fundamentos

Do ponto de vista político (teoria do contrato social), encontramos o fundamento do princípio da reserva legal na distribuição estatal das diversas funções que foram conferidas ao Estado (divisão dos poderes), incumbindo ao legislador estabelecer quais as condutas criminais e suas respectivas penas, e não aos demais poderes (soberania popular).

A necessidade de limitação da potestade punitiva, como exigência do Estado de Direito, fundamenta, do ponto de vista jurídico, a reserva legal. E esta se limita quando se evita que a definição de condutas puníveis, quando se proíbe que a determinação da quantidade e da qualidade da pena se circunscreva à esfera de manifestação volitiva casuística de alguma autoridade estatal sem legitimidade constitucional. Ademais, esta pena deverá ser medida de acordo com uma prévia estipulação, e não segundo a conveniência subjetiva.

---

[22] Segundo STRECK, L. L. *Op. cit.*, p. 245, "a Constituição passa a ser, em toda a sua substancialidade, o *topos* hermenêutico que conformará a interpretação do restante do sistema jurídico".

Essa fundamentação exige do órgão jurisdicional uma atuação imparcial. A contaminação judicial conduz à aplicação de uma pena além do necessário, sem a devida proporção entre a ofensa ao bem jurídico e a pena prevista, ou seja, sem o devido equilíbrio que deve ser buscado na ponderação valorativa entre a ofensa ao bem jurídico protegido e a pena concretizada (proporção entre ofensa/dano e pena).

O conhecimento prévio de quando uma conduta é constitutiva de uma infração criminal, qual a sanção prevista à transgressão do preceito e sua duração temporal, representam uma garantia ao jurisdicionado frente ao poder punitivo do Estado, inserida na proteção do direito de liberdade e na transparência do poder punitivo.

Juntamente com a garantia formal do princípio da legalidade, há que ser adicionado o fundamento substancial de proteção da dignidade da pessoa humana (art. 1º, III, da CF), de seus direitos fundamentais, pois a defesa social, com sua filosofia da obrigatoriedade de punição, não pode menosprezar as garantias individuais.

Os limites impostos ao exercício dos direitos fundamentais devem ser estabelecidos, interpretados e aplicados de forma estrita e, em todo caso, não devem ser mais intensos do que o necessário para proteger outros bens jurídicos ou direitos constitucionalmente assegurados. Esta limitação deve evitar sacrifícios desnecessários ou excessivos a estes direitos, controlável por meio de uma motivação suficiente e de ponderação dos direitos em jogo (proporcionalidade).

A limitação da potestade punitiva se faz necessária no momento da constituição de um sistema penal, e quando se aplicam ou se executam as sanções, com um conteúdo de garantia de proteção do cidadão frente ao Estado, ou do *status libertatis* frente ao direito de punir. Por isto, sanção legal não é só a prevista numa norma legal, mas a pena com origem legítima e necessária à reprovação da conduta.

1.4. Efeitos e garantias

A adoção do princípio da legalidade reflete uma série de implicações, tanto para o legislador, quanto aos magistrados, como garantia para o cidadão. Estas garantias transcendem o âmbito do Direito Penal substantivo, pois atingem o próprio processo penal, mais precisamente a vinculação da aplicação da lei penal unicamente por órgãos jurisdicionais estatais (art. 5º, LIII e LXI, da CF).

Além da previsão do princípio de legalidade pelo ordenamento jurídico, inclusive por normas constitucionais, reveste-se de fundamental importância o seu efeito de garantia, vinculado ao seu significado material. Ainda que brevemente, analisaremos os efeitos que advêm da adoção da reserva legal no Direito Penal.

Estes dizem respeito à criação e à previsão das normas criminais, às garantias (criminal, penal, de execução e jurisdicional) e às fontes do direito (*lex scripta, stricta* e *praevia*), vinculadas diretamente às garantias anteriormente referidas.

1.4.1. Nas fontes do direito penal

Essas garantias, principalmente a criminal, também têm relação com as fontes do Direito Penal (proibição dos costumes, da analogia e da retroatividade).

A exclusão do direito consuetudinário (art. 5º, XXXIX, da CF) se constitui em outra conseqüência da admissão do princípio da reserva legal, o qual só legitima uma condenação ou uma agravação da situação do autor de uma infração criminal por uma lei penal prévia e escrita. A aplicação dos costumes tornaria o Direito Penal uma fonte de manipulação pelos interesses subjetivos e particulares dos que detêm o poder, político ou jurídico. É a aplicação do aforismo *nullum crimen, nulla poena sine lege scripta*.

Isso significa que a punibilidade não pode agravar-se pela aplicação do direito consuetudinário, seja com a criação de novos tipos penais ou de novas espécies de penas. Entretanto, admitimos a aplicação dos costumes para beneficiar o autor de um fato típico, num processo de descriminalização (diminuição dos efeitos punitivos), na aplicação de novas causas de justificação criminal ou mesmo para considerá-lo um tipo criminal morto. Isso porque o princípio da legalidade, num paradigma moderno do Direito Penal, serve de limite ao *ius puniendi*, de proteção ao jurisdicionado, ao suspeito, ao acusado, ao processado e ao condenado, mas jamais para restringir o direito de liberdade.

A exclusão da interpretação analógica, criativa ou extensiva, prejudicial ao imputado, determinada pela reserva legal, aplica-se tanto na concretude das normas criminais contidas na parte geral do Código Penal, quanto nas especiais e nas extravagantes. É um imperativo da incidência da *lex stricta* a respeito da responsabilidade criminal, que engloba a descrição típica, a sanção e todas as circunstâncias que influem na dosimetria da pena.

Essa proibição significa "a repulsa de uma aplicação do direito que ultrapasse o sentido que caiba atingir pela exegese de uma norma jurídico-penal",[23] englobando todas as circunstâncias de uma lei penal, das quais depende a punibilidade da conduta, assim como as conseqüências jurídicas

---
[23] Em JESCHECK, H., *op. cit.*, p. 120.

do fato, inclusive as medidas de segurança.[24] Isto para evitar o desvio do fim normativo, o limite interpretativo fixado aos operadores jurídicos, e também para que os magistrados não criem normas penais "mais além do que permite o teor literal legal".[25]

Isso não significa que o órgão jurisdicional seja um aplicador autômato ou mecânico da lei. Assim sendo, não se necessitaria de Juízes ou de Tribunais; bastaria um programa de informática e um operador de computador. A norma penal, além de geral e abstrata, estabelece a delimitação legal, a qual será preenchida e concretizada pelos operadores jurídicos, num processo dialético, mas sem ampliação da potestade punitiva. Não obstante, não se pode fazer nenhuma adequação típica de preceitos ou de sanções, por similitude entre os fatos.

Entretanto, essa interpretação deverá considerar, além do teor literal dos preceitos aplicáveis – subsunção dos fatos nos possíveis significados da norma –, uma valoração metodológica – com uma argumentação lógica e não extravagante –, sistemática – coerente com os valores constitucionais –, e adequada à essência da reserva legal – sentido material da norma. Por isto, exige-se uma motivação das decisões jurisdicionais (artigo 93, IX, da CF), através da qual se pode verificar a valoração ou não do conteúdo substancial da legalidade.

Às leis penais em branco, ainda que necessitem de uma integração complementar, também se aplica a proibição da ampliação analógica *in peius*, pois as normas extrapenais integram a descrição típica, desde que finalisticamente direcionadas.

Outro efeito da consagração do princípio da legalidade é a exclusão da retroatividade (art. 5º, XL, da CF), que se aplica ao legislador e, também, ao órgão judicial, segundo o adágio *nullum crimen, nulla poena, sine lex praevia*, informador da proibição da criação de leis *ad hoc*, ou para atender a reclamos momentâneos, conduzidos por interesses de certos segmentos sociais atrelados, como regra, a fins unicamente eleitoreiros ou econômicos. Assim, os fatos anteriores à vigência da lei não podem ser atingidos por uma lei posterior mais severa, prejudicial ao autor, ou seja, *in mallam partem*, por vontade do legislador ou dos magistrados.

Admite-se a retroatividade *in bonam partem* nas hipóteses de existência de uma lei posterior mais benéfica ao autor do fato, que a anterior. Neste conflito de normas, aplica-se a *lex mitior* para não piorar a situação do acusado, como postulado garantista.

Assim, é mais benigna, por exemplo, a lei penal descriminalizadora e todas aquelas que atenuam a situação do autor do fato punível. Pode ser

---

[24] Em WESSELS, J., *Direito Penal*. Porto Alegre: Fabris Editor, 1976, p. 13.
[25] Em HASSEMER, W., *Fundamentos*..., em nota 17, p. 334.

afirmado serem mais benéficas as leis que ampliam o âmbito da licitude penal ou do *status libertatis*, restringindo o *ius puniendi*.

Não se pode olvidar que uma disposição legal anterior mais benévola ao autor do fato aplica-se a este, mesmo que uma norma posterior o regule. A este fenômeno se denomina ultra-atividade. Entretanto, os fatos cometidos sob a vigência de uma lei temporal ou excepcional serão julgados de acordo com suas disposições normativas (art. 3º do CP), pois "a derrogação da lei temporal responde ao desaparecimento do motivo de sua criação e não a uma alteração da concepção jurídica".[26] Além disso, não existe uma modificação na valoração jurídica das condutas que estão matizadas pelas circunstâncias extraordinárias, motivadoras da regulamentação excepcional.[27]

Na aplicação da *lex mitior* incluem-se, também, as leis intermediárias, pois não deixam de ser leis penais e irradiam eficácia plena. Ainda, não se pode afastar a combinação de parte de uma lei antiga com parte de uma lei nova, na busca do máximo benefício ao acusado. Isto não significa a criação de uma *lex tertia* pelo órgão jurisdicional, que não teria legitimidade para tal, mas de um trabalho integrativo, permitido ao intérprete, em sua tarefa de concretude normativa aos fatos.[28]

Na limitação do *ius puniendi*, inclui-se a aplicação da jurisprudência mais favorável, nas mesmas hipóteses da incidência da *lex mitior*, pois, ao jurisdicionado, não se pode retirar a confiança de que receberá dos magistrados uma igualdade de tratamento diante da mesma situação fática. Proibir a retroatividade da jurisprudência, como afirmou Hassemer, suporia a paralisação de sua função de recriação da lei, observando-se "situações em que a comunidade jurídica tem um conhecimento maior do conteúdo da jurisprudência penal que da lei penal, confiando em sua aplicação".[29]

Uma questão relevante diz respeito às medidas provisórias emanadas do Poder Executivo, cuja eficácia legal se extingue quando não é apreciada pelo Poder Legislativo. Sua legitimidade popular, como norma criadora de tipos e de sanções penais, é questionável, mesmo que receba o aval legislativo, por vício de origem. Ocorre que estas medidas provisórias podem descriminalizar condutas ou criar normas mais favoráveis aos acusados. Em face da essência de garantia dos direitos fundamentais dos jurisdicionados do princípio da legalidade, bem como de seu fundamento limitativo da potestade punitiva, ou seja, do *ius puniendi*, devem ser aplicados seus efei-

---

[26] Em JESCHECK, H., *op. cit.*, p. 126.
[27] Vid. COBO DE ROSAL, M., *op. cit.*, p. 204 e 205.
[28] Ver, em sentido contrário o entendimento do STF, ao apreciar o Rec. Crim. n. 1.381 e o Rec. Crim. n. 1.412, RTJ 94/505 e 96/547.
[29] *Fundamentos...*, em nota 17, p. 324 e 325. Vid., mesmo assim, a opinião contrária de ROXIN, C., *op. cit.*, p. 166.

tos benéficos, inclusive de forma retroativa, com ou sem a confirmação Poder Legislativo.[30]

A retroatividade da lei que favorece o acusado aplica-se, inclusive, aos processos com trânsito em julgado, ou aos de execução penal, pois a potestade punitiva estende-se até o cumprimento total da sanção penal, e a aplicação da lei mais benigna é um efeito da legalidade, limitador da mesma (art. 2º do CP). A lei mais benéfica poderá atingir os condenados que já cumpriram a pena? Uma interpretação restritiva, formalista e favorável a um Direito Penal de primeira *ratio* induz ao reconhecimento do limite máximo da retroatividade às hipóteses em que o condenado esteja cumprindo a pena. Por outro lado, o conteúdo material faz com que a retroatividade benéfica seja aplica aos processos em que já tenha havido o cumprimento da pena.

1.4.2. No processo tipificador

A descrição legislativa das condutas e das sanções deve ser clara, precisa e cognoscível, delimitadora da tipicidade e do subjetivismo dos operadores jurídicos, principalmente do órgão jurisdicional, informada pelo adágio *nullum crimen, nulla poena sine lex certae* (taxatividade).

Por isso, os tipos penais e suas conseqüências jurídicas devem conter não um mínimo, mas um máximo de determinação, de tal modo que permita reconhecer as características da conduta punível, a espécie de pena e seus limites. Além disso, "os tipos penais devem ser redigidos com a maior exatidão possível, evitando-se os conceitos elásticos, acolher as inequívocas conseqüências jurídicas e prever somente marcos penais de alcance limitado".[31]

A defesa de um direito penal com tipos abertos, difusos, indeterminados, ou com normas penais dependentes de uma normatividade integradora (normas penais em branco), ou de um regramento judicial, são características de um Direito Penal autoritário e demasiadamente repressivo, inadmissível no atual estado de desenvolvimento da civilização.

A dialética do Direito Penal comtemporâneo também tem o princípio da taxatividade em seu ponto de mira, ou de questionamento. Ao Direito Penal liberal, corresponde uma criminalização determinada, com o escopo de impedir o excesso, a generalização e a ampliação típica ou sancionadora. No entanto, o que se observa é uma tendência à flexibilização e à generali-

---

[30] Vid., neste sentido, CALLEGARI, A.L., "A Medida Provisória 1571-6, de 25.09.97 – *Abolitio criminis* ou *Novatio legis in Mellius* nos Crimes de Não Recolhimento das Contribuições Previdenciárias", em *Boletim do I.B.C.Crim.*, ano 5, n. 61, 1997, p. 17 e 18.
[31] Em JESCHECK, H., *op. cit.*, p. 122. Vid., mesmo assim, JAKOBS, G. *Derecho Penal, Parte General.* Madri: Marcial Pons, 1995, p. 95, a respeito da proibição que pende sobre o legislador em relação à previsão criminal de comportamentos indeterminados.

zação como resposta aos problemas sociais emergentes. A taxatividade é inimiga da flexibilidade, de um Direito Penal flexível, aberto ao futuro e capaz de reagir ante quaisquer situações.[32]

A inflação criminal patrocinada pela idéia de que a criminalização de comportamentos é a solução para todos os males políticos, econômicos e sociais gera a utopia de que os indivíduos devem conhecer ou ter ciência de todos as condutas puníveis. O resultado disto é a falta de transparência e de credibilidade no ordenamento jurídico criminal. Por isso, faz-se mister incrementar e aperfeiçoar as garantias penais e processuais, na perspectiva de proteção dos direitos fundamentais.

É necessário considerar que os tipos penais não se compõem somente de elementos subjetivos e normativos, mas também de disposições valorativas. Nesses casos, o intérprete emite um juízo de valor, integrador da norma. De qualquer modo, os conceitos jurídicos gerais e indeterminados devem ser evitados pelo legislador, a quem compete estabelecer tipos e penas com determinação.

Os efeitos buscados pelo legislador no processo de tipificação (evitar a prática de determinados fatos com a previsão de penas) serão melhor atingidos quanto menos vaga e imprecisa for a descrição legal. As negociações político-partidárias e a falta de capacidade de criar leis precisas comprometem a clareza necessária das normas criminais.

Esta precisão legal não induz ao intérprete ao seguimento cego ao teor literal de uma disposição criminal. Admite-se uma flexibilidade em *pro reo*. Assim, as normas penais incriminadoras estão sujeitas a um processo de compreensão restritivo, e as normas permissivas, a uma interpretação ampliativa. Esta missão incumbe ao órgão jurisdicional.

1.4.3. Na individualização da pena

A garantia criminal ou de tipicidade (arts. 5º, XXXIX, da CF, e 1º do CP), impede que o indivíduo seja castigado por um fato que não esteja previsto como infração criminal no momento de sua prática, numa norma penal originada da legitimidade popular (Poder Legislativo). Assim, os demais Poderes do Estado não têm legitimidade à criação de tipos penais, ainda que estas normas sejam consideradas como lei.

Esta garantia criminal induz também ao reconhecimento de uma garantia penal (arts. 5º, XLV-XLVII, da CF, e 1º do CP), pois não se concebe a existência de um tipo penal sem a correspondente sanção. Portanto, aos condenados se garante a aplicação unicamente das penas que estejam pre-

---

[32] Vid. HASSEMER, W., "Rasgos y Crisis del Derecho Penal Moderno", em *Anuario de Derecho Penal y Ciencias Penales*, 1992, t. XLV, fasc. I, p. 245.

viamente estabelecidas na norma legal, tanto em relação à espécie, quanto a sua quantidade ou duração, aplicando-se também esta concepção às medidas de segurança (art. 5º, XL, da CF).

Trata-se de uma garantia estabelecida ao jurisdicionado como limite da potestade punitiva, e não do direito de liberdade. Isto tem um significado relevante na aplicação do Direito Penal, pois legitima a substituição da pena aplicada por outras, não proibidas expressamente pelo ordenamento jurídico, e sua medição aquém do mínimo, ante as circunstâncias legais autorizadoras, ou quando tal vedação não resulta de modo expresso no aparato legal, o qual tem a Constituição como regra básica e superior às demais.

Vencidos os filtros da tipificação dos preceitos e da previsão das penas, do estabelecimento de uma condenação por um órgão jurisdicional previamente determinado, que tenha seguido todas as garantias legais, inclusive na fixação da sanção, esta será executada conforme ao que estiver previsto legalmente. A individualização da sanção não se esgota no momento da dosimetria da pena, mas segue seu curso legal até o total cumprimento da condenação, com a possibilidade de modificação do regime inicialmente fixado, substituição da pena, livramento condicional, etc. (art. 5ª, XLVIII, XLIX e L, da CF).

A individualização da sanção legal passa por diversas etapas e pode envolver todos os poderes do Estado. A primeira individualização incumbe ao legislador, no processo de tipificação legal. A seguinte etapa compete ao acusador, no momento em que deduz uma pretensão acusatória, expressa claramente ou inferida da descrição dos fatos com aparência de infração criminal, estendendo-se até a delimitação definitiva das alegações finais ou dos debates orais finais, antes da fase decisória. O ápice do processo de individualização da pena é atingido com a individualização jurisdicional, após a emissão de um juízo condenatório, de sua concatenação com a pretensão acusatória e com a resistência processual defensiva (art. 68 do CP). Nesse processo de medição da pena, as duas partes podem ter deduzido pretensões ou resistências num plano principal ou subsidiário, em relação à dosimetria legal. Entretanto, este processo de determinação criminal se aplica também à fase de execução ou de cumprimento da pena, de responsabilidade exclusiva do órgão jurisdicional, ou dividida com o Poder Executivo.

O princípio da legalidade, como já aqui afirmado, reflete uma importante garantia processual ou jurisdicional. Segundo esta, unicamente através de um processo público, conduzido por um magistrado, com a observância de todas as garantias ao processado, pode-se emitir um juízo condenatório e aplicar uma pena criminal. A função de julgar e de medir a pena corresponde somente aos órgãos jurisdicionais do Estado, e não aos demais Poderes, ou aos particulares. Também, não é qualquer magistrado que poderá julgar um acusado, senão o previamente determinado pela lei (não o *ad hoc*). Essa garantia jurisdicional não é subsidiária em relação às garantias de direito substantivo, mas possui uma relação necessária, com o escopo de tornar efetiva a proteção dos indivíduos.

2. O princípio da legalidade no âmbito do processo penal

Na instrumentalização do direito penal material, não se admite atuação fora dos ditames legais, devido ao interesse público que domina o processo penal. É a adoção do princípio da legalidade na esfera processual,[33] que segue sendo, segundo James Goldschmidt, o garante da aplicação do *ius puniendi*.[34] Acrescento que segue justificando-se na garantia dos direitos fundamentais da cidadania.[35]

Esse interesse público sustenta a existência da atuação oficial, ou seja, por órgãos do Estado, no processo penal – princípio da oficialidade. O Estado distribui entre seus diversos órgãos a instrumentalização realizadora do *ius puniendi* – pretensão de direito material. A persecução penal, tanto quando for conduzida pela Polícia, quanto pelo Ministério Público ou por um Juiz, bem como a acusação efetuada pelo Ministério Público e as decisões proferidas pelos Magistrados, estão afetas à atuação dos órgãos públicos.

Assim, para que se inicie o procedimento investigatório, para que se provoque a atuação da potestade jurisdicional ou se deduza uma pretensão, não se faz necessário que os órgãos oficiais sejam provocados pelo prejudicado, por seu representante legal ou por qualquer pessoa. Observa-se que no pólo ativo do processo, como regra, está um órgão oficial – Ministério Público –, encarregado do exercício da ação penal, da dedução de pretensões penais ante um Juiz, também determinado pelo Estado.

A oficialidade move a jurisdição e o processo, devido ao interesse público na aplicação do *ius puniendi*. Por isso, não há uma disposição sobre

---

[33] Segundo FLORIAN, E. *Elementos de derecho procesal penal*. Barcelona: Bosch, 1934, p. 16 e 17, tanto no processo, quanto no direito penal, vige o princípio da legalidade, o qual se encontra expresso nas duas máximas fundamentais: *nemo iudex sine lege* e *nemo damnatur nisi per legale iudicium*, ou *nulla poena sine judicio*. Por sua vez, MANZINI, V. *Tratado de derecho procesal*. Buenos Aires: Ejea, 1951, t. I, p. 286, afirma que a legalidade ou necessidade se origina do princípio da obrigatoriedade do processo penal. Para ASENJO, J.E. *Derecho procesal penal*. Madri: Edersa, sem data, t. 1, p. 101, ao princípio da legalidade, fundado em razões de ordem pública, determinante da investigação, sempre que se tenha notícia da existência de um fato delituoso, se opõe o princípio da oportunidade, o qual permite a abstenção em alguns casos, com base no axioma *minima non curat praetor*.
[34] Em *Problemas jurídicos y políticos del proceso penal*. Buenos Aires: Ejea, 1961, p. 124.
[35] Segundo BOBBIO, N. *A era dos direitos*. Rio de Janeiro: Campus, 1992, p. 27, os direitos fundamentais representam o que é evidente, em determinado momento histórico.

os fatos, seu autor, nem sobre as provas, apesar da iniciativa probatória oficial dos fatos relevantes. Diferentemente do processo civil, cuja congruência se relaciona com o fundamento fático e jurídico, no processo penal, são o princípio acusatório, o direito de defesa e o contraditório que orientam a correlação entre a pretensão e a condenação.[36]

O Estado também estará presente no pólo passivo quando o acusado não tiver defensor técnico, devido ao interesse público que também atinge o *status libertatis*. Excepcionalmente se outorga legitimidade aos afetados diretamente pelo crime para deduzir pretensões nos delitos que se processam mediante ação penal privada ou na *quivis ex populo* (direito espanhol) –, ou se condiciona a procedibilidade dos órgãos estatais à manifestação volitiva da vítima ou de seus representantes legais, nos delitos que se processam mediante representação ou por meio de requisição do Ministro da Justiça. Nestes últimos, unicamente o impulso inicial se encontra na esfera privada.

Além da oficialidade que domina o processo penal, neste não há julgamento sem prévia acusação. Esta é a essência do princípio acusatório, que não se restringe à simples divisão de funções entre os diversos órgãos que atuam no processo, mas que indica uma verdadeira forma de processo. O princípio acusatório há que ser entendido em seu aspecto formal e material. Assim, o sujeito que investiga, e/ou acusa, não tem legitimidade para julgar ele mesmo o caso, e não haverá sentença com legitimidade constitucional sem que haja acusação formalizada.

Entre as múltiplas conseqüências do princípio acusatório, destaco que a sentença se restringe à descrição do fato, que pode ser ampliado, mas sempre por iniciativa da acusação, com possibilidade de resistência.

Portanto, o interesse público que domina o processo penal determina a atuação processual de acordo com a legalidade, do ponto de vista dos sujeitos processuais e de suas atividades. Do princípio da legalidade deriva a obrigatoriedade ou necessidade de investigar, acusar, defender, condenar e executar a condenação, em um processo conduzido por um Juiz estatal. Assim, a legalidade é uma conseqüência lógica da oficialidade e do princípio acusatório.[37]

Com efeito, tanto os titulares da persecução, como os da acusação e os do processo não podem atuar de acordo com o que lhes convier, segundo

---

[36] Segundo ARMENTA DEU, T. *El principio acusatorio y derecho penal*. Barcelona: Bosch, 1995, p. 31 e 32, a essência do acusatório reside nem tanto na estrita separação entre quem julga e acusa, mas na inquestionável necessidade de uma acusação prévia

[37] Em BAUMANN, J. *Derecho procesal penal, conceptos fundamentales y principios procesales*. Buenos Aires: Depalma, 1986, p. 58. Segundo TIEDEMANN, K., Introducción al derecho penal y derecho procesal penal (com ARZT e ROXIN) Barcelona: Ariel, 1988, p. 170, o princípio da legalidade é o necessário complemento do monopólio da acusação pelo Estado.

critérios que não estejam determinados pela lei. O encarregado da investigação oficial não pode deixar de averiguar um determinado fato do qual tenha tomado conhecimento; o acusador não pode deixar de acusar alguém quando estejam presentes os pressupostos necessários, ou seja, quando exista viabilidade acusatória, não podendo acusar "A" e não acusar "B", segundo lhe convenha, e nem limitar o fato histórico.

Segundo o princípio da legalidade, o desenvolvimento e o término do processo penal não podem estar submetidos à vontade particular ou a um poder de disposição de determinados sujeitos jurídicos. A estes não se reconhece a faculdade de postular ou não determinada tutela judicial ou uma sentença condenatória. Estou falando da "estrita legalidade", ou seja, a aplicável ao direito criminal material e processual, especificamente, que condiciona a vigência das leis à taxatividade de seus conteúdos, e não à legalidade que se apresenta como princípio geral do direito público, extensivo a todo o campo da produção do direito estatal – mera legalidade.[38]

No entender de Montero Aroca, o princípio da legalidade informa que o início do processo penal não pode estar sujeito à decisão discricionária de ninguém, pois aquele a quem se atribui por lei a competência para ajuizar o processo há de estar sujeito substancialmente à legalidade estrita. Isso porque a aplicação do direito penal no caso concreto não pode depender de que alguém estime como mais oportuno para a melhor defesa de seu direito subjetivo o valer-se ou não do processo. Caso não exista relação material penal e se não há propriamente direitos subjetivos, ninguém pode ter atribuído a si o poder de decidir se um delito se persegue ou não, ao menos sem risco de que seja desvirtuada a conquista da civilização consistente em que o direito penal somente se aplica por órgãos jurisdicionais.[39]

Assim, a legalidade, no âmbito processual, numa acepção mais estrita, é o princípio que informa que a persecução penal, a dedução de uma pretensão acusatória e a sustentação da acusação não podem depender da vontade subjetiva dos órgãos que tem o dever jurídico de atuar segundo o ordenamento jurídico vigente.[40]

---

[38] Em BERGALLI, R. Principio de legalidad: fundamentos de la modernidad", em *Jueces por la Democracia*, n. 32, julio/1998, p. 59.

[39] Em *Principios del proceso penal, una explicación basada en la razón*, Valencia: Tirant lo Blanch Alternativa, 1997, p. 45.

[40] Segundo DE LA OLIVA SANTOS, A.,"Disponibilidad del objeto, conformidad del imputado y vinculación del tribunal a las pretensiones en el proceso penal", em *Revista General de Derecho*, 1992, octubre-noviembre, p. 9877, um conceito estrito da legalidade se restringe ao Ministério Público, que a ele está sujeito, pois deve "impulsionar o processo e acusar sempre que esteja diante de um fato com aparência delitiva e que ajuste estritamente sua acusação – configuração do fato imputado, qualificação jurídica e solicitação de pena – aos parâmetros legais". Para BAUMANN, J., *Derecho*, cit., p. 59, uma concepção restritiva do princípio da legalidade está adstrito ao Ministério Público: investigação e promoção da ação penal.

O princípio da legalidade, nos sistemas continentais, continua situado no contexto da modernidade político-jurídica, ainda que, conforme adverte Hassemer, consideradas as teorias penais, o princípio da legalidade representa o clássico e a oportunidade o moderno, tendo, portanto, mais prestígio. Um sistema, orientado exclusivamente na direção moderna, ameaça as clássicas barreiras do Direito Penal e converte-se em terrorismo de Estado.[41]

O dever de proceder de ofício encontra seu fundamento tanto na necessidade de garantir a vigência normativa, quanto de proteger os bens jurídicos – Direito Penal – e na missão de assegurar a paz jurídica – Direito Processual Penal –, com a efetividade jurídica do ordenamento criminal alcançável com a persecução, acusação e desenvolvimento do processo enquanto estejam presentes os requisitos legais. Devido à relação intrínseca que o processo penal possui com a pretensão de direito material, o dever de guardar uma função de proteção dos bens jurídicos essenciais e irrenunciáveis para a existência da comunidade jurídica, especialmente do *status libertatis*, também sustenta juridicamente o princípio da legalidade em seu sentido processual. Assim, cumpre uma missão específica de garantia à cidadania. O princípio de legalidade, segundo James Goldschmidt, dominará em um "tempo que se preocupa principalmente da constituição do Estado de direito e das garantias do mesmo".[42]

Os efeitos da adoção do princípio da legalidade, na esfera do processo penal, aparecem desde a fase persecutória, passando pela obrigatoriedade do exercício da ação penal, com a dedução e sustentação de uma pretensão acusatória, alcançando o direito de defesa, a atuação do órgão jurisdicional e o próprio processo. Isso porque, em matéria de processo penal, via de regra, o prejudicado, o cidadão, o Ministério Público e o órgão jurisdicional não podem dispor livremente.[43]

Uma vez conhecida a prática de um fato com aparência de infração penal, a investigação da materialidade, da autoria e de todas as demais circunstâncias é obrigatória, pois o *ius persequendi* não pertence a determinados sujeitos, senão à própria organização estatal.

A *notitia criminis* obriga os órgãos encarregados da *persecutio* a cumprir com seus deveres, a atuar conforme o estabelecido pelo ordenamento jurídico. As investigações fáticas, preparatórias de uma possível acusação, não estão na esfera de critérios de conveniência dos afetados pelo fato ou dos encarregados da persecução criminal. Estes não podem selecionar os

---

[41] Em "La persecución penal: legalidad y oportunidad", *Jueces para la Democracia*, 1988, nº 4, p. 10.
[42] Em Problemas jurídicos, cit., p. 124.
[43] Em DE LA OLIVA SANTOS. *Derecho procesal penal*. Madri: Centro de Estudios a Ramón Areces, 1997, p. 11.

fatos, nem tampouco os possíveis autores que serão investigados. A atuação vem determinada pelo princípio da legalidade.

O interesse público, conectado com o princípio da legalidade, informa que a atuação penal deverá iniciar sempre que esteja presente o interesse da cidadania na aplicação das normas penais. E esse vem informado por determinação legal. Os sujeitos processuais somente podem renunciar ao que é seu. Os órgãos oficiais encarregados da persecução, da acusação e do processo representam um interesse público indisponível em suas atuações, e não um subjetivo, próprio.

Nos fatos que se processam mediante ação penal privada ou ação penal pública condicionada, não ocorre uma renuncia do *ius puniendi*, mas sim uma renúncia de certos direitos processuais, pois estes sujeitos não são titulares do direito de castigar e nem do hipotético direito a uma condenação do acusado. Estas partes acusadoras tampouco podem excluir, por sua vontade, a lei aplicável, isto é, lograr que o direito penal não se projete sobre o caso. Assim, seu poder de disposição limita-se à renúncia de seus direitos processuais. Sua máxima renúncia é a que comportaria abandonar sua condição de parte acusadora.[44]

Essa atuação necessária não se restringe ao plano da investigação. Uma vez demonstrada a prática de um fato com aparência de infração criminal, com suficiência indiciária da autoria, o princípio da legalidade determina que o órgão oficial responsável pelo exercício da ação penal deduza uma pretensão acusatória contra o provável autor, dando início ao verdadeiro processo penal contraditório. Aqui, o Estado exercita o *ius accusationis* contra um sujeito passivo, perante um órgão jurisdicional.

O Ministério Público está obrigado, conforme o princípio da legalidade, sempre que atendidos os requisitos normativos, a exercitar a ação penal, sem que possa atender a critérios de "oportunidade ou de conveniência".[45] Não está no poder de disposição do órgão do Ministério Público a opção de exercitar ou não a ação penal, de exercê-la contra um determinado sujeito, e não contra outro. Também não pode, o Ministério Público, diante de uma pluralidade de fatos, escolher quais serão imputados ao pretenso autor. Portanto, pode-se dizer que o Ministério Público se constitui em parte acusadora necessária nos delitos em que deve atuar de ofício, frente à natureza contingente dos acusadores particulares.

---

[44] Em DE LA OLIVA SANTOS, A. *Derecho procesal penal*, cit., p. 12.

[45] LEONE, G. *Trattato di diritto processuale penale*, I, Napoli: Jovene, 1961, p. 143 e 144, afirma que a oficialidade da ação penal informa que o Ministério Público tem a obrigação de promover, por sua iniciativa, a ação penal, e que a obrigatoriedade da ação penal se coloca em oposição à discricionariedade, a qual é incompatível com uma visão democrática da função penal. Para ele, obrigatoriedade significa que o Ministério Público tem o dever de iniciar a ação penal e não pode, uma vez iniciada, omitir o cumprimento de todos os atos posteriores de promoção da ação penal.

Assim, nenhum fato relevante pode ficar fora do âmbito da pretensão acusatória, que deve abarcar, de forma objetiva, o que for relevante do ponto de vista criminal.

Não sendo cumprida a sentença condenatória, o Ministério Público tem a obrigação de promover a execução, fazendo atuar o *ius executionis*, na forma estabelecida pelo ordenamento jurídico.

Uma vez deduzida a pretensão acusatória, segundo a legalidade pura, o Ministério Público, em persistindo os pressupostos materiais ou os requisitos legais, ou seja, desde que perdure sua viabilidade, está obrigado a sustentar a acusação. Não pode desistir da pretensão, retratar-se, perdoar o acusado, pedir a suspensão do processo, e nem concordar com seu término antecipado, salvo nas hipóteses previstas em lei.

Também, a legalidade processual informa que os sujeitos processuais não podem renunciar ao que não é seu, e os órgãos oficiais encarregados da persecução, da acusação e do processo representam um interesse público indisponível que informa suas atuações, e não um interesse subjetivo próprio.

Por conseguinte, o processo penal não pode ser revogado, suspenso, modificado ou suprimido senão nos casos em que assim o permita uma expressa disposição da lei.[46] Isso não significa que o acusador não possa pedir a absolvição do acusado ou limitar a imputação inicial – desclassificação – no curso do processo, sempre em obediência ao princípio da legalidade. A única afronta legítima se justifica na preservação das garantias constitucionais do indivíduo.

A aplicação do princípio da legalidade também se vincula à atuação do órgão judicial, pois não se admite decisões jurisdicionais fora da legalidade.[47] Toda a pretensão em matéria criminal há que ser direcionada a um Juiz público, oficial, predeterminado pela lei, que conduzirá o processo e ditará a sentença dentro dos limites estabelecidos. É o princípio da legalidade, tanto em seu sentido material de atuação do *ius puniendi*, com a definição de um tipo penal e de uma pena, previamente estabelecidos, como processual, de condução do processo e da decisão dentro da normatividade. Não há solução penal fora da jurisdição oficial. Pode-se conceber esta necessidade jurisdicional com a máxima *nemo iudex sine lege*.[48]

---

[46] Vid. MONTERO AROCA, J. *Derecho Jurisdiccional III, proceso penal*, (com Gómez Colomer, Montón Redondo e Barona Vilar), Valência: Tirant lo Blanch, 1999, p. 17.
[47] Segundo GOLDSCHMIDT, J. *Problemas jurídicos*, cit., p. 125, o problema da validade dos princípios da legalidade ou da oportunidade se suscita também em relação ao Juiz. Esta afirmação está baseada no fato da extensão do arbítrio judicial que observava na legislação alemã sobre os Tribunais para menores e nos projetos de reforma que contêm regras a respeito da atribuição judicial de conceder indulto ao condenado em casos banais.
[48] Em FLORIAN, E. *Op. cit.*, p. 17.

Com efeito, entre as garantias penais e processuais, há uma correlação biunívoca e necessária, a qual é reflexo do nexo específico entre lei e processo, em matéria penal. Assim, estrita legalidade e estrita jurisdicionalidade se pressupõem reciprocamente e valem em seu conjunto não só para definir, como também para garantir o caráter cognoscitivo de um sistema penal. Assim, enquanto a legalidade penal assegura a prevenção das lesões previstas como delitos, a processual, no que respeita à jurisdição, assegura a prevenção da vingança privada.[49]

Do ponto de vista da defesa, o princípio da legalidade determina a obrigatoriedade da defesa técnica – heterodefesa –, proibindo-se a disposição acerca dos fatos ou de suas conseqüências. Assim, nenhum acusado poderá ser processado sem defensor, pois o interesse público também está presente na defesa do *status libertatis*. Todavia, no que diz com a defesa pessoal – autodefesa –, o acusado tem a opção de exercê-la ou não, segundo lhe convenha. Não raras vezes, o silêncio ou a ausência se constitui na melhor, para não dizer única, defesa. Calar é uma forma de se defender. Este silêncio não poderá ser considerado contra a defesa. Isso porque é uma garantia do Estado Constitucional de Direito (arts. 1º, III e 5º, LX, II, da CF).

Assim, no processo penal, o interesse público do Estado pode ser encontrado nos três pólos do processo: acusação, defesa e juízo.

Uma última pontuação, e não de menor importância, da concepção do princípio da legalidade, na esfera processual, diz respeito à natureza do processo, justamente por ser uma "realidade que não existe na vida, no tráfico jurídico, mas que só existe porque a lei o quer e o cria. Um processo é, sim, uma realidade, mas não uma realidade espontânea, fruto da vontade livre de determinados sujeitos, como é uma compra e venda ou um empréstimo, senão uma realidade querida pela lei e que se disciplina concretamente por normas jurídico-positivas, sem prejuízo da vigência e efetividade de certos princípios gerais de direito".[50]

A jurisdição criminal somente se legitima num processo público, legalmente determinado. As partes, independentemente do que possa ocorrer no âmbito do direito privado, não podem escolher o procedimento arbitral, ou outras formas procedimentais, para aplicar a lei criminal.

A pena criminal só pode ser aplicada no seio de um processo público, num juízo predeterminado.[51] Não tem legitimidade constitucional-cidadã qualquer decisão criminal fora do processo, sejam condenatórias, absolutórias ou de aplicação de uma medida de segurança. As partes não podem

---

[49] Em FERRAJOLI, L. *Derecho...*, cit., p. 538.
[50] Vid. DE LA OLIVA SANTOS, A. *Derecho procesal penal*, cit., p. 5 e 6.
[51] Segundo GÓMEZ ORBANEJA, E. *Comentarios a la ley de enjuiciamiento criminal*, Barcelona: Bosch, 1947, p. 27, o princípio da necessidade do processo penal informa que não haverá pena sem processo – *nulla poena sine iudicio*.

eleger outra forma de aplicação da lei penal. Estas considerações podem ser englobadas no axioma *nulla decisionis poenalis sine judicio,* mais aprimorado que a máxima *nullum crimen, nulla poena sine judicio,* uma vez que, além de não representar a universalidade do fenômeno processual, eleva o *ius puniendi* acima do *status libertatis.*

Os sujeitos processuais, segundo o princípio da legalidade, não podem dispor do curso processual. Assim, o processo não pode ser extinto antecipadamente nem suspenso, com ou sem condições, sem que haja uma previsão legal autorizadora.

O princípio da necessidade segue sendo a garantia da legalidade estreitíssima da justiça punitiva.[52] Além de garantir a aplicação do direito penal material através do processo, a legalidade também tem por função limitar[53] os poderes dos órgãos acusadores e julgadores, como garantia do direito de liberdade e da paridade de armas. Quando, como e porque se pode investigar e acusar, e como os Juízes devem aplicar o ordenamento jurídico penal, evita o arbítrio da acusação e do julgamento.

Ademais, como já foi dito, a história demonstra que os regimes totalitários eliminaram o freio da legalidade e adotaram a oportunidade pura.[54] O que se busca é dar uma resposta jurídica ajustada à legalidade a um fato com características de infração criminal, sem desfigurá-lo, transformá-lo ou substituí-lo por outro, fazê-lo desaparecer processualmente ou prescindir de qualquer de seus elementos que sejam juridicamente relevantes.[55]

3. Conclusões

Diante do exposto, podemos extrair as seguintes conclusões: a) o princípio da legalidade, também conhecido como reserva legal, tem um signi-

---

[52] Em GOLDSCHMIDT, J. *Problemas jurídicos,* cit., p. 124.
[53] Segundo MANZINI, V. *Op. cit.,* T.I, pp. 285 e 286, os órgãos do Estado não podem dispor livremente do poder-dever de aplicar o *ius puniendi,* pois existem autolimitações inderrogáveis, estabelecidas na lei; a renúncia – condicionada ou não – ao poder de buscar o castigo – perseguir – e realizá-lo eventualmente – castigar –, não é, pois, admissível se não foi previamente estabelecida pela vontade do Estado.
[54] Em GIACOMOLLI, Nereu José. *Legalidade, oportunidade e consenso no processo penal, na perspectiva das garantias constitucionais.* Porto alegre: Livraria do Advogado Editora, 2006, p. 71, se pode ver um a delimitação do conceito de oportunidade pura: "o sistema instrumental criminal se rege pelo princípio da oportunidade pura quando os encarregados da persecução dos fatos com aparência de infração criminal investigam ou não, de acordo com critérios subjetivos; quando o exercício ou não da pretensão criminal acusatória, ou mesmo sua sustentação, pode ficar na esfera de conveniência de seus titulares, ainda que estejam presentes os requisitos legais; quando o órgão judicial pode decidir conforme seu livre arbítrio, inclusive sem fundamentar sua decisão; e a ampla defesa técnica não seja um direito fundamental".
[55] Em DE LA OLIVA SANTOS, A. *Derecho Procesal Penal,* cit., p. 12.

ficado mais amplo que a simples literalidade ou formalidade do *nullum crimen, nulla poena, sine lege*; b) a essência do princípio, ou seu aspecto material, a partir do *topos* hermenêutico constitucional, está na garantia de proteção dos jurisdicionados frente ao *ius puniendi* do Estado; c) deste princípio se inferem três garantias básicas de direito substancial e uma processual, ou seja, a garantia criminal, a penal, a penitenciária e a jurisdicional; d) a legalidade penal serve como fundamento do limite da potestade punitiva, como limite do poder político e do poder jurídico, mas não dos direitos e das garantias individuais, do *status libertatis*, admitindo-se, nessa perspectiva, as causas supralegais de exclusão de tipicidade, de ilicitude e de culpabilidade, e a aplicação de outros benefícios aos acusados, desde que não vedados expressamente pela legislação ordinária ou inferidos da norma constitucional; e) a lei penal não é somente aquela prevista numa disposição normativa, mas a que tem origem legítima, ou seja, na soberania popular (Poder Legislativo); f) a legalidade penal serve como limite interpretativo das regras incriminadoras, mas não das permissivas; g) o princípio da legalidade, na perspectiva da eficácia dos direitos fundamentais, permite a relativização ou mesmo a exclusão das leis que potencializam o *ius puniendi* em detrimento do *status libertatis*, pois serviram, e ainda servem, em certa medida, para justificar um Direito Penal máximo, repressivo, vingativo, utopicamente considerado como a salvação de todos os males, inclusive da falta de políticas direcionadas ao bem estar social; h) no cumprimento da pena, principalmente da privativa de liberdade é que se faz mister incrementar a aplicação do substancialismo constitucional do princípio da legalidade, no que tange aos direitos fundamentais dos apenados (art. 5º, XLIX, da CF); i) no âmbito do processo penal, o princípio da legalidade informa que a *persecutio criminis*, a dedução de uma pretensão acusatória e a sustentação da acusação não se inserem na discricionariedade dos agentes que detêm o dever de atuar segundo o ordenamento jurídico; j) além de garantir a aplicação do direito penal material através do processo, a legalidade também tem a função limitadora dos poderes dos órgãos acusadores e julgadores, como garantia do direito de liberdade e de paridade de armas.

4. Referências bibliográficas

ARMENTA DEU, T. *El principio acusatorio y derecho penal*. Barcelona: Bosch, 1995.
ASENJO, J.E. *Derecho procesal penal*. Madri: Edersa, sem data, t. 1, p. 101.
BAUMANN, J. *Derecho procesal penal, conceptos fundamentales y principios procesales*. Buenos Aires: Depalma, 1986.
BOBBIO, N. *A era dos direitos*. Rio de Janeiro: Campus, 1992.
BECCARIA, C., *De los Delitos y de las Penas*. Madri: Alianza, 1998,

BERGALLI, R. "Principio de legalidad: fundamentos de la modernidad", em *Jueces por la Democracia*, n. 32, julio/1998, p. 58 a 63
CALLEGARI, A. L. "A Medida Provisória 1571-6, de 25.09.97 – *Abolitio criminis* ou *novatio legis in mellius* nos crimes de não recolhimento das contribuições previdenciárias", em *Boletim do IB.Crim*, ano 5, n. 61, 1997, p. 17 e 18.
CUELLO CONTRERAS, J. *El derecho penal español. Curso de iniciación, parte general*. Madri: Civitas, 1996.
DE LA OLIVA SANTOS, A. *Derecho procesal penal*. Madri: Centro de Estudios Ramón Areces, 1997.
——. "Disponibilidad del objeto, conformidad del imputado y vinculación del tribunal a las pretensiones en el proceso penal", em *Revista General de Derecho*, 1992, octubre-noviembre, p. 9853 a 9903.
FERRAJOLI, L. *Derecho y razón*. Madri: Trotta, 1997.
FLORIAN, E. *Elementos de derecho procesal penal*. Barcelona: Bosch, 1934.
GARCÍA-PABLOS DE MOLINA, A. *Derecho penal, introducción*. Madri: Servicio de Publicaciones de la Facultad de Derecho de la Universidad Complutense, 2000.
GIACOMOLLI, N. J. *Legalidade, oportunidade e consenso no processo penal, na perspectiva das garantias constitucionais*. Porto Alegre: Livraria do Advogado Editora, 2006.
GOLDSCHMIDT, J. *Problemas jurídicos y políticos del proceso penal*. Buenos Aires: Ejea, 1961.
GÓMEZ ORBANEJA, E. *Comentarios a la ley de enjuiciamiento criminal*, Barcelona: Bosch, 1947.
HASSEMER, W. *Fundamentos de derecho penal*. Barcelona: Bosch, 1984.
——. *Persona, Mundo y Responsabilidad, Bases para una Teoría de la Imputación en Derecho Penal*. Valência: Tirant lo Blanch, 1999.
——. "Rasgos y crisis del derecho penal moderno", em *Anuario de Derecho Penal y Ciencias Penales*, 1992, t. XLV, fasc. I, p. 245.
JAKOBS, G. *Derecho penal, parte general*. Madri: Marcial Pons, 1995.
JESCHECK, H. *Tratado de derecho penal*. Granada: Comares,1993.
LEONE, G. *Trattato di diritto processuale penale*, I, Napoli: Jovene, 1961.
MANZINI, V. *Tratado de derecho procesal*. Buenos Aires: Ejea, 1951, t. I.
MIG PUIG, S. *Derecho penal, parte general*. Barcelona:PPU 1998.
MONTERO AROCA, J. *Derecho jurisdiccional III, proceso penal*, (com Gómez Colomer, Montón Redondo e Barona Vilar). Valência: Tirant lo Blanch, 1999.
——. *Principios del proceso penal, una explicación basada en la razón*, Valencia: Tirant lo Blanch Alternativa, 1997.
MORALES PRATS. F. *Manual de derecho penal*, (com QUINTEROS OLIVARES, G., e PRATS CANUT, J. M.). Pamplona: Aranzadi, 1999, p. 65
ROXIN, C. *Derecho penal, parte general*. Madri: Civitas, 1999.
SERRANO PASCUAL, M. *Las formas sustitutivas de la prisión en el derecho penal español*. Madri: Trivium, 1999.
STRECK, L. L. *Hermenêutica jurídica e(m) crise, uma exploração hermenêutica da construção do direito*, 5ª ed., Porto Alegre: Livraria do Advogado Editora, 2004.
TIEDEMANN, K. *Introducion al derecho penal y derecho procesal penal* (com ARZT e ROXIN) Barcelona: Ariel, 1988.
VIVES ANTÓN, T. S. *Derecho penal, parte general*, (com COBO DE ROSAL, M.). Valência: Tirant lo Blanch,1999.
WELZEL, H. *Derecho penal, parte general*. Buenos Aires: Depalma,1956.
WESSELS, J. *Direito penal*. Porto alegre: Fabris, Porto Alegre, 1976.

Impressão:
Editora Evangraf
Rua Waldomiro Schapke, 77 - P. Alegre, RS
Fone: (51) 3336.2466 - Fax: (51) 3336.0422
E-mail: evangraf@terra.com.br